Europäische Hochschulschriften
Publications Universitaires Européennes
European University Studies

Reihe V
Volks- und Betriebswirtschaft

Série V Series V
Sciences économiques, gestion d'entreprise
Economics and Management

Bd./Vol. 3181

PETER LANG
Frankfurt am Main · Berlin · Bern · Bruxelles · New York · Oxford · Wien

Carmen Müller-Nuspl

Organisatorische und personalwirtschaftliche Risikoanalysen

PETER LANG
Europäischer Verlag der Wissenschaften

Bibliografische Information Der Deutschen Bibliothek
Die Deutsche Bibliothek verzeichnet diese Publikation in der Deutschen Nationalbibliografie; detaillierte bibliografische Daten sind im Internet über <http://dnb.ddb.de> abrufbar.

Zugl.: Regensburg, Univ., Diss., 2005

D 355
ISSN 0531-7339
ISBN 3-631-54552-5

www.peterlang.de

Geleitwort

Als das Thema dieser Arbeit mit der Verfasserin vereinbart wurde, lagen außer zwei einschlägigen Aufsätzen von mir selbst in den Festschriften Scherrer und Laux sowie einer beratungsorientierten Broschüre von Kobi keinerlei Arbeiten zu Risikoanalysen dieses Typs vor. Im Jahr 2003 war zwar die Diskussion um Konzepte der Corporate Governance sowohl unter Praktikern als auch Theoretikern auf breiter Front ausgebrochen. Sie konzentrierte sich jedoch auf die Frage, wie der Vorstand dem Aufsichtsrat über seine Tätigkeiten zu berichten habe. Dabei wurde ein Hinweis im KontraG übersehen, dass nämlich Unternehmungen ab dem Jahr 2002 Risikoberichte im Jahresabschluss vorzulegen hätten, deren Inhalte und Formen der Gesetzgeber aber völlig offen gelassen hatte.

Risikoanalysen hat es in der Versicherungswirtschaft und in Banken schon immer gegeben. Sie konzentrierten sich auf die statistische Auswertung eingetretener Marktrisiken, aus denen dann Risikoprognosen abgeleitet wurden. Niemand fragte, ob man nicht bereits durch Entscheidungen Risiken auslöst und deshalb die Risikoanalyse an Entscheidungsprozessen in Unternehmungen ansetzen müsste. Diesem Gedanken war ich in zwei Aufsätzen gefolgt, ohne jedoch alle formalen Details von Risikoanalysen und alle Typen von Entscheidungen abdecken zu können. Ich vereinbarte daher mit der Verfasserin eine vertiefte methodische Untersuchung von Risikoanalysen auf den Funktionsfeldern der organisatorischen Gestaltung und des Personalmanagement. Dabei wurde insbesondere vereinbart, dass sie die Kumulierung oder Kompensation personalwirtschaftlicher und organisatorischer Risiken dezidiert aufgreifen solle.

Das Programm für ihre Untersuchungen war somit schon relativ früh fixiert. Klar war dabei, dass die Verfasserin hohe Eigenleistungen würde erbringen müssen, um dieses Thema anspruchsvoll zu behandeln. Organisatorische und personalwirtschaftliche Risiken werden von ihr als Entscheidungsbestandteile zunächst isoliert, dann im Verbund analysiert. Diese Verbundanalyse in Teil D ist das Herzstück der Arbeit, da organisatorische Risiken durch personalwirtschaftliche Risiken insbesondere bei Beschaffung und Führung sowohl kompensiert, als auch verschärft werden können. Teil D beruht nahezu komplett auf eigenständigen Überlegungen, da sich die Literatur mit diesen Interdependenzen so gut wie nie beschäftigt hat. Zur Lösung baut die Verfasserin eine gedankliche Matrix der organisatorischen und personalwirtschaftlichen Risiken auf, innerhalb der sie heuristisch nach Kompensations- oder Kumulationseffekten suchen kann. Die Beschaffung exzellenten Personals und dessen wirksame Führung können Fehler bei der Stellen- und Abteilungsbildung ebenso wie bei der Gestaltung organisatorischer Entscheidungsprozesse ausgleichen. Dabei geht die Verfasserin sehr gut auf die einzelnen Kompensations- und Kumulationseffekte ein. Eine Analyse interdependenter Risiken zwischen Personalbeschaffung und -führung vertieft die Überlegungen in Teil D.

Das Thema der Arbeit und dessen Bearbeitung sind innovativ. Die literarischen Quellen liefern zwar Anregungen, gehen jedoch nicht in die Breite und Tiefe. Insgesamt gelingt der Verfasserin die Erweiterung der schmalen konzeptionellen Basis konsistent. Ich wünsche dieser schönen Arbeit breite Rezeption in Wissenschaft und Praxis.

Prof. em. Dr. Hans Jürgen Drumm — Regensburg, im Oktober 2005

Vorwort

Die vorliegende Arbeit entstand im Rahmen meiner externen Promotion am Lehrstuhl für Betriebswirtschaftslehre mit den Schwerpunkten Personalwirtschaft, Organisation und Unternehmungsplanung an der Universität Regensburg. Sie wurde im April 2005 an der Wirtschaftswissenschaftlichen Fakultät der Universität Regensburg als Dissertation eingereicht. Die Disputation fand am 1. Juli 2005 statt.

Von meinem Doktorvater, Herrn Prof. Dr. Hans Jürgen Drumm, der stets ein offenes Ohr für alle meine Fragen hatte, erhielt ich in vielen Gesprächen hilfreiche Anregungen zur Weiterentwicklung meiner Dissertation. Für diese wertvollen Impulse und seine fachlich wie menschlich herausragende Betreuung gebührt ihm mein besonderer Dank. Herrn Prof. Dr. Klaus Röder bin ich für die bereitwillige Übernahme des Zweitgutachtens sowie für die äußerst unkomplizierte Zusammenarbeit zu Dank verpflichtet.

Die großzügige Unterstützung durch ein Stipendium der Universität Regensburg im Rahmen des Programms zur Förderung der Chancengleichheit von Frauen in Forschung und Lehre ermöglichte es mir, mich, frei von finanziellen Sorgen, voll und ganz auf meine Promotion zu konzentrieren. Auch dafür möchte ich mich an dieser Stelle herzlich bedanken.

Weiterhin danke ich all jenen, die in zahlreichen Gesprächen und fachlichen Diskussionen maßgeblich an der Entstehung dieser Arbeit mitgewirkt haben, allen voran meiner lieben Kollegin Dr. Michaela Gebele. Ihre kritischen Fragen und konstruktiven Anmerkungen haben die Entwicklung meiner Arbeit vorangetrieben und positiv beeinflusst.

Bei meinen Eltern Edith und Dieter Müller bedanke ich mich ganz herzlich für ihr Engagement und ihre in jeder Hinsicht großartige Unterstützung. Danken möchte ich nicht zuletzt meinem Ehemann Benedikt Nuspl für Rat und Hilfe und vieles mehr. Ihm und meinen Eltern widme ich diese Arbeit.

Dr. Carmen Müller-Nuspl — Regensburg, im Oktober 2005

Inhaltsverzeichnis

Abbildungsverzeichnis

Anhangsverzeichnis

Teil A: Grundlagen

1. Problemstellung und Aufbau der Arbeit

1.1. Problemstellung

Jede Entscheidung, ob im privaten oder im unternehmerischen Bereich, ist mit Risiken verbunden (vgl. Philipp 1967, 10; Hölscher 2002, 5). Denn zum Zeitpunkt der Entscheidung lässt sich nicht mit Sicherheit vorhersagen, zu welchem Ergebnis eine Alternative führt (vgl. Laux 1998, 103). Es besteht folglich stets die Gefahr, dass ein ungünstiger Fall eintritt, für den die getroffene Entscheidung, gemessen an der eigenen Zielsetzung, nicht optimal war (vgl. Krelle 1965, 391).

Wirtschaftliche Entscheider versuchen seit jeher, die Risiken ihrer Entscheidungen in den Griff zu bekommen und möglichst zu vermindern. Risikomanagement ist zwar ein moderner Begriff für die Handhabung von Risiken, aber keine gänzlich neue Errungenschaft (vgl. Brühwiler 1980, 170; Meier 2001, 17): „Das Thema der Überlebens- oder Erfolgssicherung begleitet die Betriebswirtschaftslehre seit ihrer Entstehung" (Brühwiler 1980, 170). Erste Maßnahmen zur Handhabung von Risiken finden sich bereits lange vor der Entstehung der Betriebswirtschaftslehre. So schlossen z. B. italienische Kaufleute schon im 14. Jahrhundert für ihre Handelsgeschäfte Seeversicherungen ab (vgl. Büchner 1972, 26-27; Bernstein 1998, 92-95; Bechmann 2001, 141).

Die Abwehr bestandsgefährdender Risiken dient der langfristigen Sicherung der Unternehmungsexistenz und liegt deshalb im Interesse des Eigentümerunternehmers. Folglich muss der Eigentümerunternehmer nicht erst gesetzlich zum Risikomanagement verpflichtet werden. Anders verhält es sich, wenn, wie z. B. in Aktiengesellschaften, Eigentum und Management getrennt sind: Während der Eigentümer (Principal) an der langfristigen Sicherung der Unternehmungsexistenz interessiert ist, orientiert sich der bezahlte Manager (Agent) zum Teil an anderen, kurzfristigeren Zielen. Es kommt zum Principal-Agent-Konflikt (vgl. Berle/Means 1968, 112-116; Fischel 1982, 1261-1262): „The owner of a business, when contemplating any change, is led by his own interest to weight the whole gain that it would probably bring to the business, against the whole loss. But the private interest of the salaried manager, or official, often draws him in another direction: the path of least resistance, of greatest comfort and least risk to himself, is generally that of not striving very energetically for improvement [...] (Marshall 1919, 324).

Eine wachsende Anzahl von Unternehmungsschieflagen und -zusammenbrüchen (vgl. Martin/Bär 2002, 3-4; Erben 2003; Romeike 2003c, 66), welche auf den beschriebenen Interessenskonflikt zurückzuführen sind, hat sowohl national als auch international die Frage aufgeworfen, wie dieser Principal-Agent-Konflikt entschärft werden kann, und damit die Diskussion um Corporate Governance entfacht (vgl. Wolf 2003, 1). Corporate Governance ist, frei übersetzt, ein rechtlicher und faktischer Ordnungsrahmen für die langfristig verantwortliche, erfolgsorientierte Leitung und Überwachung einer Unternehmung (vgl. Hopt/Prigge 1998, V; Werder 2001, 2; Drumm 2004, 2). Mit dem Gesetz zur Kontrolle und Transparenz im Unternehmensbereich (KonTraG) wurde 1998 die rechtliche Basis für Corporate Governance in Deutschland geschaffen. Das KonTraG verlangt von den Vorständen deutscher börsennotierter Gesellschaften u. a. die Einrichtung eines Überwachungssystems zur Früherkennung bestandsgefährdender Entwicklungen sowie den Auf- und Ausbau eines angemessenen Risikomanagements und einer angemessenen Internen Revision (vgl. § 91 Abs. 2 AktG; BT-Drucksache 13/9712, 15; Meyding/Mörsdorf 1999, 5-46; Teil A, 2.1.).

Die konkrete Ausgestaltung des Überwachungs- und Risikomanagementsystems wurde durch das KonTraG allerdings nicht vorgegeben (vgl. Vogler/Gundert 1998, 2377; IIR-Arbeitskreis 1999, 186). Im Rahmen des zur weiteren Reform des Aktien- und Bilanzrechts erlassenen Gesetzes zur Transparenz und Publizität (TransPuG; in Kraft seit 01.01.2002) wurde das Aktiengesetz um den § 161 erweitert, welcher auf die Corporate Governance Regeln der „Regierungskommission Deutscher Corporate Governance Kodex" verweist (vgl. § 161 AktG; Strunk/Kolaschnik 2003, 1). Aber auch die unverbindlichen Verhaltensempfehlungen und -anregungen (vgl. Seibert 2003, 66; Strunk/Kolaschnik 2003, 6, 143 ff.) des German Corporate Governance Codex (vgl. Berliner Initiativkreis German Code of Corporate Governance 2001, 63-119; http://www.ebundesanzeiger.de, Stichwort „Amtlicher Teil") bieten keine methodischen Präzisierungen.

Bisherige Ansätze zur Gestaltung des Überwachungs- und Risikomanagementsystems konzentrieren sich auf Instrumente der Finanzplanung und externen Rechnungslegung, auf Risikoberichte im Lagebericht sowie auf Berichtspflichten des Vorstands gegenüber dem Aufsichtsrat (vgl. Drumm 2004, 3; s. a. Martin 2001, 1460). Drumm weist darauf hin, dass Risiken bei dieser Betrachtungsweise zu spät erfasst werden, nämlich erst dann, wenn sie bereits eingetreten sind und ihre negativen Wirkungen mit zeitlicher Verzögerung auf der Ebene des Finanzplans und Jahresabschlusses sichtbar werden (vgl. 2004, 3).

Da Risiken auf allen Entscheidungsebenen der Unternehmung entstehen, schlagen Drumm und Dal Zotto vor, Risikoanalysen bis zu den einzelnen Entscheidungen auf unterster hierarchischer Ebene zu disaggregieren (vgl. Drumm/Dal Zotto 2004, 385). Die Analyse, Prognose und Bekämpfung von Risiken soll als Bestandteil der Entscheidungsvorbereitung auf allen Funktionsfeldern der Unternehmung, auf allen Ebenen der Hierarchie und in allen Phasen des Wertschöpfungsprozesses stattfinden und so die Entscheidungsergebnisse verbessern (vgl. Drumm 2004, 3).

In der Literatur finden sich erste Ansätze funktionsfeldspezifischer Risikoanalysen (für die Personalwirtschaft vgl. Ackermann 1999 und Kobi 1999; für die Organisation vgl. Drumm 2004). Zur methodischen Konzeption der entscheidungsorientierten Risikoanalyse und des entscheidungsorientierten Risikomanagements gibt es erst wenige Arbeiten: 1986 stellt Haller ein integriertes Konzept zum Risikomanagement als begleitende Führungsfunktion vor und spricht sich dafür aus, die Verantwortung für Risikoerkennung, Risikoanalyse und Risikomanagement in die allgemeine Führungsverantwortung einzubeziehen (vgl. 1986, 39; ähnlich bei De Zeeuw 1999). Wolf und Runzheimer (2003) liefern beratungs- und praxisorientierte Vorschläge zum Umgang mit Unternehmungsrisiken. Einige Aufsätze, die in Richtung eines entscheidungsorientierten Risikomanagements, wie es im Zentrum dieser Arbeit steht, weisen, finden sich im Sammelband „Risikomanagement" von Götze, Henselmann und Mikus (2001). Die erste geschlossene entscheidungsorientierte Konzeption der Risikoanalyse und des Risikomanagements stammt von Drumm und Dal Zotto (2004).

Die Konzeption von Drumm und Dal Zotto basiert auf folgenden Überlegungen: Risiken entstehen durch mangelhafte oder falsche Entscheidungen und lösen Schäden für die Unternehmung aus (vgl. Drumm/Dal Zotto 2004, 386). Bemühungen zur Verminderung von Risiken müssen daher am Entscheidungsprozess ansetzen. Werden Risikoanalyse und Risikohandhabung bereits in den Entscheidungsprozess integriert kann das mit einer Entscheidung verbundene Risiko schon frühzeitig identifiziert und bekämpft werden.

Ziel der Arbeit ist es daher, basierend auf dem Ansatz von Drumm und Dal Zotto, eine Risikomanagementkonzeption zu entwickeln, welche bereits ex ante, d. h. an der risikoauslösenden Entscheidung, ansetzt, und deshalb in der Lage ist, Risiken frühzeitig aufzudecken. Die zunächst allgemein gehaltene Konzeption eines entscheidungsorientierten Ex-ante-Risikomanagements soll im Laufe der Arbeit für organisatorische und personalwirtschaftliche Risiken spezifiziert werden, da gerade den Risiken in den Bereichen Organisation und Personalwirtschaft bisher sowohl in der Literatur wie auch in der Praxis besonders wenig Beachtung geschenkt wurde. Insgesamt versteht sich die Konzeption eines entscheidungsorientierten Ex-ante-Risikomanagements mit spezieller Ausgestaltung für organisatorische bzw. personalwirtschaftliche Risiken als Beitrag zur methodischen Umsetzung der im KonTraG festgelegten gesetzlichen Anforderungen an das unternehmerische Risikomanagement.

1.2. Aufbau der Arbeit

Die vorliegende Arbeit gliedert sich in fünf Teile (Teil A bis E, vgl. Abb. 1):

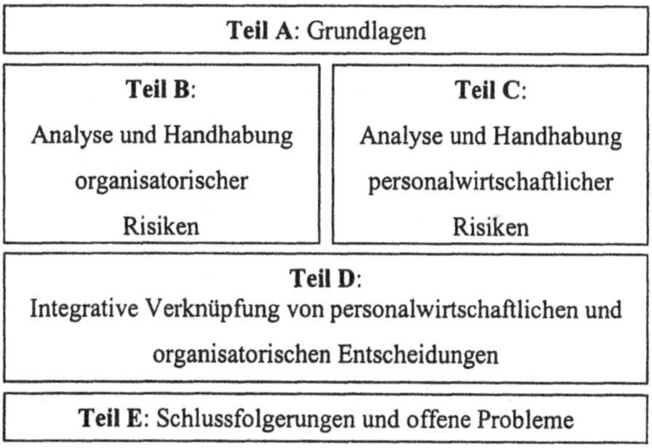

Abbildung 1 Aufbau der Arbeit

In Teil A werden die Grundlagen für die gesamte Arbeit gelegt: Zuerst wird erläutert, welche Anforderungen durch Corporate Governance und KonTraG an das unternehmerische Risikomanagement gestellt werden. Anschließend werden verschiedene, in der Literatur übliche Risikodefinitionen diskutiert, und es wird der Risikobegriff vorgestellt, an dem die vorliegende Arbeit ansetzt. Es folgt die Darstellung der theoretischen Grundlagen zur Risikoanalyse und Risikohandhabung sowie zum Risikomanagementprozess. Diese Darstellung wird durch die Erläuterung der Probleme und Grenzen des Risikomanagements ergänzt. Aufbauend auf den in Teil A, Kapitel 2 behandelten theoretischen Grundlagen wird in Kapitel 3 die innovative Konzeption eines entscheidungsorientierten Ex-ante-Risikomanagements, bestehend aus Risikoanalyse, Risikohandhabung und Risikokontrolle erarbeitet. Als Bezugsrahmen für das Ex-ante-Risikomanagement dient dabei die Entscheidungstheorie.

Teil B hat die Analyse und Handhabung organisatorischer Risiken zum Inhalt. Die in Teil A zunächst in allgemeiner Form erarbeitete Heuristik zur Risikoanalyse wird in Teil B an die Erfordernisse organisatorischer Entscheidungen und organisatorischer Risiken angepasst. Es werden dazu in einem ersten Schritt organisatorische Entscheidungen und Fehlentscheidungen beleuchtet. In einem zweiten Schritt wird die allgemeine Risikoanalyse aus Teil A für organisatorische Entscheidungen spezifiziert. Das zweite Kapitel aus Teil B befasst sich mit der Analyse des Risikogehalts ausgewählter mikroorganisatorischer Entscheidungen, auf deren Basis Maßnahmen zur Handhabung der aufgedeckten Risiken erarbeitet werden. Prozedurale Vorschläge für organisatorische Entscheidungen runden die Darstellung ab.

Teil C ist analog zu Teil B aufgebaut und befasst sich mit der Analyse und Handhabung personalwirtschaftlicher Risiken. Auch hier erfolgt eine Anpassung der allgemeinen, in Teil A entwickelten, Heuristik zur Risikoanalyse an personalwirtschaftliche Entscheidungen. Zu diesem Zweck werden zunächst personalwirtschaftliche Entscheidungen und Fehlentscheidungen betrachtet, um anschließend die allgemeine Risikoanalyse auf die Besonderheiten personalwirtschaftlicher Entscheidungen zuzuschneiden. Es folgt im zweiten Kapitel von Teil C die Untersuchung des Risikogehalts ausgewählter personalwirtschaftlicher Entscheidungen mit Hilfe mehrstufiger Wirkungshypothesen sowie die Erarbeitung entsprechender Risikohandhabungsmaßnahmen. Abschließend werden prozedurale Vorschläge für personalwirtschaftliche Entscheidungen abgeleitet.

Nachdem in den Teilen B und C die Risikofelder Organisation und Personalwirtschaft weitgehend getrennt voneinander behandelt und Wechselwirkungen zwischen organisatorischen und personalwirtschaftlichen Risiken aus Gründen der Komplexitätsreduktion nicht näher thematisiert werden, erfolgt in Teil D die integrative Verknüpfung beider Entscheidungsbereiche. Es werden Verbundeffekte aufgezeigt, welche zwischen personalwirtschaftlichen und organisatorischen Entscheidungen und Risiken auftreten, und welche zum Anstieg oder zur Verminderung des unternehmerischen Gesamtrisikos führen können. Weiterhin wird untersucht, wie diese Verbundeffekte bereits im Rahmen der Ex-ante-Risikoanalyse aufzudecken sind und inwiefern sie sich zur Risikohandhabung eignen.

Teil E fasst die Ergebnisse der vorliegenden Arbeit zusammen, widmet sich der Risikoberichterstattung und thematisiert noch offene Probleme des Ex-ante-Risikomanagements.

2. Theoretische Grundlagen

2.1. Corporate Governance und KonTraG

Wie in der Problemstellung dargestellt, macht der aus der Trennung von Eigentum und Management resultierende Principal-Agent-Konflikt einen rechtlichen und faktischen Ordnungsrahmen für die langfristig verantwortliche, bestandssichernde Unternehmungsführung (vgl. Werder 2001, 2) erforderlich (vgl. Teil A, 1.1.). Dieser Ordnungsrahmen, der unter dem Begriff Corporate Governance bekannt wurde, soll u. a. sicherstellen, dass die betreffenden Unternehmungen kritische Entwicklungen frühzeitig erkennen, um gar nicht erst in existenzgefährdende Krisensituationen zu geraten. Die rechtliche Basis für Corporate Governance in Deutschland wurde mit dem am 01.05.1998 in Kraft getretenen Gesetz zur Kontrolle und Transparenz im Unternehmensbereich (KonTraG) geschaffen. Von den durch das KonTraG festgelegten, umfangreichen Änderungen des Aktien- und Handelsgesetzes werden im Folgenden nur diejenigen betrachtet, die einen Bezug zum Risikomanagement haben: die Verpflichtung des Vorstands zur Einrichtung eines Risikomanagementsystems und zur Berichterstattung über Risiken im Lagebericht sowie die Neuregelungen zur risikoorientierten Ausweitung der Jahresabschlussprüfung (vgl. Albers 2002; Martin/Bär 2002, 38).

Der neue Absatz 2 des § 91 AktG verpflichtet den Vorstand dazu, „geeignete Maßnahmen zu treffen, insbesondere ein Überwachungssystem einzurichten, damit den Fortbestand der Gesellschaft gefährdende Entwicklungen früh erkannt werden" (§ 91 Abs. 2 AktG). Mit dieser Ergänzung des § 91 AktG soll, laut Gesetzesbegründung, die Pflicht des Vorstands zur Einrichtung eines angemessenen Risikomanagements und einer angemessenen internen Revision verdeutlicht werden (vgl. BT-Drucksache 13/9712, 15). Es handelt sich bei dieser Neuregelung um eine gesetzliche Konkretisierung der allgemeinen Leitungspflicht des Vorstandes gemäß § 76 Abs. 1 AktG, zu der auch die Organisation gehört (vgl. Bitz 2000a, 232). Eine Verletzung der Pflicht zur organisatorischen Absicherung bestandsgefährdender Risiken kann eine Schadensersatzpflicht nach § 93 Abs. 2 AktG begründen (vgl. Martin/Bär 2002, 45-46; BT-Drucksache 13/9712, 15).

Die Neuregelung des § 91 AktG betrifft börsennotierte Gesellschaften (zur Definition von „börsennotiert" vgl. § 3 Abs. 2 AktG) und hat, gemäß der Begründung zum Gesetz (vgl. BT-Drucksache 13/9712, 15), Ausstrahlungswirkung auf die Tochterunternehmen eines Konzerns im Sinne des § 290 HGB (vgl. Hornung/ Reichmann/Diederichs 1999, 318; Hommelhoff/Mattheus 2000) sowie auf Gesellschaften mit beschränkter Haftung (vgl. Scharpf 1997, 737). Letztere sind allerdings nur dann von § 91 AktG betroffen, wenn sie strukturell mit börsennotierten Gesellschaften vergleichbar sind (vgl. Hommelhoff/Mattheus 1999, 438-439).

Die direkt oder durch Ausstrahlungswirkung betroffenen Unternehmungen sind also gemäß § 91 Abs. 2 AktG verpflichtet, ein geeignetes Risikomanagementsystem einzurichten. Der Gesetzgeber verzichtet allerdings auf konkrete Hinweise zur Ausgestaltung und praktischen Umsetzung des geforderten Risikomanagementsystems (vgl. Bitz 2000a, 233; Pollanz 2001, 1317). In der Begründung zum Gesetz heißt es lediglich, die Ausformung der Pflicht sei abhängig von der Größe, Branche, Struktur, dem Kapitalmarktzugang usw. des jeweiligen Unternehmens (vgl. BT-Drucksache 13/9712, 15). Die Frage nach der „Angemessenheit" des Risikomanagementsystems wird somit sachlich der Betriebswirtschaftslehre und in der konkreten Ausgestaltung letztendlich der Rechtsprechung überantwortet (vgl. Bitz 2000a, 240; Henselmann 2001, 35).

Bitz bezeichnet das vom KonTraG verlangte Frühwarnsystem für bestandsgefährdende und wesentliche Risiken als Risikomanagement im engeren Sinn und grenzt es vom umfassenden Risikomanagementsystem im weiteren Sinn ab (vgl. 2000a, 232-237). Das Risikomanagementsystem im weiteren Sinn, wie es von der Betriebswirtschaft gefordert wird (vgl. Lück 1998b; Füser/Gleißner 1999; Weber/ Weißenberger/Liekweg 1999), berücksichtigt alle erfolgsrelevanten Risiken und beschränkt sich nicht auf die Risikofrüherkennung. Es umfasst alle organisatorischen Regelungen und Maßnahmen zur Risikoerkennung und zum Umgang mit Risiken sowie ein System zur Kontrolle der getroffenen Maßnahmen (vgl. IDW PS 340, WPg 1999, 658). Die im § 91 Abs. 2 AktG geforderte Früherkennung bestandsgefährdender Entwicklungen ist daher nur ein kleiner, aber wesentlicher Ausschnitt aus dem umfassenden Risikomanagement im weiteren Sinn (vgl. IDW PS 340, WPg 1999, 658; Bitz 2000a, 237). Um die Bestandsgefährdung, die von einem Risiko ausgeht, richtig einschätzen zu können, ist ein vorgelagerter Prozess der Risikoerfassung und -bewertung erforderlich (vgl. Kohlhoff/Langenhan/Zorn 2000, 3; Löhr 2000; Happel/Liebwein 2000). Die Einrichtung eines losgelösten Frühwarnsystems, gleichsam zur Erfüllung der gesetzlichen Minimal-Forderungen, ist demnach in der Praxis nicht möglich.

Risikosteuerungsmaßnahmen zur Abwehr identifizierter Risiken sind im Gesetz nicht direkt vorgeschrieben. Aus der Sorgfaltspflicht des Vorstands (§ 93 Abs. 1 Satz 1 AktG) kann jedoch abgeleitet werden, dass die erfassten Risiken gesteuert bzw. gehandhabt werden müssen (vgl. Happel/Liebwein 2000, 234, Fn. 3). Insgesamt ist deshalb die Einrichtung eines umfassenden Risikomanagementsystems mit den Elementen Risikoerkennung, -bewertung und -steuerung, ergänzt durch ein System zur Kontrolle der Risikomanagementmaßnahmen sinnvoll (vgl. Happel/Liebwein 2000, 234, Fn. 3.; s. a. Kromschröder/Lück 1998, 1574-1575; Lück 1998b).

Neben einem umfassenden Risikomanagementsystem fordert das KonTraG eine verstärkte Risikoorientierung der Berichterstattung und verlangt im Lagebericht Aussagen zu den Risiken der künftigen Entwicklung (vgl. § 289 Abs. 1 HGB; § 315 Abs. 1 HGB; zur Risikoberichterstattung allgemein vgl. Schulze 1999). Zu Entwicklungen, die den Fortbestand des Unternehmens gefährden, gehören „risikobehaftete Geschäfte, Unrichtigkeiten der Rechnungslegung und Verstöße gegen gesetzliche Vorschriften, die sich auf die Vermögens-, Finanz- und Ertragslage der Gesellschaft oder des Konzerns wesentlich auswirken" (BT-Drucksache 13/9712, 15). Daneben ist laut IDW auch über solche Risiken zu berichten, die sich „im wesentlichen Umfang" negativ auf den Geschäftsverlauf auswirken und somit die künftige Entwicklung der Unternehmung beeinträchtigen können (vgl. IDW, RS HFA 1, WPg 1998, 658). Berichtspflichtig können dabei alle Risiken und Risikowechselwirkungen sein, die aus dem externen Umfeld oder den betrieblichen Funktionsbereichen (z. B. Beschaffung, Produktion, Absatz, Personal, Finanzierung und Investition) resultieren (vgl. IDW, RS HFA 1, WPg 1998, 658).

Die Ergänzungen der §§ 289, 315 HGB und § 91 AktG führen zu einer korrespondierenden Erweiterung des Prüfungsumfanges und damit zu einer Neufassung des § 317 HGB. Lagebericht und Konzernlagebericht müssen daraufhin geprüft werden, ob die Risiken der künftigen Entwicklung zutreffend dargestellt sind (vgl. § 317 Abs. 2 HGB). Im Rahmen einer Systemprüfung ist außerdem zu beurteilen, ob der Vorstand die ihm nach § 91 Abs. 2 AktG obliegenden Maßnahmen in geeigneter Form getroffen hat und ob das danach einzurichtende Überwachungssystem seine Aufgaben erfüllen kann (vgl. § 317 Abs. 4 HGB; Farr 2002; Lengerke 2002, 99).

Zusammenfassend kann aus den gesetzlichen Forderungen des KonTraG in Verbindung mit der Sorgfaltspflicht des Vorstands (§ 93 Abs. 1 Satz 1 AktG) abgeleitet werden, dass die betreffenden Unternehmungen ein umfassendes Risikomanagementsystem mit den Elementen der Risikoerkennung, -bewertung und -steuerung einzurichten haben, welches einerseits in der Lage ist, Risiken möglichst frühzeitig aufzudecken und zu bekämpfen, und welches andererseits als Grundlage für die Risikoberichterstattung dient. Nachdem das Gesetz keine Hinweise auf die konkrete Umsetzung eines solchen Risikomanagementsystems gibt, soll im Rahmen dieser Arbeit eine Risikomanagementkonzeption entworfen werden, die den Anforderungen des KonTraG gerecht wird.

2.2. Grundlagen und Grenzen der Risikoanalyse und der Risikohandhabung

2.2.1. Risikobegriff und Risikoarten

Risikobegriff

Der Begriff Risiko wird in der Umgangssprache wie auch im Sprachgebrauch der Wissenschaft mit sehr unterschiedlichen Begriffsinhalten belegt (vgl. Helten 1994a, 1). Übersichten zu verschiedenen Risikobegriffen finden sich bei Bussmann (vgl. 1955, 11-21), Philipp (vgl. 1967, 34-38), Karten (vgl. 1972a, 147-169), Schuppisser (vgl. 1978, 62-68) und Helten (vgl. 1994b). In der wirtschaftswissenschaftlichen Literatur lassen sich drei Gruppen von Definitionen unterscheiden (vgl. Philipp 1967, 34):

1) Definitionen, die an die Wirkung des Risikos anknüpfen (wirkungsbezogene Definitionen). Risiko wird hier als Verlustgefahr aufgefasst.
2) Definitionen, die von der Ungewissheit als Quelle des Risikos ausgehen (ursachenbezogene Definitionen). Risiko ist nach diesen Definitionen messbare Ungewissheit.
3) Definitionen, die den engen Zusammenhang von Risiko und Entscheidung in den Mittelpunkt rücken und sowohl die Ursache als auch die Wirkung des Risikos mit einbeziehen. Risiko ist nach dieser Sichtweise die Gefahr der Fehlentscheidung, welche im Ergebnis zu einer negativen Zielabweichung führt.

Zu 1) Vor allem in der älteren Literatur finden sich wirkungsbezogene Definitionen. Risiko wird als die Möglichkeit des Misslingens von Wirtschaftsplänen (vgl. Wittmann 1959, 36; Eucken 1965, 140-141), als Gefahr der negativen Zielverfehlung (vgl. Oberparleiter 1955, 123; Streitferdt 1973, 7) oder als Gefahr des Schadens bzw. Verlustes (vgl. Walther 1953, 8; Bussmann 1955, 19; Mellerowicz 1966, 317) umschrieben. Positive Zielverfehlungen werden als Chance bezeichnet (vgl. Streitferdt 1973, 10-11). Risikodefinitionen der ersten Gruppe gehen nicht auf die Ursachen möglicher Zielverfehlungen bzw. Zielabweichungen ein und vernachlässigen damit eine wichtige Risikokomponente.

Zu 2) Die ursachen- oder informationsorientierte Sichtweise (vgl. Schuppisser 1978, 63) der zweiten Gruppe von Risikodefinitionen knüpft an den Zustand der unvollkommenen Information bzw. Ungewissheit an, in dem sich der Entscheidungsträger befindet. Wichtigster Vertreter dieser Gruppe von Definitionen ist Knight (vgl. 1921, 197-233), welcher „messbare Ungewissheit" als Risiko bezeichnet (vgl. 1921, 233; s. a. Albach 1959, 75; Gutenberg 1962, 77). Knight spricht von messbarer Ungewissheit, wenn den möglichen Ereignissen objektive, statistisch ermittelbare Wahrscheinlichkeiten zugeordnet werden können (vgl. 1921, 233; s. a. Bühlmann/Loeffel/Nievergelt 1969, 4). Liegen lediglich subjektive Wahrscheinlichkeiten vor, handelt es sich nach Knight nicht um Risiko, sondern um Unsicherheit (vgl. 1921, 233). Karten hält diese Differenzierung für „unfruchtbar" (vgl. 1972a, 159). Er vertritt stattdessen eine umfassendere Form der Definition, wonach das Risiko einer Handlungsmöglichkeit in der (objektiven oder subjektiven) Wahrscheinlichkeitsverteilung ihrer potenziellen Ergebnisse zum Ausdruck kommt (Karten 1972a, 152, 159; s. a. Farny 1979, 16). Risikobegriffe dieser Art sind auf große Mengen gleichartiger Ereignisse zugeschnitten (vgl. Drumm/Dal Zotto 2004, 387). Da aber für Einzelentscheidungen in der Unternehmung, z. B. im Bereich der Personalwirtschaft und Organisation, in der Regel (noch) keine Verteilungen von Ergebnissen vorliegen (vgl. Drumm/Dal Zotto 2004, 387), sind Risikobegriffe der zweiten Gruppe für das unternehmerische Risikomanagement nur eingeschränkt geeignet.

Zu 3) Risikodefinitionen der dritten Gruppe sind eng mit denen der ersten Gruppe verwandt. Die Autoren der dritten Gruppe von Risikodefinitionen fragen nach der Ursache von Zielabweichungen und thematisieren die Fehlentscheidung als Auslöser für negative Zielabweichungen. Risiko wird definiert als „Gefahr der Fehlentscheidung“ (vgl. Wittmann 1959, 189 Fn. 358; Krelle 1965, 391; Philipp 1967, 13; Imboden 1983, 51; Drumm 2004, 3). Diese Definition umfasst sowohl die ursachen- als auch die wirkungsbezogene Komponente des Risikos (vgl. Mensch 1991, 42-43). Die ursachenbezogene Komponente ist die Fehlentscheidung, die wirkungsbezogene Komponente ist die durch die Fehlentscheidung verursachte negative Zielabweichung. Zielabweichungen können demgemäß verhindert werden, wenn es gelingt, Fehlentscheidungen zu vermeiden. In der bisher dargestellten Risikodefinition ist aber lediglich ein bis zur Entscheidung auftretendes Fehlverhalten erfasst und die Realisierung der gewählten Alternative wird ausgeklammert (vgl. Mikus 2001, 7). Mikus schlägt daher folgenden Risikobegriff vor, welcher auch die Grundlage der vorliegenden Arbeit bilden soll: Risiko ist die Gefahr von Fehlentscheidungen oder von Fehlverhalten nach der Entscheidung mit der Folge der Nichterreichung von gesetzten Zielen (vgl. Mikus 2001, 7; s. a. Mensch 1991, 42). Dieser entscheidungsorientierte Risikobegriff berücksichtigt sowohl die ursachen- als auch die wirkungsbezogene Dimension von Risiko: Die ursachenbezogene Komponente des Risikos ist die Fehlentscheidung oder das Fehlverhalten nach der Entscheidung, die wirkungsbezogene Komponente ist die negative Zielabweichung bzw. der Schaden, welcher durch die Fehlentscheidung oder durch das Fehlverhalten nach der Entscheidung ausgelöst wird. Der gewählte Risikobegriff klammert weiterhin die Chance als Möglichkeit der Zielübererfüllung aus und stimmt somit mit der Risikoauffassung des KonTraG (vgl. Brebeck/ Hermann 1997, 383; Martin/Bär 2002, 72) überein.

Für die Feststellung von negativen Zielabweichungen, d. h. von Schäden, die durch Fehlentscheidungen oder Fehlverhalten ausgelöst werden, ist das Vorhandensein eines oder mehrerer Ziele erforderlich (vgl. Mikus 2001, 5). Ein Ziel gibt dabei einen zukünftigen Zustand der Unternehmung wieder, der als erstrebenswert angesehen wird (vgl. Heinen 1966, 45). Entscheidungsziele müssen dabei so gewählt sein, dass sie durch aktives Handeln des Menschen verwirklicht werden können. Die Beurteilung, ob eine Fehlentscheidung getroffen wurde, ist besonders problematisch, wenn „unrealistische“ Ziele vorgegeben werden. „Unrealistische“ Ziele sind zwar objektiv erreichbar, d. h. sie liegen nicht außerhalb des Möglichkeitsrahmens aktiven menschlichen Handelns, sie gelten aber aufgrund mangelnder Mittel im konkreten Einzelfall als unerreichbar (vgl. Gzuk 1975, 130-131). Werden unrealistische Ziele festgelegt, ist eine Zielverfehlung gewissermaßen „vorprogrammiert“, weshalb auftretende negative Zielabweichungen nicht einer fehlerhaften Entscheidung zugeschrieben werden können.

Risikoarten

Risiken können in verschiedene Risikoarten untergliedert werden. So können z. B. in Abhängigkeit von der Entscheidungsebene strategische und operative Risiken unterschieden werden: Strategische Risiken beeinträchtigen die Erfüllung langfristiger globaler Ziele und gefährden die Unternehmung als Ganzes; operative Risiken beziehen sich auf kurzfristige Ziele und Entscheidungen in einzelnen Teilbereichen der Unternehmung (vgl. Mikus 2001, 7-8). Des Weiteren ist eine Differenzierung von Risiken gemäß den verschiedenen Unternehmungsbereichen bzw. funktionalen Entscheidungsfeldern der Unternehmung möglich: Mikus differenziert leistungswirtschaftliche Risiken (Forschungs- und Entwicklungsrisiken, Absatz-, Produktions- und Beschaffungsrisiken), finanzwirtschaftliche Risiken, Personalrisiken und Risiken der Unternehmungsführung (vgl. 2001, 8). Drumm und Dal Zotto unterscheiden folgende materielle Risiken: Marktrisiken, Betriebsrisiken, Finanzrisiken (Liquiditäts- und Kreditrisiken), Umfeldrisiken, Informations- und Kommunikationsrisiken, Kooperations- und Beteiligungsrisiken (vgl. Drumm/Dal Zotto 2004, 391). Weitere Ansätze zur Systematisierung von Risiken finden sich bei Mikus (vgl. 2001, 7-9) und Lück et al. (vgl. 2000, 2-3).

Wenn im Folgenden auf die grundlegenden Teilbereiche des Risikomanagements, auf Risikoanalyse und Risikohandhabung sowie auf den Risikomanagementprozess eingegangen wird, so geschieht dies in allgemeiner Form und bezieht sich nicht auf einen bestimmten der hier genannten Risikobegriffe, sondern bildet die Grundlage für die in Teil A, Kapitel 3 zu entwickelnde Risikomanagementkonzeption.

2.2.2. Die Risikoanalyse als Grundlage der Risikohandhabung

Ziel und Gegenstand der Risikoanalyse ist die Identifikation möglicher Risiken, die Aufklärung der Risikoursachen, die Darstellung der Zusammenhänge zwischen Risikoursachen und Risikowirkungen sowie die Bewertung der identifizierten Risiken (vgl. Mikus 2001, 13-14). Bei einigen Autoren ist der letztgenannte Aspekt, die Risikobewertung, nicht Bestandteil der Risikoanalyse, sondern ist ihr nachgelagert (vgl. Braun 1984, 229; Lück 1998b, 1927; Happel/Liebwein 2000, 230). In der vorliegenden Arbeit wird jedoch der Gruppe von Autoren gefolgt, welche die Risikobewertung als Bestandteil der Risikoanalyse auffasst (vgl. Mugler 1979; Hertel 1991, 34; Hölscher 2002, 12; Schierenbeck/Lister 2003, 188; Romeike 2003a, 165). Im Folgenden wird kurz auf die einzelnen Bausteine der Risikoanalyse eingegangen:

Die Risikoidentifikation bzw. Risikoerkennung schafft gewissermaßen erst das Aufgabenobjekt für die übrigen Teilbereiche des Risikomanagements (vgl. Mugler 1979, 87) und ist daher von zentraler Bedeutung. Zur Risikoidentifikation existiert in der Risikomanagementliteratur eine Vielzahl von Methoden, wie z. B. Checklisten, Expertenbefragungen, Betriebsbesichtigungen und Fehlerbaumanalysen (vgl. Schenk 1998; Hölscher 2002, 13; Wolf/Runzheimer 2003, 44-46;). Da jede Methode individuelle Vor- und Nachteile aufweist, wird in der Literatur die Kombination mehrerer Methoden propagiert (vgl. Sauerwein/Thurner 1998, 33; Hölscher 2002, 13). Auf die Vollständigkeit der Risikoidentifikation wirkt es sich zudem positiv aus, wenn „die Mitarbeiter „risikonaher“ Stellen“ (Mugler 1979, 89) in die Risikoerkennung mit einbezogen werden, da sie im Hinblick auf die einzelnen Risiken ihres Aufgabenbereiches über das größte Informationspotenzial verfügen (Mugler 1979, 89).

Nach der Identifikation bestehender oder drohender Risiken werden die Risikoursachen aufgeklärt (vgl. Lück 1998b, 1927). Die Ursachen der identifizierten Risiken werden dabei unterschieden in Ursachen, die von der Unternehmung beeinflussbar sind, und in Ursachen, die von der Unternehmung nicht beeinflusst werden können (vgl. Lück 1998b, 1927). Die ermittelten Risikoursachen liefern erste Ansatzpunkte für die Auswahl der Maßnahmen bei der späteren Risikohandhabung (vgl. Lück 1998b, 1927). Im Zuge der Risikoanalyse erfolgt außerdem eine Untersuchung der Wirkungen von Risiken, die sich auch auf Ursache-Wirkungsbeziehungen und Wechselwirkungen zwischen verschiedenen Risiken beziehen sollte (vgl. Mikus 2001, 14). Potenzielle Risikowirkungen in Form von Schäden für die Unternehmung können über ein- und mehrstufige Wirkungshypothesen aufgedeckt werden (vgl. Drumm/Dal Zotto 2004, 391).

Anschließend folgt die Bewertung der identifizierten Risiken, damit festgestellt werden kann, welche Bedrohung von den ermittelten Risiken für die Unternehmung ausgeht (vgl. Hölscher 2002, 13). Für die Bewertung von Risiken im Sinne des Zuordnens von Präferenzen ist nach Mugler die Erfassung von quantitativen Merkmalen erforderlich (vgl. 1979, 113). Risiken sind durch die zwei Merkmalstypen „Ergebnisausprägungen" und „Eintrittswahrscheinlichkeiten" gekennzeichnet, wobei der erste Merkmalstyp üblicherweise in Geldeinheiten gemessen und der zweite durch Wahrscheinlichkeitszahlen dargestellt wird (vgl. Mugler 1979, 113). Schäden können dabei sowohl unmittelbare Schäden in Form von Einzahlungs- und Gewinneinbußen als auch zusätzliche Auszahlungen und Folgeschäden sein (vgl. Drumm/Dal Zotto 2004, 391). Da Statistiken zu Wahrscheinlichkeitsverteilungen in der Unternehmung nur für wenige Risikoarten verfügbar sind, können an die Stelle objektiver Wahrscheinlichkeiten geschätzte, subjektive Eintrittswahrscheinlichkeiten treten (vgl. Mugler 1979, 128; Wolf/Runzheimer 2003, 58). Durch Multiplikation von Schadensausmaß und Schadeneintrittswahrscheinlichkeit ergibt sich als Risikomaß der Schadenserwartungswert (vgl. Mugler 1979, 117).

Der Schadenserwartungswert ermöglicht den Vergleich mehrerer Risiken. Jedoch kommt es durch die Verdichtung von Ausmaß und Eintrittswahrscheinlichkeit des Schadens zu einer einzigen Kennzahl zu einem Informationsverlust: Risiken mit geringer Eintrittswahrscheinlichkeit und hohem Schadensausmaß werden gleich beurteilt wie Risiken mit hoher Eintrittswahrscheinlichkeit und geringem Schadensausmaß. Diese Gleichbehandlung von Risiken mit unterschiedlicher Struktur ist jedoch irreführend, da ein existenzbedrohender Schaden auch bei geringer Eintrittswahrscheinlichkeit eine größere Bedrohung für eine Unternehmung darstellt als ein fast sicheres Ereignis mit kleiner Tragweite (vgl. Hölscher 2002, 9). Der Schadenserwartungswert ist somit nur bedingt als Risikomaß geeignet und sollte daher nicht isoliert zur Beurteilung von Risiken herangezogen, sondern durch die Angabe seiner Komponenten, Schadenshöhe und Schadenswahrscheinlichkeit, ergänzt werden. Zum Vergleich mehrerer Risiken eignet sich eine Risk-Map, welche in einer zweidimensionalen Darstellung Schadenshöhe und Eintrittswahrscheinlichkeit angibt (vgl. Abb.2).

Es können hierbei sowohl für die Schadenshöhe als auch für die Eintrittswahrscheinlichkeit entweder quantitative oder qualitative Kategorien gebildet werden. Die Bildung von quantitativen Schadenskategorien und die Zuordnung von Geldwerten, z. B. Kategorie I: ein unbedeutender Schaden, der angesichts der Größe des Systems zu vernachlässigen und kleiner als 100.000 € ist (vgl. Brühwiler 2003, 123; Wolf/Runzheimer 2003, 82), muss in Abhängigkeit von der individuellen Unternehmungsgröße erfolgen (vgl. Brühwiler 2003, 123). Bei Risiken, die sich nicht quantifizieren lassen, können Risikokategorien auf Basis des qualitativen Verlustpotenzials gebildet werden, z. B. Kategorie I (Geringer Schaden), Kategorie II (Mittlerer Schaden), Kategorie III (Schwerwiegender Schaden) (vgl. Bitz 2000, 45). Anstatt quantitativer Kategorien von Eintrittswahrscheinlichkeiten, z. B. Eintrittswahrscheinlichkeit zwischen 0,5 und 0,75, können auch qualitative Kategorien gebildet werden, z. B. Kategorie I (Unwahrscheinlicher Schaden), Kategorie II (Möglicher Schaden), Kategorie III (Wahrscheinlicher Schaden), Kategorie IV (Sehr wahrscheinlicher Schaden) (vgl. Bitz 2000b, 45). Durch die Crosstabulation zweier Kategorien für Schadenshöhe und Eintrittswahrscheinlichkeit ergibt sich eine Risk-Map (vgl. Abb. 2), die als Grundlage für die Risikohandhabung verwendet werden kann.

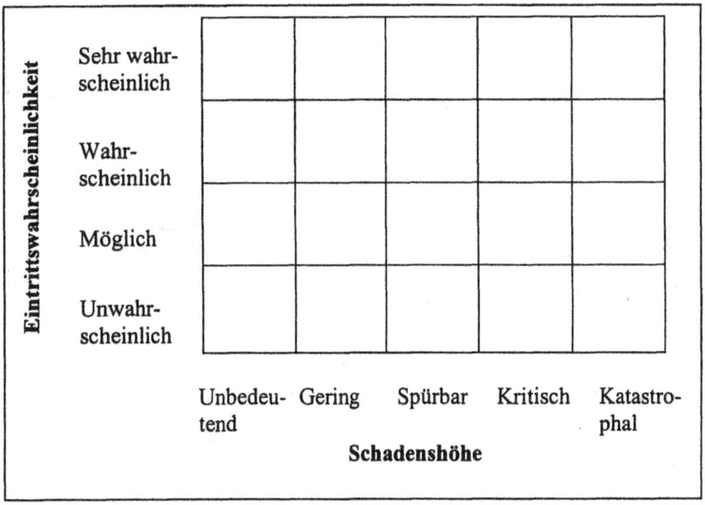

Abbildung 2 Risk-Map (eigene Darstellung in Anlehnung an Brühwiler 2003, 126)

2.2.3. Maßnahmen der Risikohandhabung

Der bewusste Umgang mit Risiken wird in der Literatur mit den Begriffen Risikosteuerung (vgl. Lück 1998b, 1927; Weber/Weißenberger/Liekweg 1999a, 1715; Seidel 2002, 68) und Risikobewältigung (vgl. Füser/Gleißner 1999, 757; Martin/Bär 2002, 102) bzw. Risikohandhabung (vgl. Bitz 2000b, 48; Wolf/Runzheimer 2003, 86) belegt. Der Begriff Risikohandhabung bezeichnet im Folgenden die Auswahl und Implementation von Maßnahmen oder Maßnahmenkombinationen zum bewussten Umgang mit zuvor identifizierten Risiken.

Maßnahmen der Risikohandhabung sind nach Haller (vgl. 1975, 43; 1986, 31-33) die Vermeidung, Verminderung und Überwälzung von Risiko sowie die Selbsttragung von Risiko (s. a. Mehr/Hedges 1974, 67ff.; ähnliche Maßnahmenkataloge vgl. Karten 1978, 318; Lück 1998b, 1927-1928; Füser/Gleißner 1999, 757; Weber/Weißenberger/Liekweg 1999a, 1715). Bei der Risikohandhabung wird zwischen ursachenorientierten und wirkungsorientierten Maßnahmen unterschieden (vgl. Mikus 2001, 17; Wolf/Runzheimer 2003, 87; Graumann 2003, 573). Erstgenannte Maßnahmen zielen darauf ab, die Risikoursachen derart zu beeinflussen, „dass eine negative Zielabweichung gar nicht entstehen soll" (Brühwiler 1979, 355). Demgegenüber sollen wirkungsorientierte Maßnahmen zur Bewältigung der negativen Risikowirkungen beitragen (vgl. Brühwiler 1979, 355). Die unten stehende Darstellung bietet einen Überblick über ursachen- und wirkungsorientierte Maßnahmen der Risikohandhabung (vgl. Abb. 3).

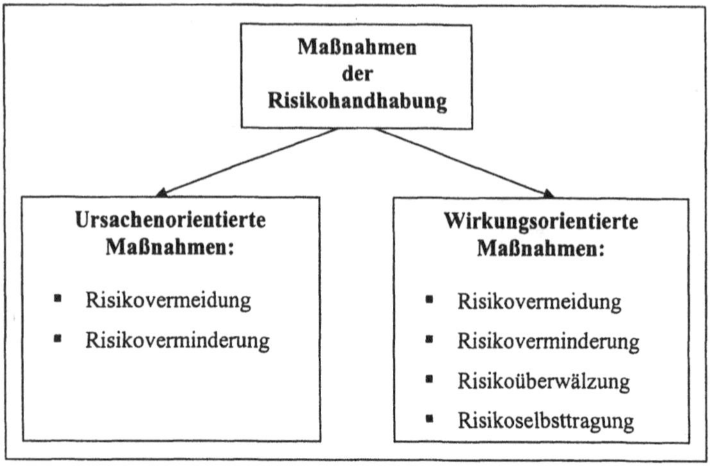

Abbildung 3 Maßnahmen der Risikohandhabung

Von Risikovermeidung wird gesprochen, wenn auf gewisse Erwartungen und Ziele verzichtet und damit die Gefahr einer Zielabweichung eliminiert wird (vgl. Haller 1986, 31). Die Risikovermeidung führt zwar zu einer eindeutigen Lösung des Risikoproblems, kommt aber „einer Preisgabe von Unternehmungszielen zugunsten der Sicherheit gleich" (Haller 1986, 31; s. a. Weber/Weißenberger/Liekweg 1999a, 1715). Durch Maßnahmen der Risikoverminderung sollen Schäden verhütet werden, welche beim Eintritt von Risiken entstehen. Ist dies nicht möglich, haben risikovermindernde Maßnahmen mindestens die Reduzierung der negativen Risikofolgen, d. h. eine Schadenherabsetzung, zum Ziel (vgl. Haller 1986, 31). Maßnahmen der Risikoüberwälzung zielen darauf ab, die negativen Risikofolgen, meist gegen Entgelt, auf ein anderes System abzuwälzen (vgl. Haller 1975, 42). Die häufigste Anwendungsform der Risikoüberwälzung ist der Abschluss eines Versicherungsvertrags (vgl. Haller 1975, 45).

Risiken, die durch die oben genannten Maßnahmen nicht erfasst wurden, müssen letztlich von der Unternehmung selbst getragen werden. Das Selbsttragen des Risikos als Maßnahme zur Risikohandhabung, beinhaltet allerdings nur den „Teil des Risikos, den man bewusst selber tragen will" (Haller 1975, 46). Voraussetzung für die Selbsttragung von Risiken ist die Bildung ausreichender interner oder externer liquider Reserven (vgl. Haller 1975, 84; Romeike 2003e, 249). Nur bei Risiken, deren Schäden aus dem laufenden Cash-Flow gedeckt werden können, kann von einer Reservenbildung abgesehen werden (vgl. Kalhöfer/Rücker 2002, 433; Romeike 2003e, 249). Neben den Risiken, die bewusst selbst getragen und durch Reservenbildung abgesichert werden, ist auch unbewusste Selbsttragung möglich: Wird eine Risikosituation falsch eingeschätzt bzw. gar nicht erkannt, müssen die Risikofolgen aus dem Cash-Flow finanziert werden (vgl. Romeike 2003e, 248-249; zur Risikofinanzierung vgl. Lukarsch 1998). Die unbewusste Selbsttragung von Risiken stellt jedoch keine Maßnahme der Risikohandhabung dar.

Allgemein muss für die Wahl und den Einsatz jeglicher Risikohandhabungsmaßnahmen stets die Bedingungsgleichung gelten, „dass der Erwartungswert der Risikoabwehrauszahlungen nicht über dem Schadenerwartungswert des Risikos selbst liegen darf" (Drumm 2005, 730).

2.2.4. Risikoanalyse, Risikohandhabung und Risikokontrolle als Bausteine des Risikomanagementprozesses

Zwischen den einzelnen Teilaufgaben der Risikoanalyse und der Risikohandhabung besteht ein logisch-genetischer Zusammenhang, so dass es berechtigt erscheint, Risikoanalyse und Risikohandhabung als Phasen oder Bausteine eines Risikomanagementprozesses zu bezeichnen (vgl. Braun 1984, 64).

In der Literatur finden sich verschiedene Arten von Risiko- bzw. Riskmanagementprozessen, welche sich in Anzahl, Bezeichnung und Inhalt der einzelnen Phasen unterscheiden (vgl. Hertel 1991, 34; Lück 1998b, 1926; Sauerwein/Thurner 1998, 32; Brühwiler 2001, 55-59; Kirchner 2002, 38; Wolf 2003, 55-69). Alle Varianten haben dabei gemein, dass sie auf dem Gestaltungsprinzip des Regelkreises basieren (vgl. Bitz 2000b, 25; Romeike 2003b, 153).

Der Risikomanagementprozess setzt sich aus den Bausteinen Risikoanalyse, Risikohandhabung und Risikokontrolle zusammen (siehe Abb. 4; vgl. Hertel 1991, 33-34; Hölscher 2002, 13). Im Rahmen der Risikoanalyse werden die Risiken der Unternehmung identifiziert, die Risikoursachen ermittelt, die Risikowirkungen abgeschätzt und die Risiken bewertet. Anschließend werden Risikohandhabungsmaßnahmen gewählt und implementiert, welche geeignet sind, die Risiken im Sinne der Unternehmungsziele zu beeinflussen. Der Regelkreis schließt sich mit der Risikokontrolle. Aufgabe der Risikokontrolle bzw. Risikoüberwachung (vgl. Hornung/Reichmann/Diederichs 1999, 321-322) ist die Überprüfung von Effektivität und Angemessenheit der gewählten Risikohandhabungsmaßnahmen (vgl. Braun 1984, 66; Bitz 2000b, 25).

Für die Risikokontrolle ist die Vorgabe einer Soll-Risikosituation erforderlich, welche zuvor anhand risikopolitischer Grundsätze definiert wurde (vgl. Hornung/ Reichmann/Diederichs 1999, 322). Dem Risikomanagementprozess ist also gedanklich eine Risikostrategie mit grundsätzlichen Aussagen zur risikopolitischen Ausrichtung der Unternehmung vorangestellt (vgl. Martin/Bär 2002, 90). Nur wenige Autoren behandeln die Risikostrategie als expliziten Bestandteil des Risikomanagementprozesses (vgl. Lück 1998b, 1926; Kirchner 2002, 38). In der Regel wird das Vorhandensein einer Risikostrategie als Prämisse des Risikomanagementprozesses verstanden (vgl. Abb. 4).

Während die Risikokontrolle von den Trägern des Risikomanagements ausgeübt wird, muss zusätzlich auf übergreifender, prozessunabhängiger Ebene eine Kontrolle des gesamten Risikomanagementprozesses stattfinden. Die Überwachung der Funktionsfähigkeit des Risikomanagementprozesses ist Aufgabe der Unternehmungsleitung (vgl. § 91 Abs. 2 AktG; Lück 1998b, 1928-1930) bzw. der internen Revision (vgl. Lück 1998a, 10), des Aufsichtsrats (vgl. § 111 Abs. 1 AktG) und des Jahresabschlussprüfers (vgl. § 317 Abs. 4 HGB).

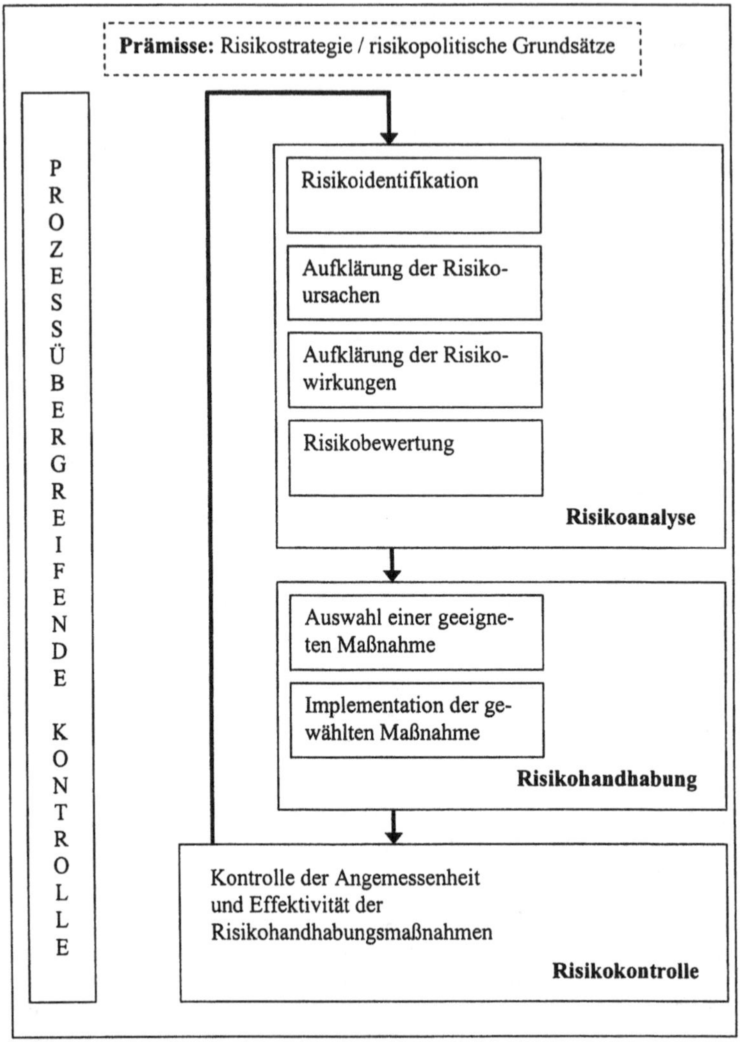

Abbildung 4 Der Risikomanagementprozess

2.2.5. Probleme und Grenzen des Risikomanagements

Das KonTraG fordert, dass Entwicklungen, die den Bestand der Unternehmung bedrohen, frühzeitig erkannt werden (§ 91 Abs. 2 AktG). Ein Risikomanagement, das dem KonTraG gerecht wird, muss folglich möglichst früh ansetzen, und zwar, anders als bisherige Risikomanagementmethoden, am Besten bereits vor der Risikogenese. Da Risiken prinzipiell in allen

Funktionsbereichen der Unternehmung entstehen können, muss ein KonTraG-konformes Risikomanagementsystem auch die Bereiche Organisation und Personalwirtschaft mit einbeziehen. Risikomanagementsysteme in der Praxis gehen jedoch kaum auf die genannten Bereiche ein, mitunter wohl deshalb, weil es sich hierbei um Risiken handelt, für die häufig keine sinnvolle Datenbasis vorliegt und die sich deshalb einer quantitativen Bewertung mit den gängigen mathematisch-statistischen Instrumenten entziehen (vgl. Romeike 2003d, 196).

Es stellt sich damit erstens die Frage, wie Risikomanagement allgemein betrieben werden soll, um dem Postulat der frühzeitigen Erkennung von Risiken gerecht zu werden und zweitens, wie die Risikoanalyse, aber auch die Risikohandhabung, im Bereich organisatorischer und personalwirtschaftlicher Risiken methodisch gestaltet werden kann, um ein umfassendes Risikomanagement zu gewährleisten. Die unten stehenden Kapitel sollen Antworten auf diese Fragen geben und methodische Anstöße zur Umsetzung der Forderungen des KonTraG liefern.

An dieser Stelle muss allerdings darauf hingewiesen werden, dass das stets vorhandene unternehmerische Restrisiko durch kein noch so ausgeklügeltes Risikomanagementsystem vollständig auszuschalten ist, da die mit jeder Entscheidung einhergehende Unsicherheit, als konstitutives Element der gesamten Wirtschaft und des Lebens, nicht eliminiert werden kann (vgl. Krelle 1965, 390). Das stets vorhandene Restrisiko der Unternehmung setzt sich zusammen aus den Risiken, die nicht identifiziert werden konnten und den Netto-Risiken, die nach der Anwendung von Maßnahmen der Risikohandhabung verbleiben (vgl. Hornung/ Reichmann/Form 2000, 155; vgl. Kirchner 2002, 38;). Während die Netto-Risiken bewertet und eventuell über finanzielle Reserven abgedeckt sind, ist die Größenordnung der nicht identifizierten Risiken unbekannt. Diese nicht ermittelten Risiken können jedoch im Schadensfall, einzeln oder im Verbund, die Tragfähigkeit der Unternehmung übersteigen und die Existenz der Unternehmung bedrohen (vgl. Mugler 1979, 87). Risikomanagement ist dennoch sinnvoll und wichtig, denn mit Hilfe eines umfassenden Risikomanagementsystems, welches Risiken in allen Funktionsbereichen der Unternehmung möglichst früh erkennt und bekämpft, kann das unternehmerische Restrisiko, wenn auch nicht beseitigt, so doch zumindest erheblich vermindert werden.

3. Die Konzeption eines entscheidungsorientierten Ex-ante-Risikomanagements

3.1. Die Entscheidungstheorie als Bezugsrahmen

3.1.1. Entscheidungen bei strenger Rationalität

Die Entscheidungstheorie beschäftigt sich als interdisziplinärer Forschungsschwerpunkt mit dem rationalen oder intendiert rationalen Entscheidungsverhalten von Individuen und Gruppen (vgl. Laux 1998, 1; Bamberg/Coenenberg 2002, 1). Es wird, je nach dem im Vordergrund stehenden Forschungsziel, zwischen deskriptiver und präskriptiver Entscheidungstheorie unterschieden (vgl. Laux 1998, 1; zur Kritik an dieser Unterscheidung vgl. Schneider 1995, 11; Eisenführ/Weber 1999, 2-3). Während die deskriptive Entscheidungstheorie beschreibt, wie Entscheidungen in der Realität getroffen werden, will die präskriptive Entscheidungstheorie zeigen, wie Entscheidungen rational getroffen werden können und abstrahiert zu diesem Zweck von der konkreten Entscheidungssituation (vgl. Laux 1998, 2). Als Entscheidungshilfen werden Entscheidungsmodelle, d. h. formale Darstellungen von Entscheidungsproblemen (vgl. Dinkelbach 1982, 29; vgl. Laux 1998, 16-17) verwendet. Ein sehr anschauliches Darstellungskonzept bietet das Grundmodell der Entscheidungstheorie (vgl. Schneeweiß 1967; Laux/Liermann 2005, 45), welches sich aus Ergebnismatrix und Zielfunktion zusammensetzt (zur Ergebnismatrix siehe Abb. 5).

	$W(S_1)$	$W(S_2)$	...	$w(S_S)$
	S_1	S_2	...	S_S
A_1	E_{11}	E_{12}	...	E_{1S}
A_2	E_{21}	E_{22}	...	E_{2S}
.	.	.		.
.	.	.		.
.	.	.		.
A_A	E_{A1}	E_{A2}	...	E_{AS}

Abbildung 5 Ergebnismatrix (vgl. Laux/Liermann 2005, 45)

Bestandteile der Ergebnismatrix sind in der Frontspalte die erwogenen Handlungsalternativen und in der Kopfzeile die Umweltzustände, die der Entscheider für möglich hält, sowie die Eintrittswahrscheinlichkeiten, die er ihnen zuweist (vgl. Laux/Liermann 2005, 45). In den Feldern der Ergebnismatrix werden die Ergebnisse der jeweiligen Alternativen bei den unterschiedlichen betrachteten Umweltzuständen dargestellt. Um eine rationale Entscheidung treffen zu können, müssen die möglichen Ergebnisse mit Hilfe einer Zielfunktion oder Entscheidungsregel gegeneinander abgewogen werden (vgl. Kickert 1980, 20-22; Laux 1998, 3, 35). Das Grundmodell der Entscheidungstheorie ist also erst vollständig, wenn die Ergebnismatrix durch eine Zielfunktion oder Entscheidungsregel ergänzt wird (vgl. Sieben/Schildbach 1975, 11; Laux 1998, 35).

Entscheidungstheoretische Modelle wie das Grundmodell der Entscheidungstheorie basieren auf folgenden Annahmen über das Verhalten und den Informationsstand des Entscheiders: Bei allen Modellen der Entscheidungstheorie sind gegebene Informationen vorausgesetzt, d. h. die Ziele des Entscheidenden, seine Handlungsmöglichkeiten und die Gesamtzahl sämtlicher Zukunftslagen gelten als bekannt (vgl. March/Simon 1977, 41; Schneider 1980, 63; Dinkelbach 1982, 38). Es wird weiterhin angenommen, dass der Entscheider als homo oeconomicus (vgl. Simon 1967a, 241; Kirsch 1970, 40) rational handelt, indem er „seine Entscheidungen in der Weise trifft, dass er etwas maximiert" (Edwards 1967, 15; s. a. Gäfgen 1974, 24; Schmidt/Schiermeister 1989, Sp. 1485). In der Betriebswirtschaftslehre wird unterstellt, dass der Entscheider versucht, den Quotienten aus Zielerfüllung und Mitteleinsatz zu maximieren (vgl. Sieben/Schildbach 1975, 5). Demgemäß handelt der unternehmerische Entscheider rational wenn er sich am ökonomischen Prinzip (vgl. Schmidt/Schiermeister 1989, Sp. 1478) orientiert, d. h. wenn er bei gegebenen Mitteln den Zielbeitrag maximiert oder, logisch äquivalent dazu, ein gegebenes Zielniveau bei Minimierung der eingesetzten Mittel erreicht (vgl. Velsinger 1970, 15; Schmidt/Schiermeister 1989, 1478).

Das Risiko eines rationalen Entscheiders, welcher über einen gegebenen, vollständigen Informationsstand verfügt, besteht in seiner Unsicherheit bezüglich der künftigen Umweltentwicklung (vgl. Philipp 1967, 16-17; Mag 1977, 122; Windsperger 1988, 28-29; Mag 1995, 13). Selbst wenn der Entscheider den einzelnen Umweltzuständen z. B. objektive Eintrittswahrscheinlichkeiten zuordnen kann, ist eine Fehlentscheidung nicht ausgeschlossen: Es kann ein anderer Umweltzustand, als der vom Entscheider zuvor angenommene, eintreten und die gewählte Alternative kann sich im Nachhinein, gemessen an der Zielsetzung des Entscheiders, als nicht optimal herausstellen (vgl. Krelle 1965, 391). Das heißt, die Irrtumswahrscheinlichkeit bezüglich des künftigen Umweltzustandes ist immer positiv.

3.1.2. Entscheidungen bei eingeschränkter Rationalität

Ein Blick in die Realität bzw. in die deskriptive Entscheidungstheorie zeigt, dass neben der Unsicherheit über den künftigen Umweltzustand noch andere Risikoquellen existieren. Hinterfragt man nämlich die oben vorgestellten Prämissen entscheidungstheoretischer Modelle, wird offensichtlich, dass sie im Falle realer Entscheidungssituationen nicht erfüllt werden können. Sowohl die Eigenschaften des realen Entscheiders als auch sein tatsächlicher Informationsstand weichen erheblich von den Annahmen der präskriptiven Entscheidungstheorie ab:

Ziele, Handlungsmöglichkeiten, Umweltzustände und Ergebnisse, kurz die Bestandteile des Grundmodells der Entscheidungstheorie (vgl. Teil A, 3.1.1.), sind in der Realität nicht „gegeben" (vgl. Kupsch 1973, 121; March/Simon 1977, 42-43): Entscheidungsmatrix und Zielfunktion müssen erst vom Entscheider im Rahmen eines, der eigentlichen Entscheidung vorgelagerten, Informationssuch- bzw. Entscheidungsprozesses entwickelt werden (vgl. Kupsch 1973, 121; Laux/Liermann 2005, 32-34). Die quantitative oder qualitative Änderung des variablen Informationsstandes ist dabei weniger ein technisches als vielmehr ein ökonomisches Problem (vgl. Mag 1977, 127). Zusätzliche Informationen verursachen Kosten in Form von Ausgaben und/oder Opportunitätskosten durch den Einsatz von Arbeit und Zeit (vgl. Laux 1998, 333). Die Entscheidung darüber, ob eine Information, d. h. zweckorientiertes Wissen (vgl. Wittmann 1959, 14; Mag 1977, 4), beschafft werden soll, erfordert ein Abwägen von Informationskosten und Informationswert (vgl. Hax 1965, 42; Laux 1998, 355; Saliger 1998, 133;) bzw. Informationsnutzen (vgl. Mag 1977, 137; zur Nutzenbewertung von Informationen vgl. Wild 1971): Übersteigen die Erwartungskosten der Information den Erwartungswert der Information wird die Informationssuche abgebrochen (vgl. Laux 1998, 355). Problematisch ist dabei die Bestimmung des Werts einer zusätzlichen, noch unbekannten Information (vgl. Mag 1977, 139-140; zur Informationsbewertung vgl. Baberg/Coenenberg/Kleine-Doepke 1976) und infolgedessen die Ermittlung des Informationsoptimums (vgl. Mag 1977, 137; Picot/Reichwald/Wigand 2003, 68).

Außerdem gestehen die Modelle der Entscheidungstheorie dem Entscheider „eine 'übermenschlich' große Informationsverarbeitungskapazität zu" (Kupsch 1973, 120). Tatsächlich ist aber die menschliche Fähigkeit, Informationen aufzunehmen, zu speichern und logisch konsistent zu verarbeiten, begrenzt (vgl. Laux/Liermann 2005, 51). In der Realität handelt der Entscheider deshalb unter beschränkter oder eingeschränkter Rationalität („bounded rationality" vgl. Simon 1967b, 198). Das heißt, er beabsichtigt zwar vernünftig zu handeln, ist aber nur eingeschränkt dazu in der Lage (vgl. Schneider 1995, 10; zu gängigen Beurteilungsfehlern in der Risikowahrnehmung vgl. Jungermann/Slovic 1993). Er sucht infolgedessen nur in einem sehr begrenzten Bereich des Entscheidungsfeldes nach Informationen und strebt nicht nach optimalen, sondern lediglich nach befriedigenden Lösungen seines Entscheidungsproblems (vgl. Heinen 1966, 239-249; Kickert 1980, 44; Bamberg/Coenenberg 2002, 7).

Die genannten faktisch beobachtbaren Beschränkungen der Rationalität sollen nicht den Anspruch entscheidungstheoretischer Modelle auf Rationalisierung zu Fall bringen (vgl. Bretzke 1980), sondern Folgendes zeigen: Während bei den oben betrachteten streng rationalen Entscheidungen die Ursache von Fehlentscheidungen allein in der positiven Irrtumswahrscheinlichkeit bezüglich des künftigen Umweltzustandes begründet liegt (vgl. Teil A, 3.1.1.), bergen Entscheidungen bei eingeschränkter Rationalität zusätzliche Risikoquellen, welche im Zusammenhang mit den Eigenschaften des realen Entscheiders sowie mit seinem tatsächlichen Informationsstand stehen (vgl. Abb. 6; vgl. Brühwiler 1980, 170; s. a. „menschliches Versagen" bei Philipp 1967, 16-18).

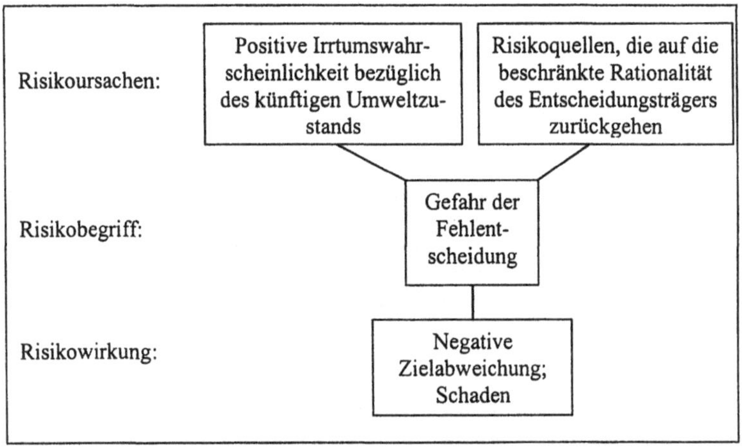

Abbildung 6 Zusammenhang zwischen Risikoursachen, Risikobegriff und Risikowirkung (eigene Darstellung in Anlehnung an Philipp 1967, 71)

Fehlentscheidungen, die ihre Ursache in der eingeschränkten Rationalität des Entscheiders bzw. in seinem unvollständigen Informationsstand haben, sind prinzipiell vermeidbar. Um die Gefahr einer Fehlentscheidung zu vermindern, muss deshalb bereits im Vorfeld der Entscheidung Risikomanagement, d. h. Risikoanalyse, -handhabung und -kontrolle, betrieben werden.

Ex-ante-Risikomanagement soll die Gefahr von Fehlentscheidungen reduzieren und so die Risikoentstehung möglichst frühzeitig beeinflussen. Mit Hilfe des Ex-ante-Risikomanagements können reale Entscheidungsprozesse an die strenge Rationalität entscheidungstheoretischer Modelle zumindest angenähert werden. Allerdings ist, wie in Teil A, 2.2.5. erläutert, auch bei streng rationalem Verhalten die positive Irrtumswahrscheinlichkeit in Bezug auf die künftige Entwicklung positiv. Das heißt, auch bei der Anwendung von Ex-ante-Risikomanagement sind Fehlentscheidungen möglich und es bleibt ein Restrisiko bestehen. Allerdings kann dieses Restrisiko durch Ex-ante-Risikomanagement weitgehend reduziert werden.

Es wird nun im Folgenden dargestellt, wie die einzelnen Bestandteile des Ex-ante-Risikomanagements, also die Risikoanalyse (vgl. Teil A, 3.2.), die Risikohandhabung (vgl. Teil A, 3.3.) und die Risikokontrolle (vgl. Teil A, 3.4.), entscheidungsorientiert gestaltet werden können.

3.2. Entscheidungsorientierte Ansatzpunkte der Risikoanalyse

3.2.1. Überblick

Risiko wurde oben (vgl. Teil A, 2.2.1.) definiert als die Gefahr von Fehlentscheidungen oder von Fehlverhalten nach der Entscheidung mit der Folge der Nichterreichung von gesetzten Zielen. Gemäß dieser Risikodefinition muss die Risikoanalyse, d. h. die Identifikation und Aufklärung von Risiken (vgl. Teil A, 2.2.2.), an möglichen Auslösern von Fehlentscheidungen und von Fehlverhalten nach der Entscheidung, kurz an potenziellen Risikoquellen (vgl. Drumm/Dal Zotto 2004, 391-394), ansetzen. Durch die Aufklärung möglicher Risikoquellen im Zuge einer der Entscheidung vor gelagerten heuristischen Risikoanalyse und durch die an die Risikoanalyse anschließende Risikohandhabung kann, nach Drumm und Dal Zotto (vgl. 2004, 391),

- die Vollständigkeit der Informationssuche,
- der Wahrheitsgehalt und die Sicherheit der beschaffbaren bzw. beschafften Information
- sowie die Rationalität der zielorientierten Wahl

sicher gestellt und damit die Gefahr einer Fehlentscheidung oder von Fehlverhalten nach Entscheidungen vermindert werden. Im Folgenden werden, basierend auf den Vorschlägen von Drumm und Dal Zotto, formale Risikoquellen erläutert, welche im Zusammenhang mit dem Entscheidungsträger, dem Entscheidungsprozess oder der Entscheidungsimplementation auftreten können.

3.2.2. Formale Risikoquellen

3.2.2.1. Risikoquellen im Zusammenhang mit dem Entscheidungsträger

3.2.2.1.1. Wahl des Entscheidungsträgers

Einer der Hauptgründe für Fehlentscheidungen ist die Delegation von Entscheidungen an ungeeignete Entscheidungsträger (vgl. Drumm/Dal Zotto 2004, 392). Die Eignung eines Entscheiders ist von der Ausprägung seiner subjektiven Eigenschaften und von seiner Erfahrung abhängig. Zu den subjektiven Eigenschaften zählen die Motivation des Entscheiders, seine Qualifikation und seine Grundeinstellung zur Zukunft (vgl. Laux/Liermann 2005, 67; vgl. Abb. 7).

Die Stärke der Motivation eines Entscheiders für die Lösung eines Entscheidungsproblems ist abhängig von seiner Bedürfnisstruktur und seinen Erwartungen darüber, inwieweit dieses Verhalten dazu beitragen kann, seine Bedürfnisse zu befriedigen (vgl. Laux/Liermann 2005, 68). Bei einer Erhöhung der leistungsbezogenen Motivation kommt es zu folgenden Auswirkungen auf den Entscheidungsprozess (vgl. Laux/Liermann 1997, 70):

- Auf die Suche nach Handlungsmöglichkeiten und die Ermittlung von Ergebnissen wird größerer Einsatz verwendet.
- Die Informationsbeschaffung erfolgt sorgfältiger.

- Eine vorgegebene Zielfunktion wird eher befolgt, während eigene Zielvorstellungen in den Hintergrund treten.

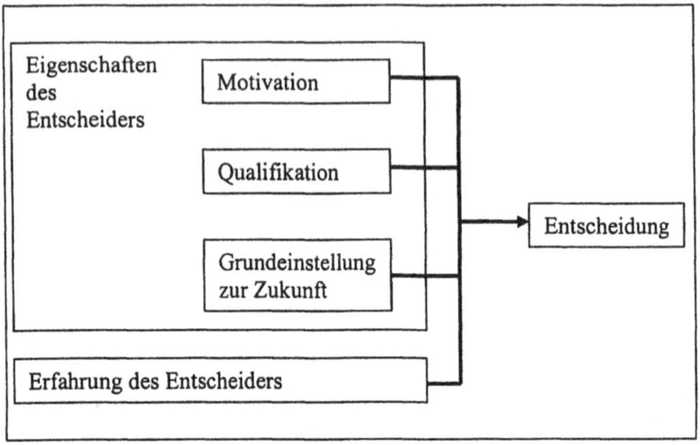

Abbildung 7 Determinanten der Entscheidung (eigene Darstellung in Anlehnung an Laux/Liermann 2005, 67)

Die Qualifikation eines Entscheiders setzt sich nach Laux und Liermann zusammen aus seinem Wissen sowie seinen kognitiven, sozialen und manuellen Fähigkeiten (vgl. 2005, 68).

- Wissen ist charakterisiert durch die Kenntnis von Tatsachen, Zusammenhängen und Entscheidungsmodellen (vgl. Laux/Liermann 2005, 69). Das Wissen des Entscheiders hat einen Einfluss auf das gewählte Entscheidungsmodell, die Alternativenmenge, die Informationssuche und die Prognose.
- Zu den kognitiven Fähigkeiten gehören sowohl die Fähigkeit, Informationen aufzunehmen, zu speichern und logisch konsistent zu verarbeiten (vgl. Laux/Liermann 2005, 69) als auch Kreativität beim Entwurf neuer, ungewöhnlicher Handlungsmöglichkeiten (vgl. Laux 1998, 10). Unter Kreativität versteht man die Fähigkeit, Ideen und Gedanken mit einem bestimmten Neuigkeitsgehalt zu entwickeln, die als originell, stimmig, treffend und gut bezeichnet werden können (vgl. Brauchlin/Heene 1995, 60).
- Die sozialen Fähigkeiten eines Entscheiders, also seine Fähigkeit, Ideen und Gefühle zu kommunizieren und zu kooperieren (vgl. Staehle 1999, 884), haben Einfluss auf seine Möglichkeiten, Informationen zu beschaffen und Handlungsalternativen durchzusetzen (vgl. Laux/Liermann 2005, 71).
- Manuelle Fähigkeiten, charakterisiert durch die Geschicklichkeit im Umgang mit Arbeitsobjekten und Arbeitsmitteln, sind für Entscheidungsträger relevant, die schwerpunktmäßig operative Tätigkeiten ausüben, da von diesen Fähigkeiten abhängt, welche Handlungsalternativen der Entscheider durchführen kann (vgl. Laux/Liermann 2005, 71). Für Entscheidungen in den Bereichen Organisation und Personalwirtschaft, welche im Rahmen dieser Arbeit näher betrachtet werden sollen, sind manuelle Fähigkeiten allerdings von untergeordneter Bedeutung.

Zu den Eigenschaften des Entscheiders gehört nach Laux und Liermann, wie bereits oben genannt, die Grundeinstellung des Entscheiders zur Zukunft. Denn abhängig davon, ob der Entscheider eine optimistische oder pessimistische Grundeinstellung hat, wird er aus seinen Informationen unterschiedliche Prognosen ableiten (vgl. Laux/Liermann 2005, 69, 71).

Neben den oben dargestellten Eigenschaften des Entscheiders spielt auch seine Erfahrung im Umgang mit Entscheidungen eine Rolle. Erfahrung entsteht durch das wiederholte Erleben von gleichen oder ähnlichen (Entscheidungs-) Situationen, aus denen Lehren gezogen wurden (vgl. Duden 1985, 229). Diese Lehren und Erkenntnisse können für künftige Entscheidungen gleicher oder ähnlicher Art genutzt werden. Je größer der Erfahrungsbereich des Entscheidungsträgers, desto mehr Alternativen kennt oder erkennt er, und desto besser ist er in der Lage, deren Folgen abzuschätzen (vgl. Laux 1998, 10; Laux/Liermann 2005, 72). Ein erfahrener Entscheider ist zudem „gut" darüber informiert, wo und wie er Informationen zur Prognose von Handlungskonsequenzen beschaffen kann (vgl. Laux/Liermann 2005, 72). Die Erfahrung eines Entscheidungsträgers hat des Weiteren Einfluss auf seine Fähigkeit, aus Informationen Rückschlüsse auf die jeweils maßgeblichen Umweltzustände zu ziehen (vgl. Laux/Liermann 2005, 72) und die künftige Entwicklung zu prognostizieren.

Die Eigenschaften (Motivation, Qualifikation und Einstellung zur Zukunft) und die Erfahrung eines Entscheiders beeinflussen sein Entscheidungsverhalten und die Qualität seiner Entscheidung. Bei mangelnder Eignung des Entscheiders kann es zu Fehlentscheidungen und infolgedessen zu Schäden für die Unternehmung kommen. Ein Entscheidungsträger ist ungeeignet, wenn seine Qualifikation oder Motivation mangelhaft ist oder wenn seine Grundeinstellung zur Zukunft nicht zur Risikoeinstellung der jeweiligen Unternehmung passt.

Entscheidungen können statt an einzelne Entscheidungsträger auch an Entscheidungsgruppen delegiert werden. Mit dem Einsatz von Entscheidungsgruppen wird oftmals die Erwartung verbunden, „dass diese 'bessere' bzw. 'ausgewogenere' Entscheidungen treffen als ein Einzelner" (Laux 1998, 401). Es kann allerdings nicht davon ausgegangen werden, dass einer Gruppe generell gegenüber einem einzelnen Entscheider der Vorzug gegeben werden sollte. Denn bei Gruppenentscheidungen besteht z. B. die Gefahr, dass sich das einzelne Mitglied in der Gruppe weniger einsetzt und engagiert als bei alleiniger Entscheidung, weil es sich für das Ergebnis des Gruppenentscheidungsprozesses nicht verantwortlich fühlt (vgl. Laux 1998, 429). Ob eine Gruppe geeignet ist, eine Entscheidung zu treffen, ist abhängig von der Gruppengröße und -zusammensetzung (vgl. Laux 1998, 429), von der Qualifikation der einzelnen Mitglieder, ihren persönlichen Interessen und ihrer Motivation (vgl. Lindtstädt 1997, 241-243; Drumm/Scholz 1987; zu den Problemen von Gruppenentscheidungen vgl. Baron/Kerr/Miller 1992). Im Folgenden wird zur Komplexitätsreduktion von individuellen Entscheidungsträgern ausgegangen.

3.2.2.1.2. Kognitive Dissonanzen und Werthaltungen

Der Entscheidungsträger wird sowohl in seinem Verhalten während des Entscheidungsprozesses als auch danach, bei der Implementation der gewählten Alternative und bei der nachträglichen Beurteilung der Entscheidung, von kognitiven Dissonanzen und subjektiven Werthaltungen beeinflusst (vgl. Abb. 8).

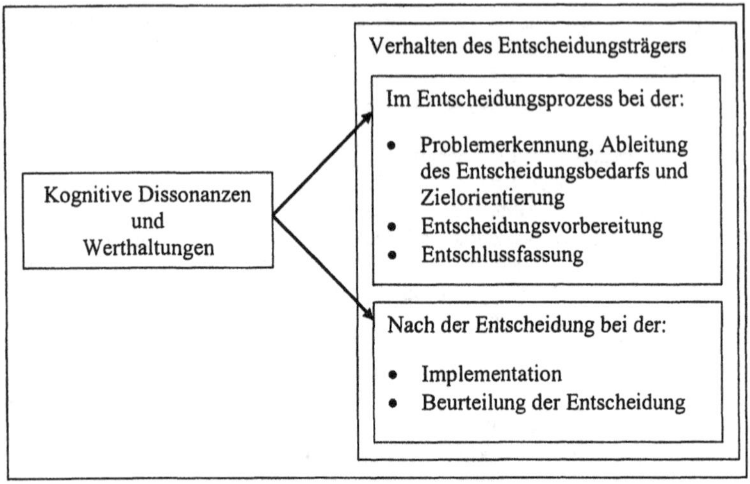

Abbildung 8 Einfluss kognitiver Dissonanzen und Werthaltungen auf das Verhalten des Entscheidungsträgers

Die Theorie der kognitiven Dissonanz von Festinger basiert auf der These, dass Menschen in ihren Kognitionen, also ihren Meinungen, Einstellungen, Überzeugungen und Werten, nach Konsistenz streben (vgl. Festinger 1970, 1; s. a. Kirsch 1970, 119). Kognitive Dissonanz entsteht, wenn zwei Kognitionen, z. B. die Meinung des Entscheiders und eine neue, dazu gegensätzliche Information, miteinander unvereinbar sind (vgl. Festinger 1970, 12; Frey 1981, 17). Das Auftreten kognitiver Dissonanz erzeugt einen Druck zur Dissonanzreduktion (vgl. Festinger 1970, 31) durch Addition neuer konsonanter Kognitionen, Subtraktion dissonanter Kognitionen oder durch eine Kombination von Addition und Subtraktion (vgl. Frey 1981, 18-19).

Nach Festinger tritt kognitive Dissonanz u. a. in der Folge einer Entscheidung auf (vgl. 1970, 261; s. a. Abb. 8). Nachdem der Entscheider eine Alternative gewählt hat, empfindet er Dissonanz zwischen seiner Wahl und den positiven Aspekten der verworfenen Alternativen sowie zwischen seiner Wahl und den negativen Aspekten der gewählten Alternative (vgl. Festinger 1970, 261). Der Entscheider versucht, die kognitive Dissonanz zu reduzieren, indem er Informationen sucht, die seine Wahl bestätigen, wohingegen Informationen, welche seine Wahl in Frage stellen, ignoriert oder verdrängt werden (vgl. Festinger 1970, 264; Kirsch 1970, 122; Frey 1981, 18-19).

Die nachträgliche Rechtfertigung von Entscheidungen steht der Aufdeckung von Fehlentscheidungen entgegen (vgl. Drumm/Dal Zotto 2004, 393). Werden Fehlentscheidungen nicht als solche identifiziert, führt das dazu, dass drohende negative Zielabweichungen nicht oder nicht früh genug erkannt werden. Die nachträgliche Rechtfertigung von Entscheidungen verhindert außerdem, dass aus den Fehlern des vergangenen Entscheidungsprozesses für zukünftige Entscheidungen gelernt wird (vgl. Teil A, 3.4.).

Festinger geht davon aus, dass vor der Entscheidung keine Informationsselektion stattfindet (vgl. 1970, 126), sondern der Entscheider umfassend und objektiv nach Informationen sucht und die gewonnenen Informationen „unparteiisch" bewertet. Infolgedessen hält Festinger die Dissonanztheorie für nicht anwendbar im Bereich des Verhaltens vor der Entscheidung. Grabitz hat jedoch mit seinen Experimenten den Geltungsbereich der Dissonanztheorie auf das Verhalten im Informationssuchprozess vor der Entscheidung erweitert (vgl. 1969; zu anderen Untersuchungen vgl. Irle 1975, 319-327). Seine Untersuchungen über die Verarbeitung von Informationen vor Entscheidungen haben ergeben, dass hypothesenkonträre Informationen in ihrem Informationsgehalt unterschätzt, hypothesenkonforme Informationen dagegen in ihrem Informationsgehalt überschätzt werden (vgl. Grabitz 1969, 117-118; 120-121; s. a. Frey 1981, 30). Die Bezeichnung Hypothese meint dabei die vom Entscheider präferierte Alternative (vgl. Irle 1971, 164).

Die von Grabitz experimentell beobachtete, unterschiedliche Informationsbewertung kann dissonanztheoretisch erklärt werden: Präferiert eine Person eine bestimmte Alternative, so löst eine zusätzliche Information, die für eine Gegenalternative spricht, kognitive Dissonanz aus, welche dadurch reduziert werden kann, dass die Wertigkeit der zusätzlichen Information unterschätzt wird (vgl. Irle 1971, 158). Aus den Untersuchungen von Grabitz geht hervor, dass die Wahrscheinlichkeit eine falsche Entscheidung zu treffen umso größer ist, je früher der Entscheider nach der Problementdeckung eine Alternative präferiert (vgl. 1969, 121).

Neben den kognitiven Dissonanzen stellen auch die Werthaltungen des Entscheidungsträgers Einflussgrößen für dessen Verhalten dar. Werte, wie z. B. der Wert der Freiheit, sind abstrakt und nicht gegenstandsbezogen, haben aber für den Einzelnen Orientierungscharakter (vgl. Rosenstiel 1989, 48). Die Haltung einer Person zu einem bestimmten, ihr implizit oder explizit bekannten Wert wird als Werthaltung bezeichnet (vgl. Klein 1991, 26). Werthaltungen werden durch Sozialisation übertragen oder entstehen durch die Verfestigung von Bedürfnissen und steuern das Verhalten ihres Trägers (vgl. Drumm 2005, 463). Die Werthaltungen des Entscheiders können dessen Verhalten vor und nach der Entscheidung positiv oder negativ beeinflussen. Wirken sich die Werthaltungen des Entscheidungsträgers negativ auf sein Entscheidungsverhalten aus, sind diese Werthaltungen als Risikoquellen zu betrachten. Risikoquellen dieser Art sind z. B. Egoismus und Opportunismus des Entscheidungsträgers.

Die Werthaltungen eines Menschen sind vom sozialen und soziokulturellen Umfeld abhängig, in dem er aufgewachsen ist oder lebt (vgl. Drumm 2005, 464). So wird z. B. in Italien der Kunst der Improvisation („L`arte dell`arrangiarsi") ein höherer Stellenwert beigemessen als der umfangreichen und sorgfältigen Planung (vgl. Drumm/Dal Zotto 2003, 7). Daraus kann etwa abgeleitet werden, dass ein italienischer Entscheidungsträger tendenziell mehr auf seine Improvisationsfähigkeiten vertraut und weniger Wert auf ausführliche Informationssuche im Rahmen der Entscheidungsvorbereitung legt, was die Gefahr einer Fehlentscheidung erhöht. Gerade im Falle internationaler Unternehmungszusammenschlüsse und -kooperationen müssen diese unterschiedlichen soziokulturell geprägten Werthaltungen der Entscheidungsträger berücksichtigt werden, da sie eine potenzielle Risikoquelle darstellen.

3.2.2.2. Risikoquellen im Zusammenhang mit dem Entscheidungsprozess

3.2.2.2.1. Entscheidungsbedarf und Zielorientierung

Die Feststellung eines oder mehrerer Probleme ist dem eigentlichen Entscheidungsprozess vorgelagert (vgl. Kloidt/Dubberke/Göldner 1959, 13). Diese Problemfeststellung „ist notwendige Voraussetzung dafür, dass überhaupt ein Prozess im Hinblick auf das Fällen einer Entscheidung sich vollziehen kann" (Kloidt/Dubberke/Göldner 1959, 13). Ob nach der ersten Phase, der Identifizierung eines Problems, ein Entscheidungsprozess, d. h. ein gedanklicher Vorgang des Suchens, Einschätzens und Abwägens von Lösungsmöglichkeiten (vgl. Gzuk 1975, 23; Witte 1980, 635), angestoßen wird, ist davon abhängig, ob ein Entscheidungsbedarf erkannt wird. Löst die Identifizierung eines Problems keinen Entscheidungsbedarf aus, wird kein Entscheidungsprozess initiiert. Ein Beispiel: Der Umsatz einer Unternehmung ist zurückgegangen, aber die Unternehmungsleitung sieht den Umsatzrückgang durch nicht beeinflussbare, unternehmungsexterne Faktoren ausgelöst und tut daher nichts, um den Status quo zu verändern. Das heißt, die Unternehmungsleitung wählt sofort nach der Problemerkennung die „Unterlassensalternative", welche bei allen Entscheidungen zur Wahl steht (vgl. Dinkelbach 1982, 1; Laux 1998, 4). Da aber bei der Wahl der Alternative „Nichts tun" keine Gegenmaßnahmen unternommen werden, ist es vorstellbar, dass die negative Zielabweichung, im obigen Beispiel der Umsatzrückgang, größer wird. Der Verzicht auf eine Entscheidung, genauer der Verzicht auf die Initiierung eines Entscheidungsprozesses, stellt also eine Risikoquelle dar (vgl. Drumm/Dal Zotto 2004, 392). Allerdings kann die Risikoquelle „Verzicht auf eine Entscheidung" nicht im Rahmen einer entscheidungsorientierten Risikoanalyse abgeprüft werden, da diese schließlich das Vorhandensein eines Entscheidungsprozesses voraussetzt. Die genannte Risikoquelle wurde deshalb nur der Vollständigkeit halber erwähnt, wird jedoch im Folgenden nicht mehr aufgegriffen.

Ähnlich verhält es sich mit der Risikoquelle „Vergessen einer Entscheidung" (vgl. Drumm/Dal Zotto 2004, 392). In diesem Fall wird in der Unternehmung kein Problem wahrgenommen und dementsprechend kein Entscheidungsbedarf abgeleitet. Der Status quo wird beibehalten, allerdings ohne dass dies explizit so festgelegt worden wäre. Auch dieses „Vergessen von Entscheidungen" kann negative Folgen für die Unternehmung auslösen (vgl. Drumm/Dal Zotto 2004, 392), da die Gefahr besteht, dass negative Zielabweichungen auftreten, welche durch das nicht erkannte Problem verursacht werden. Risikoquellen wurden oben (vgl. Teil A, 3.2.1.) definiert als potenzielle Auslöser von Fehlentscheidungen. Das „Vergessen von Entscheidungen" ist ein Sonderfall einer Risikoquelle, da zwar negative Zielabweichungen ausgelöst, aber keine Entscheidungen und damit auch keine Fehlentscheidungen getroffen werden. Sie wird hier deshalb nicht weiter betrachtet.

Es soll nun im Folgenden auf die Risikoquelle „mangelhafter Bezug von Entscheidungen zu den Zielen der Unternehmung" eingegangen werden (vgl. Drumm/Dal Zotto 2004, 392). Es sind hier zwei Unterfälle zu unterscheiden: Im ersten Fall wird durch nicht operational formulierte oder intransparente Unternehmungsziele der Spielraum des Entscheidungsträgers (vgl. Schwarz 1983, 180) erhöht. Fehlen operational formulierte und transparente Zielinformationen, ist es dem Entscheider möglich, in seinem Entscheidungsverhalten eigene Wünsche oder Abteilungsinteressen zu berücksichtigen (vgl. Schwarz 1983, 180). Die Konflikte zwischen den Unternehmungszielen und den abweichenden Zielen des Entscheiders führen zu Fehlentscheidungen, die sich in einer Beeinträchtigung der Leistungswirksamkeit der Organisation und einem Absinken des Gesamterfolgs der Unternehmung äußern (vgl. Heinen 1966,

224; Schwarz 1983, 180). Im zweiten Fall ist der Bezug der Entscheidung zu den Unternehmungszielen ebenfalls mangelhaft. Zwar sind die Unternehmungsziele transparent und operational formuliert, aber der Entscheidungsträger weicht in seinem Entscheidungsverhalten bewusst (z. B. aufgrund von Opportunismus) von den Unternehmungszielen ab. Auch hier werden negative Wirkungen auf die Unternehmungsziele ausgelöst.

3.2.2.2.2. Entscheidungsvorbereitung

Informationssuche

Wie in 3.1.2. dargestellt, ist der eigentlichen Entscheidung ein Prozess der Informationssuche vorgelagert. Bei Verzicht auf Informationssuche oder bei deren vorzeitigem Abbruch (vgl. Drumm/Dal Zotto 2004, 392) wächst die Gefahr der Fehlentscheidung (vgl. Philipp 1967, 17). Bei rationaler Vorgehensweise wird die Informationssuche abgebrochen, „wenn der Erwartungswert des Suchnutzens unter den Erwartungswert der Suchkosten fällt" (Drumm/Dal Zotto 2004, 392). Diese Abbruchregel kann jedoch falsch sein, wenn Suchkosten und -nutzen, z. B. bei innovativen Entscheidungen, nicht auf der Basis von Erfahrungen abgeschätzt werden können. Sind erste Informationssuchprozesse bereits erfolglos verlaufen, kann dies ein Indikator dafür sein, dass eine inadäquate Abbruchregel verwendet wurde (vgl. Drumm/Dal Zotto 2004, 393).

Eine weitere Ursache von Fehlentscheidungen ist die Nutzung ungeeigneter Informationsquellen (vgl. Drumm/Dal Zotto 2004, 393). Informationsquellen können sowohl unternehmungsinterner als auch unternehmungsexterner Natur sein (vgl. Voß/Gutenschwager 2001, 76; Fank 2001, 51-54). Interne Informationsquellen sind betriebliche Informationssysteme (vgl. Krcmar 2003, 64) sowie Mitarbeiter, die in bestimmten Bereichen über Expertenwissen verfügen (vgl. Voß/Gutenschwager 2001, 76-77). Das externe Informationsangebot setzt sich vor allem aus Fachinformationen zusammen, welche in Büchern, Zeitschriften oder im Internet, z. B. in Datenbanken (vgl. Gries/Schmidt 1995), publiziert werden (vgl. Voß/Gutenschwager 2001, 77; zur Informationsquelle Fachzeitschrift vgl. Böhme 1992). Zu den externen Informationsquellen zählen auch professionelle Informationsvermittler, welche die Vermittlung gesammelter, verifizierter und klassifizierter Information als ihren Geschäftszweck definieren (vgl. Krcmar 2003, 65).

Die Eignung einer Informationsquelle bestimmt sich nach der Qualität der angebotenen Information. Nach Augustin ist die Informationsqualität abhängig von der Aktualität, der inhaltlichen Wahrheit, der Relevanz und der verwendungsgerechten Form der angebotenen Information (vgl. 1993, 28). Eine Informationsquelle kann folglich als ungeeignet bezeichnet werden, wenn die angebotene Informationsqualität unzureichend ist,

- weil die Information veraltet oder unwahr ist,
- weil sie irrelevant für die Lösung des jeweiligen Entscheidungsproblems ist oder
- weil der Informationsempfänger, z. B. aufgrund von Verständnisproblemen, die Information nicht verwenden kann (vgl. Augustin 1990, 23).

Um Fehlentscheidungen zu vermeiden, muss die Eignung der verwendeten Informationsquellen sichergestellt werden, indem regelmäßig die Qualität der angebotenen Information überprüft wird. Auf Basis dieser Überprüfungen kann z. B. eine Einstufung der Informationsquellen in Klassen (z. B. „besonders empfehlenswert", „empfehlenswert", „eingeschränkt empfehlenswert", „nicht empfehlenswert") erfolgen.

Bevor gewonnene Informationen für Entscheidungen verwendet werden, müssen sie verifiziert werden, indem eine Prüfung der Übereinstimmung gleicher Informationen aus verschiedenen Quellen erfolgt (vgl. Drumm/Dal Zotto 2004, 393). Der Verzicht auf Überprüfung des Wahrheitsgehalts gewonnener Informationen erhöht die Gefahr von Fehlentscheidungen (vgl. Drumm/Dal Zotto 2004, 392).

Fehlentscheidungen sind des Weiteren möglich, wenn der Entscheider Informationen, welche an sich wahr sind, unrichtig aufnimmt und den Informationsgehalt falsch erfasst (vgl. Philipp 1967, 18) oder wahre Informationen falsch bewertet (vgl. Drumm/Dal Zotto 2004, 392).

Erstellung von Wirkungshypothesen und Prognosen

„Wirkungshypothesen verknüpfen das Ergebnis einer Entscheidung ein- oder mehrstufig mit ranghohen Zielen in stochastischer Weise“ (Drumm/Dal Zotto 2004, 393). Drumm und Dal Zotto führen die Entscheidung über eine Personalentwicklungsmaßnahme als Beispiel für eine mehrstufige stochastische Wirkungshypothese an (vgl. 2004, 393-394): Es wird im Rahmen der Wirkungshypothese angenommen, dass die Personalentwicklungsmaßnahme eine Kenntnisverbesserung bei der betroffenen Personalkategorie auslöst und in der Folge zu einer Verbesserung des Leistungsverhaltens führt. Das gesteigerte Leistungsverhalten erhöht die Qualität und Quantität der Unternehmungsleistungen und wirkt sich positiv auf den Unternehmungserfolg aus. Zwischen den einzelnen Gliedern der Wirkungskette bestehen dabei keine deterministischen, sondern stochastische Zusammenhänge. So führt die Wahl einer Alternative A nicht zwingend, sondern nur mit einer vom Entscheider abzuschätzenden Wahrscheinlichkeit p_A zum Ergebnis A. Das Ergebnis A stellt dann zugleich die Ursache von Ergebnis B dar, welches wiederum nicht mit Sicherheit, sondern mit der zu schätzenden Wahrscheinlichkeit p_B erreicht wird usw.

Werden bei der Konstruktion von Wirkungshypothesen Fehler begangen und die Ergebnisse einer Handlungsalternative oder deren Eintrittswahrscheinlichkeiten falsch abgeschätzt, kommt es zu Fehlentscheidungen mit nachfolgenden negativen Zielabweichungen. Wirkungshypothesen sollten daher nur von Personen aufgestellt werden, welche „die hierarchischen Steuerungsprozesse ebenso wie die Wertschöpfungs- und Serviceprozesse kennen und ihre Zusammenhänge verstehen“ (Drumm/Dal Zotto 2004, 394).

Eine weitere Risikoquelle ist die Erstellung fehlerhafter Prognosen. Die Gefahr von Fehlentscheidungen wächst, wenn aus an sich wahren Informationen unrichtige Folgerungen und falsche Schlüsse auf zukünftige Entwicklungen gezogen werden (vgl. Philipp 1967, 18).

Berücksichtigung von Vernetzungen

Entscheidungen, die in einer Unternehmung getroffen werden, sind nur in wenigen Fällen völlig unabhängig voneinander. In der Regel besteht Entscheidungsinterdependenz, d. h. wechselseitige Abhängigkeit von Entscheidungen bzw. Entscheidungsträgern (vgl. Kirsch 1971, 62). Vernetzungen interdependenter Entscheidungen treten sowohl horizontal innerhalb der Wertschöpfungskette als auch vertikal innerhalb der Hierarchie (vgl. Drumm/Dal Zotto 2004, 393) auf. Ferner existieren Vernetzungen zwischen Wertschöpfungs- und Serviceprozessen (vgl. Drumm/Dal Zotto 2004, 393). Wertschöpfungsprozesse finden im Bereich der „primären Aktivitäten“ statt und haben die Herstellung des Produkts, dessen Verkauf und Übermittlung an den Abnehmer sowie den Kundendienst zum Gegenstand (vgl. Porter 2000, 69). Serviceprozesse halten die Wertschöpfungsprozesse aufrecht indem sie durch „unterstützende Aktivitäten" die erforderlichen Inputs, z. B. Technologien oder Personal, bereitstellen (vgl. Porter 2000, 69). Es sind zudem Vernetzungen zwischen völlig unterschiedlichen Entscheidungsbereichen möglich: Drumm und Dal Zotto weisen darauf hin, dass z. B. Entscheidungen in den Bereichen Produktion und Vermarktung stets mit Entscheidungen über den Bedarf, die Beschaffung und die Entwicklung von Personal vernetzt sind (vgl. 2004, 393). Ähnliche Beziehungen bestehen z. B. auch zwischen Produktionsentscheidungen und organisatorischen Entscheidungen. So ziehen etwa Entscheidungen über die Erweiterung der Produktpalette die Bildung neuer Stellen oder die Reorganisation von Abteilungen nach sich. Werden diese Vernetzungen bei der Entscheidungsfindung missachtet, steigt die Gefahr, dass es zu Fehlentscheidungen mit der Folge von negativen Zielabweichungen kommt (vgl. Drumm/Dal Zotto 2004, 393).

3.2.2.2.3. Entschlussfassung

Die im Entscheidungsprozess vollzogenen Tätigkeiten münden in einen letzten, mit Willensgehalt ausgestatteten Wahlakt, den Entschluss (vgl. Gzuk 1975, 26, 30-31), welcher das Ende des Entscheidungsprozesses gegenüber außen stehenden Dritten verbindlich fixiert (vgl. Witte 1980, 634-635) und zugleich das Startsignal für die Verwirklichung der gewählten Handlungsalternative gibt (vgl. Gzuk 1975, 31; Brauchlin/Heene 1995, 76-77).

Fehlentscheidungen werden ausgelöst, wenn der Entschluss vorzeitig oder verzögert (vgl. Drumm/Dal Zotto 2004, 392; Brauchlin 1977, 72-73) getroffen wird. Von einer vorzeitigen Entschlussfassung kann gesprochen werden, wenn der Informationsstand des Entscheiders noch zu gering oder zu einseitig ist (vgl. Brauchlin 1977, 72), weil z. B. die Informationssuche bereits vor Erreichen der „optimalen Informationsmenge" (Mag 1977, 137) abgebrochen wurde. Wird der endgültige Entschluss verzögert, besteht die Gefahr, dass unnötige, zu detaillierte Informationen gesammelt werden und die Entscheidungskomplexität steigt, woraus Fehlentscheidungen resultieren können.

Fehlentscheidungen können des Weiteren ausgelöst werden, wenn auf Basis von Prämissen entschieden wird, die zum Zeitpunkt der Entschlussfassung aufgrund der dynamischen Entwicklungen innerhalb und außerhalb der Unternehmung als falsch und veraltet gelten müssen. Vor der endgültigen Auswahl einer Handlungsalternative ist deshalb zu prüfen, ob die zuvor getroffenen Annahmen zum Zeitpunkt der Entschlussfassung noch gelten (vgl. Drumm/Dal Zotto 2004, 392) oder ob die Prämissen aufgrund von zwischenzeitlich eingetretenen Veränderungen neu formuliert werden müssen.

3.2.2.3. Risikoquellen im Zusammenhang mit der Entscheidungsimplementation

In den Modellen der präskriptiven Entscheidungstheorie existiert das Problem der Entscheidungsimplementation nicht: Die Entscheidung endet mit der Festlegung auf eine Handlungsalternative. In der Praxis hingegen müssen einmal gefasste Entschlüsse durch- und umgesetzt werden (zum Entschlussvollzug vgl. Gzuk 1975, 35-36), was nicht selten zu schwerwiegenden Problemen führt (vgl. Daniel 2001, 2-3). Risiken im Zusammenhang mit der Entscheidungsimplementation entstehen, wenn Entscheidungen aufgrund mangelhafter Vorbereitung der Implementation unvollständig oder gar nicht umgesetzt werden (vgl. Drumm/Dal Zotto 2004, 394).

Als Hauptursache für eine unvollständige Entscheidungsimplementation ist die fehlende Akzeptanz einer Entscheidung durch die Betroffenen zu nennen (vgl. Kirsch et al. 1978, 470). Vorbehalte und Ängste können zum Aufbau von Akzeptanzbarrieren (vgl. Drumm/Scholz 1982, 15) führen und somit die Implementation einer Entscheidung behindern. Empfindet z. B. ein Mitarbeiter die Einführung einer neuen Planungsmethode als Bedrohung seiner Kompetenz (zum Kompetenzangstsyndrom vgl. Drumm/Scholz 1988, 36-40), wirkt dies negativ auf die Akzeptanz dieser Planungsmethode und infolgedessen auch auf seine Umsetzung. Akzeptanzprobleme sind insbesondere dann zu erwarten, wenn die Implementation der „Strategie des Bombenwurfs" (Kirsch 1975, 225-226) folgt und die Betroffenen vor vollendete Tatsachen gestellt werden (vgl. Drumm 2005, 166). Wird die Implementation schon im Vorfeld der endgültigen Entscheidung und unter Einbeziehung der Betroffenen geplant, sind weniger Probleme bei der Entscheidungsum- und -durchsetzung zu erwarten. Mangelhafte Vorbereitung hingegen führt vermehrt zu unvollständiger Implementation und infolgedessen zu negativen Zielabweichungen.

Fehlt die Vorbereitung der Entscheidungsimplementation gänzlich, kann es dazu kommen, dass eine Entscheidung gar nicht umgesetzt wird. In diesem Fall entsteht ein Schaden in Höhe der für den Entscheidungsprozess aufgebrachten, verschwendeten Ressourcen. Der Verzicht auf die Implementation einer Entscheidung hat, neben der Ressourcenverschwendung, zudem ähnliche Konsequenzen wie der Verzicht auf eine Entscheidung (vgl. Teil A, 3.2.2.2.1.): Bei einem Beschluss, der nicht umgesetzt wird, bleibt der Status quo erhalten. Der Verzicht auf die Implementation einer Entscheidung entspricht der Wahl der Alternative „Nichts tun" und kann, wie bei der Risikoquelle „Verzicht auf eine Entscheidung", negative Zielabweichungen auslösen.

3.2.3. Formale Risikoanalyse

Mit Hilfe der im Folgenden vorgestellten Heuristik zur Risikoanalyse kann der Entscheidungsträger die Risiken, welche er mit seiner Entscheidung auslöst, aufdecken (vgl. Drumm/Dal Zotto 2004, 395) und schafft gleichzeitig die Grundlage für Risikohandhabungsmaßnahmen. Die von Drumm und Dal Zotto vorgeschlagene formale Risikoanalyse besteht aus zwei Phasen (vgl. 2004, 394). Die erste Phase erforscht die Risikowirkungen und wird deshalb im Rahmen dieser Arbeit als wirkungsorientierte Phase der Risikoanalyse bezeichnet. Die zweite Phase untersucht die Auslöser von Fehlentscheidungen oder von Fehlverhalten nach Entscheidungen und wird aufgrund dessen im Folgenden als ursachenorientierte Phase der Risikoanalyse bezeichnet.

Die wirkungsorientierte Phase der Risikoanalyse

In der ersten, der wirkungsorientierten Phase der Risikoanalyse vergleicht der Entscheidungsträger die erreichbaren Zielwirkungen der zur Wahl stehenden Alternativen mit den gewünschten Zielwirkungen. Die erwarteten Zielwirkungen der einzelnen Alternativen werden mit Hilfe von ein- und mehrstufigen Wirkungshypothesen abgeschätzt und mit den erwünschten Zielwirkungen verglichen. Prognostizierte negative Zielabweichungen stellen Schäden dar, welche durch die Wahl der jeweiligen Alternative ausgelöst werden. Schäden können dabei sowohl unmittelbare Schäden in der Form von Einzahlungs- und Gewinneinbußen als auch zusätzliche Auszahlungen und Folgeschäden sein (vgl. Drumm/Dal Zotto 2004, 391). Zur Vermeidung von Fehlentscheidungen mit Schadensfolge ist diejenige Handlungsalternative zu wählen, welche, gemäß der Einschätzung des Entscheidungsträgers, insgesamt zu den geringsten negativen Zielabweichungen führt bzw. welche die festgelegten Ziele insgesamt am Besten erfüllt (vgl. Drumm/Dal Zotto 2004, 394). Dies kann auf folgende zwei Arten geschehen:

Im Falle quantifizierbarer Schäden kann für jede Alternative ein Schadenserwartungswert gebildet werden, indem der erwartete Schaden der jeweiligen Handlungsmöglichkeit mit der zugehörigen, vom Entscheidungsträger gebildeten subjektiven Eintrittswahrscheinlichkeit multipliziert wird (vgl. Teil A, 2.2.2.). Sowohl die Abschätzung der erwarteten Schäden als auch die Bildung der subjektiven Schadeneintrittswahrscheinlichkeiten erfolgt erfahrungsgestützt und auf der Basis logischer Überlegungen. Um negative Zielabweichungen weitgehend zu vermeiden wählt der Entscheider dann diejenige Alternative mit dem geringsten Schadenserwartungswert aus.

Kann der Entscheider, wie es bei organisatorischen und personalwirtschaftlichen Entscheidungen überwiegend der Fall sein wird, keine quantitativen Schadensangaben machen, kommen für die Beurteilung der Zielwirksamkeit der einzelnen Alternativen verschiedene andere Bewertungstechniken, wie z. B. die verbale Bewertung, die kosten- und rentabilitätsorientierte Bewertung, die Kosten-Wirksamkeits-Analyse und die Nutzwertanalyse in Betracht (vgl. Krüger 1983, 120-121). Welche Bewertungstechnik im konkreten Fall gewählt werden sollte ist von der jeweiligen Situation und den Anwendungsbedingungen der einzelnen Bewertungstechniken abhängig. Kriterien, welche Hinweise für die praktische Anwendung der oben genannten Bewertungstechniken liefern, finden sich bei Krüger (vgl. 1983, 122-123, 143-144, 151-152).

Wird das Zielsystem einer Entscheidung von nichtmonetären Größen dominiert und fallen die Kosten der einzelnen Alternativen im Vergleich zu den anderen Kriterien nicht so stark ins Gewicht, ist die Nutzwertanalyse eine besonders geeignete Bewertungstechnik (vgl. Krüger 1983, 151; zur Nutzwertanalyse allgemein vgl. Zangemeister 1976, 45-46; Weber 1992). Im Rahmen der Nutzwertanalyse werden für monetäre und nichtmonetäre Größen Punktwerte geschätzt und zu einem integrierten Nutzwert verschmolzen (vgl. Krüger 1983, 144-151). Die Technik der Nutzwertanalyse ist geprägt durch die „Festlegung von Nutzwertmaßstäben, die Messung von Teilnutzwerten und die Integration der Teilnutzwerte“ (Krüger 1983, 144). „Im Falle einer direkten Punktbewertung werden die ökonomischen Größen ebenfalls als Punktwerte geschätzt. Aus der Addition sämtlicher gewichteter Kriterienwerte ergibt sich der Gesamtnutzwert der Alternativen“ (Krüger 1983, 144). Das additive Wertmodell repräsentiert die einfachste Form der Aggregationsfunktion im Falle sicherer Erwartungen (vgl. Weber 1992, 1439):

$$v(a) = \sum_{i=1}^{n} k_i \cdot v_i \cdot (a_i)$$

Die Größe a_i gibt an, welchen Beitrag die Alternative a zur Erreichung des Entscheidungsziels leistet (vgl. Weber 1992, 1438). Die bedingten Wertfunktionen werden durch v_i dargestellt; k_i repräsentiert das dem Ziel zugeordnete Gewicht, wobei die Summe der Gewichte gleich eins ist (vgl. Weber 1992, 1439). Dem Entscheider wird empfohlen, die Alternative $a \in A$ mit dem höchsten Wert v(a) zu wählen (vgl. Weber 1992, 1443), da diese im Vergleich mit den anderen betrachteten Alternativen die beste Zielerreichung gewährleistet.

Liegen jedoch, wie bei den meisten Entscheidungen in der Unternehmung, unsichere Erwartungen vor, ist der Erwartungsnutzen EU (Expected Utility) der Alternativen zu bestimmen (vgl. Weber 1992, 1443). Er ist definiert als:

$$EU(a) = \sum_{j=1}^{m} p_j \cdot \left(\sum_{i=1}^{n} k_i \cdot u_i \cdot (a_{ij}) \right)$$

Dem Entscheider wird in diesem Fall empfohlen, die Alternative mit dem höchsten Erwartungsnutzen zu wählen (vgl. Weber 1992, 1443).

Welches der genannten Verfahren der Entscheider auch wählt, ob er Schadenserwartungswerte bildet oder eine Form der Nutzwertanalyse anwendet, am Ende der wirkungsorientierten Phase der Risikoanalyse sollte er diejenige Alternative ausgewählt haben, welche die zuvor festgelegten Entscheidungsziele am Besten erfüllt.

Die ursachenorientierte Phase der Risikoanalyse

In der zweiten, ursachenorientierten Phase der Risikoanalyse muss der Entscheider nun prüfen, ob neben der nicht eliminierbaren Unsicherheit hinsichtlich der Zukunft zusätzlich Risikoquellen bestehen, die auf die beschränkte Rationalität des Entscheidungsträgers zurückgehen (vgl. Abb. 6). Risikoquellen können im Zusammenhang mit dem Entscheidungsträger, dem Entscheidungsprozess oder der Entscheidungsimplementation auftreten. Aktive Risikoquellen lösen Fehlentscheidungen oder Fehlverhalten nach Entscheidungen aus und erhöhen damit das mit jeder Entscheidung verbundene Risiko. Risikoquellen können durch verschiedene Ursachen aktiviert werden, z. B. durch:

- das Fehlen bestimmter Eigenschaften beim Entscheidungsträger (Qualifikationsmängel des Entscheidungsträgers aktivieren die Risikoquelle „Wahl eines ungeeigneten Entscheidungsträgers“),
- bestimmte Einstellungen und Werthaltungen des Entscheidungsträgers (vgl. Risikoquelle „Negative Werthaltungen des Entscheidungsträgers“),
- die Unterlassung bestimmter Handlungen (vgl. Risikoquelle „Verzicht auf Überprüfung des Wahrheitsgehalts gewonnener Informationen“),
- fehlerhafte Handlungen und Verhaltensweisen (vgl. Risikoquelle „Fehler bei der Konstruktion von Wirkungshypothesen“).

Drumm und Dal Zotto empfehlen zur Überprüfung der Risikoquellen die Anwendung einer Risikomatrix, in deren Kopfzeile die zu treffende Entscheidung eingetragen wird und in deren Frontspalte die formalen Risikoquellen aufgeführt werden (vgl. 2004, 395). Der Entscheidungsträger prüft die in der Frontspalte angegebenen formalen Risikoquellen, indem er hinterfragt, welche Risikoquellen aktiviert wurden. Im Zuge der ursachenorientierten Risikoanalyse gelangt der Entscheider z. B. zu der Einsicht, dass er den Informationssuchprozess bereits frühzeitig abgebrochen und damit die Gefahr einer Fehlentscheidung erhöht hat. Die Risikoquelle „vorzeitiger Abbruch der Informationssuche“ wurde in diesem Fall aktiviert.

Der Entscheidungsträger muss nun subjektiv beurteilen, wie stark die betrachtete aktive Risikoquelle die Gefahr einer Fehlentscheidung oder die Gefahr von Fehlverhalten nach der Entscheidung erhöht. Der Entscheider kann zur Beurteilung der aktiven Risikoquellen z. B. eine Einteilung in Klassen vornehmen und zwar abhängig davon, in welchem Maße die Gefahr einer Fehlentscheidung oder von Fehlverhalten durch die betrachtete aktive Risikoquelle ansteigt. Diese Einschätzung ist wichtig für die spätere Wahl von Risikohandhabungsmaßnahmen. Denn bei aktiven Risikoquellen, die nach der Beurteilung des Entscheiders nur in geringem Maße zu einer Erhöhung der Fehlentscheidungsgefahr führen, kann, je nach der Risikostrategie der Unternehmung (vgl. Teil A, 2.2.4.), auf die Risikohandhabung verzichtet werden.

Insgesamt bilden sowohl die in der wirkungsorientierten Risikoanalyse aufgedeckten potenziellen Zielabweichungen als auch die in der ursachenorientierten Risikoanalyse identifizierten aktiven Risikoquellen die Grundlage für Maßnahmen der Risikohandhabung (vgl. Teil A, 3.3.).

3.2.4. Risikodekomposition

Werden Risikohandhabungsmaßnahmen erst dann eingeleitet, wenn negative Zielabweichungen mit zeitlicher Verzögerung im Finanzplan oder Jahresabschluss sichtbar geworden sind, kommen diese Maßnahmen in der Regel zu spät (vgl. Drumm 2004, 3). Drumm und Dal Zotto schlagen daher vor, hochrangige Risiken in ihre Teilrisiken zu zerlegen und mit der Risikohandhabung dort anzusetzen, wo negative Zielabweichungen ausgelöst werden, d. h. an den einzelnen Entscheidungen in allen Stufen des Wertschöpfungsprozesses und auf allen Entscheidungsebenen der Hierarchie (vgl. 2004, 386).

Dem Grundgedanken der Risikodekomposition folgend muss die oben dargestellte Risikoanalyse Bestandteil der dezentralen Entscheidungsvorbereitung in allen Unternehmungsbereichen sein (vgl. Drumm/Dal Zotto 2004, 390). Das heißt, jeder Entscheidungsträger muss Risikoanalysen durchführen, bevor er seine Entscheidungen trifft. Die konsequente Durchführung von Risikoanalysen in allen Entscheidungsbereichen der Unternehmung vermindert die Gefahr dezentraler Fehlentscheidungen bzw. die Gefahr von Fehlverhalten nach dezentralen Entscheidungen und bekämpft somit die Ursachen negativer Zielabweichungen. Anders ausgedrückt: Werden aufgrund von Risikoanalysen „bessere" Entscheidungen in allen Unternehmungsbereichen getroffen, nimmt die Gefahr negativer Zielabweichungen auf höchster Ebene ab.

Es wird in diesem Zusammenhang nicht verkannt, dass die Unternehmung auch externen Risiken von den Beschaffungs- und Absatzmärkten ausgesetzt ist, welche, z. B. in Form unerwarteter Reaktionen der Marktpartner, die Erfüllung unternehmerischer Ziele bedrohen (vgl. Drumm/Dal Zotto 2004, 386). Allerdings sind diese externen Risiken mit internen entscheidungsbedingten Risiken verknüpft, wenn sie zu Prämissen unternehmungsinterner Entscheidungen werden (vgl. Drumm/Dal Zotto 2004, 386). Die Risikoanalyse im Vorfeld einer unternehmungsinternen Entscheidung impliziert folglich auch die Analyse externer Risiken und zwar als Bestandteil der informatorischen Entscheidungsvorbereitung.

3.3. Entscheidungsorientierte Ansatzpunkte der Risikohandhabung

In 2.2.3. wurden verschiedene ursachen- und wirkungsorientierte Maßnahmen der Risikohandhabung vorgestellt. Im Folgenden soll darauf eingegangen werden, wie die oben genannten Maßnahmen der Risikohandhabung im entscheidungsorientierten Risikomanagement eingesetzt werden können.

Die Maßnahme „Risikovermeidung" ist sowohl ursachen- als auch wirkungsorientiert. Da bei der Risikovermeidung ein zuvor gesetztes Ziel zu Gunsten der Sicherheit aufgegeben wird (vgl. Haller 1986, 31), fallen sowohl die Gefahr der Fehlentscheidung als auch die Gefahr der Zielverfehlung weg und das Risiko wird vollständig eliminiert. Mit dieser „Umgehung" von Entscheidungssituationen werden jedoch nicht nur die mit den Entscheidungen verbundenen Risiken vermieden, sondern auch alle Chancen, die mit Entscheidungen einhergehen, aufgegeben. Die Risikovermeidung ist folglich nur bedingt als Maßnahme zur Risikohandhabung einsetzbar.

Ursachenorientierte Risikohandhabungsmaßnahmen aus dem Bereich der Risikoverminderung müssen an den Ursachen negativer Zielabweichungen, also an der Auswahl des Entscheidungsträgers und an seinem Verhalten bei der Entscheidung und Implementation, ansetzen und haben die vorbeugende Bekämpfung der oben genannten Risikoquellen (vgl. Teil A, 3.2.2.) zum Gegenstand. Wurde z. B. die Risikoquelle „vorzeitiger Abbruch der Informationssuche" aktiviert, kann diese Risikoquelle mit der ursachenorientierten Maßnahme „zusätzliche Informationen zum Entscheidungsproblem suchen bis der Erwartungswert des Suchnutzens unter den Erwartungswert der Suchkosten fällt" wirksam deaktiviert werden. Es ist nun z. B. der Fall denkbar, dass der Entscheidungsträger im Rahmen dieser Informationssuche auf eine Handlungsmöglichkeit stößt, an die er bisher nicht gedacht hat. Der Kreis der betrachteten Alternativen wird damit um eine neue Alternative erweitert und die wirkungsorientierte Phase der Risikoanalyse (die Bewertung der betrachteten Alternativen und die Auswahl einer Alternative) muss erneut durchlaufen werden. Auch Veränderungen bei der Einschätzung der bestehenden Handlungsmöglichkeiten im Zuge einer Erweiterung der Informationsbasis durch Risikohandhabungsmaßnahmen führen zu einer Wiederholung der ersten Phase der Risikoanalyse.

Wurde die Gefahr der Fehlentscheidung oder des Fehlverhaltens durch die ursachenorientierte Risikohandhabung so weit reduziert, dass der Entscheidungsträger das verbleibende Restrisiko als akzeptabel einstuft, kann der endgültige Beschluss gefasst werden. Drohende Schäden können mit Hilfe von wirkungsorientierten Risikohandhabungsmaßnahmen vermindert (Risikoverminderung) oder überwälzt werden (Risikoüberwälzung) bzw. mittels Reservenbildung selbst getragen werden (Risikoselbsttragung). Während ursachenorientierte Risikoverminderungsmaßnahmen die ermittelten Risikoquellen bekämpfen, verringern wirkungsorientierte Risikoverminderungsmaßnahmen die Höhe der Schäden, welche durch nicht oder nicht vollständig eliminierbare Risikoquellen ausgelöst werden.

Zu den wirkungsorientierten Risikohandhabungsmaßnahmen gehört die Überwälzung von finanziellen Risikofolgen auf ein anderes System, z. B. durch Abschluss eines Versicherungsvertrags (vgl. Haller 1975, 45). Bei Schäden, die durch Fehlentscheidungen oder durch das Fehlverhalten von Entscheidungsträgern bei der Implementation von Entscheidungen ausgelöst werden, ist die Risikoüberwälzung jedoch problematisch. Denn die Möglichkeit des Eintritts von Schäden infolge unternehmerischer Fehlentscheidungen zählt zum allgemeinen unternehmerischen Risiko, und dieses gilt grundsätzlich als nicht versicherbar (vgl. Karten 1972b, 288; Fürstenwerth/Weiß 1997, 511).

Die Selbsttragung der Risikofolgen durch Bildung von Reserven ist als alleinige Maßnahme zur Handhabung der hier betrachteten entscheidungsbedingten Risiken nicht sinnvoll. Denn die Höhe der Schäden und Folgeschäden und damit die erforderlichen Reserven können bei einzelnen unternehmerischen Entscheidungen in der Regel nicht auf Basis vergangenheitsbezogener Häufigkeitsverteilungen ermittelt werden. Bei Risiken, deren Schadenswirkungen meist nur subjektiv abgeschätzt werden können, besteht im Falle der Risikoselbsttragung die Gefahr, dass das eintretende Schadensausmaß die gebildeten Reserven übersteigt. Statt derartige Risiken vollständig selbst zu tragen, sollte die Risikoselbsttragung in Kombination mit Maßnahmen der Risikoverminderung (ursachen- und/oder wirkungsorientiert) angewendet werden.

Es kann nun zusammengefasst werden: Die Risikovermeidung führt, wie oben dargestellt, zur übermäßigen Beschneidung unternehmerischer Chancen. Die Risikoüberwälzung ist bei entscheidungsbedingten Risiken aufgrund der genannten Probleme im Bereich der Versicherbarkeit nur eingeschränkt geeignet. Im Fokus der entscheidungsorientierten Risikohandhabung stehen daher ursachen- und wirkungsorientierte Maßnahmen der Risikoverminderung sowie die Selbsttragung derjenigen Risiken, die nicht weiter vermindert werden können oder für die der Einsatz von risikovermindernden Maßnahmen aus Effizienzgründen nicht vertretbar ist. Um ein effizientes Risikomanagement zu gewährleisten, muss bei der Anwendung von Risikohandhabungsmaßnahmen gelten, dass der Schadenserwartungswert des Risikos kleiner oder gleich dem Erwartungswert der Risikomanagementauszahlungen ist (vgl. Drumm/Dal Zotto 2004, 396).

3.4. Risikokontrollen und Lernprozesse

In Teil A, 2.2.4. wurde die Überprüfung der Angemessenheit und Effektivität der angewandten Risikohandhabungsmaßnahmen als Risikokontrolle definiert. Im entscheidungstheoretischen Bezugsrahmen können zwei Arten von Risikokontrollen unterschieden werden, welche hier als Ex-ante und Ex-post-Risikokontrolle bezeichnet werden sollen.

In der Ex-ante-Risikokontrolle, die stattfindet bevor sich der Entscheidungsträger endgültig auf eine Handlungsalternative festlegt und diese implementiert, vergleicht der Entscheider, wie sich durch die Anwendung von ursachen- und wirkungsorientierten Risikohandhabungsmaßnahmen die Ist-Risikosituation gegenüber der Soll-Risikosituation verändert hat (vgl. Schierenbeck/Lister 2002, 190). Eine Risikosituation setzt sich aus den aufgedeckten aktiven Risikoquellen und aus dem Schadenserwartungswert der favorisierten Alternative zusammen. Durch eine Soll-Risikosituation wird festgelegt, welche Anzahl und Art von aktiven Risikoquellen höchstens akzeptiert werden und welchen Schadenserwartungswert die gewählte Alternative maximal aufweisen darf.

Zur Bestimmung der Ist-Risikosituation bei den ursachenorientierten Risikohandhabungsmaßnahmen muss der Entscheider erneut eine ursachenorientierte Risikoanalyse durchführen und überprüfen, welche aktiven Risikoquellen eliminiert wurden und welche weiterhin bestehen. Zur Bestimmung der Ist-Risikosituation bei den wirkungsorientierten Risikohandhabungsmaßnahmen muss der Entscheider mit Hilfe von Wirkungshypothesen abschätzen, wie stark der erwartete Schaden durch die zugeordnete(n) Maßnahme(n) vermutlich herabgesetzt werden wird. Ob eine wirkungsorientierte Risikohandhabungsmaßnahme letztendlich zum gewünschten Erfolg führt, kann allerdings erst ex post, also nach der vollständigen Implementation der jeweils gewählten Alternative, anhand des tatsächlich eingetretenen Schadens beurteilt werden.

Der Vergleich der Ist-Risikosituation mit der Soll-Risikosituation zeigt, ob weitere Maßnahmen der Risikohandhabung erforderlich sind bzw. ob die Soll-Risikosituation verändert werden muss. Stimmt die Ist- mit der Soll-Risikosituation überein, kann ein Entschluss, im Sinne einer endgültigen Entscheidung, gefasst werden. Durch die Ex-ante-Risikokontrolle kann der Entscheider überprüfen, wie sich die Risikosituation der betrachteten Entscheidung durch Risikohandhabungsmaßnahmen verändert und kann aus diesen Beobachtungen für künftige Risikomanagementprozesse lernen. Um aus getroffenen (Fehl-) Entscheidungen zu lernen (vgl. Drumm/Dal Zotto 2004, 395), sind zusätzlich Risikokontrollen nach der Entscheidung (ex post) erforderlich. Im Rahmen der Ex-post-Risikokontrolle werden die ex ante prognostizierten und gegebenenfalls durch Risikohandhabungsmaßnahmen veränderten Risiken mit den tatsächlich eingetretenen negativen Zielabweichungen verglichen (vgl. Drumm/Dal Zotto 2004, 395).

In der Ex-post-Betrachtung muss geklärt werden, welche Zielabweichungen eingetreten sind und ob das Schadensausmaß dieser Zielabweichungen vor der Entscheidung richtig prognostiziert wurde. Außerdem müssen ex post die Ursachen der eingetretenen negativen Zielabweichungen aufgedeckt werden. Die Erkenntnisse der Ex-post-Risikokontrolle stoßen Lernprozesse des Entscheidungsträgers an und tragen dadurch zur Verbesserung zukünftiger Entscheidungen bei (vgl. Dörner 1989, 266; zu Lernprozessen vgl. Hill/Fehlbaum/Ulrich 1994, 71-73). Unten stehend ist der Ex-ante-Risikomanagementprozess mit den durch Ex-ante- und Ex-post-Risikokontrolle ausgelösten Lernprozessen dargestellt (vgl. Abb. 9).

Der Vollständigkeit halber soll an dieser Stelle erwähnt werden, dass von der Risikokontrolle die Risikoberichterstattung abzugrenzen ist. Die Aufgabe der Risikoberichterstattung besteht darin, über die identifizierten und bewerteten Risiken sowie über die eingeleiteten Risikomaßnahmen und deren Wirksamkeit zu berichten (vgl. Schierenbeck/Lister 2002, 190). Da die Risikoberichterstattung ein großer eigenständiger Problembereich ist, wird im Rahmen dieser Arbeit auf eine detaillierte Behandlung verzichtet. Allerdings wird, basierend auf den Erkenntnissen der vorangegangenen Teile, im Fazit (vgl. Teil E, 1.2.) auf Möglichkeiten der Risikoberichterstattung im Zusammenhang mit dem Ex-ante-Risikomanagement eingegangen.

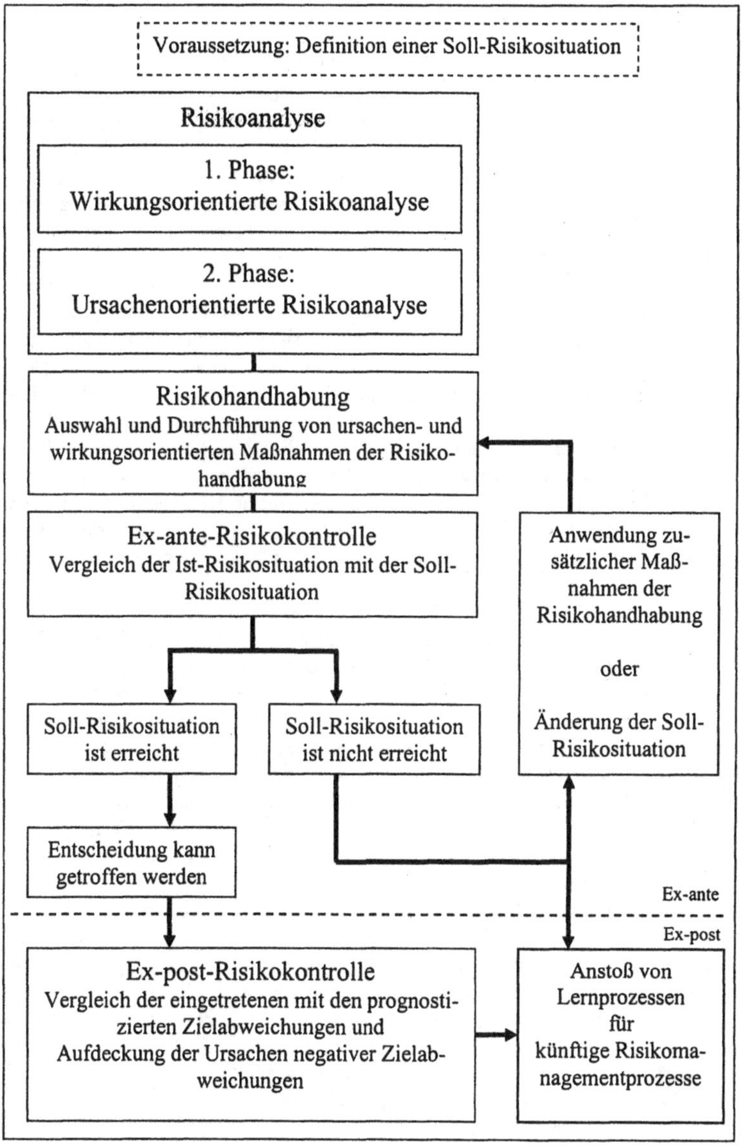

Abbildung 9 Der Ex-ante-Risikomanagementprozess

4. Komplexitätsreduktion durch Beschränkung der Risikoanalyse auf die Funktionsfelder Organisation und Personalwirtschaft

Wie in Teil A, 3.2.4. erläutert, muss die Risikoanalyse Teil der Vorbereitung aller operativen Entscheidungen in der Wertschöpfungskette, in den begleitenden Servicefunktionen und in den unteren Stufen der Hierarchie sein (vgl. Drumm/Dal Zotto 2004, 390). Entscheidungen in der Wertschöpfungskette haben dabei die Planung, den Vollzug und die Kontrolle einzelner Wertschöpfungsstufen zum Gegenstand; dezentrale Entscheidungen in der Hierarchie befassen sich mit der Steuerung der Wertschöpfungs- und Serviceprozesse (vgl. Drumm/Dal Zotto 2004, 390).

Die oben vorgestellte Konzeption der Risikoanalyse ist der Entwurf einer allgemeinen Heuristik zur Identifikation von entscheidungsorientierten Risiken. Um die Risikoanalyse auf unterschiedliche Entscheidungen in der Wertschöpfungskette und Hierarchie anwenden zu können, ist es jedoch erforderlich, diese allgemeine Heuristik zu spezifizieren, d. h. an die Erfordernisse der einzelnen Funktionsbereiche der Unternehmung anzupassen und operational zu formulieren (z. B. in Form von entscheidungsfeldspezifischen Checklisten). Zur Reduktion der Komplexität sollen jedoch im Folgenden nur organisatorische und personalwirtschaftliche Entscheidungen betrachtet und die allgemeine Risikoanalyse für diese Bereiche spezifiziert werden. Die Konzentration auf Organisation und Personalwirtschaft kann mit dem Stellenwert beider Bereiche in der unternehmerischen Wertschöpfungskette begründet werden.

Die Funktionsfelder Organisation und Personalwirtschaft zählen zu den begleitenden Servicefunktionen im Wertschöpfungsprozess und unterstützen die gesamte Wertschöpfungskette. In der Wertkette von Porter (vgl. 2000, 66) zählt der Bereich „Personalwirtschaft" zu den unterstützenden Aktivitäten, da das Management der menschlichen Ressourcen, z. B. die Einstellung und Fortbildung von Personal, allen Aktivitäten in der Wertkette zugute kommt (vgl. Porter 2000, 74). Die Organisation im funktionalen, gestaltenden Sinne wird von Porter nicht explizit als unterstützende Aktivität aufgeführt, was damit begründet werden kann, dass im angloamerikanischen Sprachraum der institutionelle Organisationsbegriff vorherrscht (zum institutionellen Organisationsbegriff vgl. Hill/Fehlbaum/Ulrich 1994, 17). In der Wertkette von Porter könnte die Organisation als die Gestaltung organisatorischer Strukturen, z. B. der unterstützenden Aktivität „Unternehmensinfrastruktur" zugeordnet werden, zu der u. a. auch die Bereiche Gesamtgeschäftsführung und Planung gehören (vgl. Porter 2000, 74).

Organisatorische Entscheidungen schaffen Strukturen und Regelungen zur arbeitsteiligen Leistungserstellung in der Unternehmung; personalwirtschaftliche Entscheidungen stellen u. a. die Besetzung organisatorischer Strukturen mit geeignetem Personal sicher. Die Bereiche Organisation und Personalwirtschaft können deshalb als Schlüssel-Servicefunktionen bezeichnet werden, welche einen reibungslosen Ablauf des Wertschöpfungsprozesses ermöglichen. Im Falle organisatorischer und personalwirtschaftlicher Fehlentscheidungen sind erhebliche negative Auswirkungen auf den gesamten Wertschöpfungsprozess der Unternehmung zu erwarten. Mit den in Teil B und C zu entwickelnden spezifischen operativen Risikoanalysen und Risikohandhabungsmaßnahmen kann die Gefahr von organisatorischen und personalwirtschaftlichen Fehlentscheidungen mit nachfolgenden negativen Zielabweichungen reduziert werden.

Solche Risikoanalysen auf operativer Ebene setzen nach Drumm und Dal Zotto Strategiekompatibilität voraus (vgl. 2004, 390). Vertreter des klassischen Strategieverständnisses definieren Strategie „als ein geplantes Maßnahmenbündel der Unternehmung zur Erreichung ihrer langfristigen Ziele" (Welge/Al-Laham 2003, 13). Zwei oder mehr Strategien sind miteinander kompatibel, wenn deren simultane Umsetzung den Unternehmungsgewinn erhöht (vgl. Drumm/Dal Zotto 2004, 388; s. a. „strategische Stimmigkeit" bei Scholz 2000, 96-97). Aufgrund der Probleme bei der Messung der Wirkung von Strategien auf den Unternehmungsgewinn muss zur Prüfung der Kompatibilität auf qualitative Kriterien zurückgegriffen werden (vgl. Drumm/Dal Zotto 2004, 388), worauf im Rahmen dieser Arbeit allerdings nicht näher eingegangen wird.

Die Voraussetzung für operative organisatorische und personalwirtschaftliche Risikoanalysen ist die Kompatibilität zwischen der Organisations- respektive der Personalstrategie und allen übrigen Strategien der Unternehmung (zu Strategietypologien vgl. Corsten 1998, 6-7). Differenziert man die Strategien einer Unternehmung nach dem organisatorischen Gestaltungsbereich, können, abgesehen von der Grundstrategie auf der Konzernebene, Geschäftsbereichs- und Funktionsbereichsstrategien unterschieden werden (vgl. Welge/Al-Laham 2003, 327). Die Strategien auf Geschäftsbereichsebene definieren die anzuwendenden Verhaltensweisen in den einzelnen Produkt-Markt-Bereichen (vgl. Welge/Al-Laham 2003, 382-383) und sind nach Porter in erster Linie Wettbewerbsstrategien (vgl. 1995, 62). Personal- und Organisationsstrategie gehören, ebenso wie z. B. die Produktions- und Finanzstrategie, zu den Funktionsbereichsstrategien (vgl. Welge/Al-Laham 2003, 411). Funktionsbereichsstrategien dienen der korrekten Interpretation der Geschäftsbereichsstrategien in den Funktionsbereichen und fungieren als Schnittstelle zwischen Strategie und operativer Umsetzung (vgl. Welge/Al-Laham 2003, 409). Die detaillierten Funktionsbereichsstrategien bilden den Rahmen, in dem die funktionalen Aktionsprogramme im Zuge der operativen Planung ausgearbeitet werden (vgl. Welge/Al-Laham 2003, 409). Gemäß dem „Prinzip der strategischen Stimmigkeit" (vgl. Scholz 2000, 96-97, 132) müssen alle Funktionsbereichsstrategien innerhalb eines Geschäftsbereichs zueinander und zusätzlich jeweils zur übergeordneten Geschäftsbereichsstrategie kompatibel sein, um negative Zielabweichungen auf der Geschäftsbereichs- bzw. Unternehmungsebene zu vermeiden.

Versucht z. B. eine Unternehmung im Bereich der Wettbewerbsstrategie, sich durch die Qualität ihrer Produkte (zur „Qualitätsstrategie" vgl. Elšik 1999, 17) von den Erzeugnissen der Konkurrenten zu differenzieren (vgl. „Differenzierungsstrategie" bei Porter 1995, 65-66; Corsten 1998, 96; s. a. Frese/Noetel 1990, 27), müssen die Strategien in den Funktionsfeldern Personalwirtschaft und Organisation kompatibel mit der gewählten Wettbewerbsstrategie sein. In Bezug auf die Personalstrategie verlangt die Strategie der Differenzierung durch Qualität „nach verlässlicher Erfüllung der hohen Arbeitsanforderungen" (Elšik 1999, 17) und ist u. a. gekennzeichnet durch:

- „klar voneinander abgegrenzte Arbeitsplätze mit detaillierten Stellenbeschreibungen",
- „durch eine Personalbeurteilung, welche die kurzfristige Realisierung von Qualität in den Vordergrund rückt" sowie
- „durch intensive und kontinuierliche Personalentwicklung zur Vermittlung der erforderlichen Qualifikationen [...]" (Elšik 1999, 17).

Dementsprechend wäre z. B. eine Personalstrategie, in der die Personalentwicklung nur von untergeordneter Bedeutung ist, nicht kompatibel mit der oben genannten Qualitätsstrategie und würde zu negativen Zielabweichungen auf der Unternehmungsebene führen.

5. Zwischenergebnis Teil A

Das Gesetz zur Kontrolle und Transparenz im Unternehmensbereich (KonTraG) verpflichtet in §91 AktG den Vorstand, ein angemessenes Risikomanagement (vgl. BT-Drucksache 13/9712, 15) einzurichten, damit alle Entwicklungen, welche den Fortbestand der Gesellschaft gefährden, früh erkannt (vgl. § 91 Abs. 2 AktG) und entsprechend frühzeitig bekämpft werden können (vgl. Happel/Liebwein 2000, 234, Fn. 3). Methodische Anhaltspunkte zur Ausgestaltung des geforderten Risikomanagementsystems gibt der Gesetzgeber nicht (vgl. Bitz 2000a, 233). Im Rahmen der vorliegenden Arbeit soll daher ein umfassendes Risikomanagementsystem entwickelt werden, welches geeignet ist, die Anforderungen des KonTraG insbesondere im Hinblick auf organisatorische und personalwirtschaftliche Risiken zu erfüllen. In Teil A wurden die Grundlagen für ein solches Risikomanagementsystem gelegt.

Zunächst wurde ein Risikobegriff gewählt, welcher mit der Risikoauffassung des KonTraG übereinstimmt: Risiko ist die Gefahr von Fehlentscheidungen oder von Fehlverhalten nach der Entscheidung mit der Folge der Nichterreichung von gesetzten Zielen (vgl. Mikus 2001, 7). Ausgehend von dieser entscheidungsorientierten Risikodefinition wurde in Teil A ein entscheidungsorientiertes Ex-ante-Risikomanagement, bestehend aus Risikoanalyse, Risikohandhabung und -kontrolle, konzipiert. Das Herzstück der Risikomanagementkonzeption bildet eine allgemeine Heuristik zur entscheidungsorientierten Risikoanalyse, welche auf den Vorschlägen von Drumm und Dal Zotto (2004) basiert. Da es im Rahmen dieser Arbeit nicht möglich ist, diese allgemeine Risikoanalyseheuristik für alle Entscheidungsfelder der Unternehmung zu spezifizieren, werden im Folgenden, wie in Kapitel 4 festgelegt, nur die Felder Organisation und Personalwirtschaft betrachtet. In Teil B wird die im Grundlagenteil entwickelte allgemeine Heuristik aufgegriffen und auf organisatorische Entscheidungen angewendet. Teil C thematisiert dann in analoger Weise personalwirtschaftliche Entscheidungen.

Teil B: Analyse und Handhabung organisatorischer Risiken

1. Anwendung der Heuristik auf organisatorische Entscheidungen

1.1. Organisatorische Regelungen als integrativer Bestandteil von Entscheidungen

Das Organisationsproblem der Unternehmung entsteht durch die interpersonelle Arbeitsteilung (vgl. Frese 2000, 6). Ab einer bestimmten Größenordnung ist die Gesamtaufgabe einer Unternehmung zu komplex, um von einem einzelnen Entscheidungsträger vollständig gelöst zu werden (vgl. Frese 2000, 6). Es wird unumgänglich, die Gesamtentscheidungsaufgabe in handhabbare Teilentscheidungen bzw. Teilaufgaben zu zerlegen, diese verschiedenen Entscheidungseinheiten zuzuteilen und die Entscheidungsträger mit den zur Erfüllung ihrer Aufgaben notwendigen Kompetenzen auszustatten (vgl. Frese 2000, 6). Die Differenzierung der Gesamtaufgabe in Teilaufgaben ist jedoch stets mit einer Beeinträchtigung der Gesamtzielerreichung verbunden, da die einzelnen Teilentscheidungen gegenseitig voneinander abhängig sind (vgl. Frese 2000, 6). Um die Erreichung des Gesamtziels der Unternehmung sicherzustellen ist es daher notwendig, geeignete organisatorische Regelungen zur Abstimmung der Teilentscheidungen zu implementieren, kurz eine Organisationsstruktur zu schaffen (vgl. Frese 2000, 6).

Die Organisationsstruktur einer Unternehmung besteht aus Systemen von Regelungen zur Ausrichtung arbeitsteiliger Entscheidungen auf ein übergeordnetes Gesamtziel (vgl. Frese 2000, 6). Organisatorische Regelungen bilden den Rahmen für alle Entscheidungen, welche in der Wertkette einer Unternehmung getroffen werden (vgl. Eickmeier 1983, 22). So beeinflusst z. B. der organisatorische Rahmen einer Stelle die Teilentscheidungen des jeweiligen Stelleninhabers, da u. a. die Möglichkeiten des Stelleninhabers, Informationen einzuholen, davon abhängig sind, wie die Stelle in das Informations- und Kommunikationssystem der Unternehmung eingebunden ist. Dementsprechend muss bei der Gestaltung der Organisation darauf geachtet werden, dass sich die entstehenden Strukturen vorteilhaft auf die Qualität der (Teil-) Entscheidungen in der Unternehmung auswirken.

1.2. Organisatorische Entscheidungen

1.2.1. Entscheidungen über die Gestaltung organisatorischer Regelungen als Gegenstand der Organisation

Nach Kosiol lässt sich der Begriff der Organisation durch drei Merkmale bestimmen: Struktur, Integration und Dauer (vgl. 1976, 29). Unter Organisation versteht Kosiol eine integrative Strukturierung von Ganzheiten, welche die generelle Dauerhaftigkeit von Gebilden und Prozessen anstrebt (vgl. 1976, 21, 29). Dieser Organisationsbegriff ist kennzeichnend für eine instrumental-funktionale Sichtweise der Organisation (vgl. Grochla 1982, 1-3; Gomez/Zimmermann 1997, 17), welche den Terminus „Organisation" in doppelter Bedeutung gebraucht: zum einen für die Tätigkeit des Organisierens und zum anderen für ihr Ergebnis, die Organisationsstruktur (vgl. Hoffmann 1980, 1428; Bühner 2004, 3). Die Tätigkeit des Organisierens kann mit dem Treffen organisatorischer Entscheidungen gleichgesetzt werden. Inhalt organisatorischer Entscheidungen ist die Wahl organisatorischer Regelungen, welche in ihrer Gesamtheit zum Aufbau einer Organisationsstruktur führen.

Organisatorische Regelungen haben die Aufgabe, eine Vielzahl von Einzelentscheidungen im Hinblick auf das Sachziel der Unternehmung, die Bereitstellung von Sachgütern oder Dienstleistungen für den Markt abzustimmen (vgl. Frese 2000, 9). Sie dienen in erster Linie der Koordination, d. h. der Ausrichtung von Einzelaktivitäten in einem arbeitsteiligen System auf ein übergeordnetes Gesamtziel (vgl. Grochla 1982, 100; Frese 2000, 10). Zu diesem Zweck ist es erforderlich, die Gesamtentscheidungsaufgabe der Unternehmung für die verschiedenen organisatorischen Einheiten inhaltlich zu spezifizieren und an die Entscheidungsträger Verhaltenserwartungen zu formulieren (vgl. Frese 2000, 9). Bezogen auf den einzelnen Organisationsteilnehmer geht es bei der Gestaltung von koordinierenden Regelungen um die Frage, welchen spezifischen Teil der gesamten Organisationsaufgabe er übernehmen und welche Leistungen er im Hinblick auf die Erfüllung dieser Gesamtaufgabe mit anderen austauschen soll (vgl. Jost 2000, 24; Picot/Dietl/Franck 2002, 7-8). Koordinationsmaßnahmen umfassen daher die Formulierung von Entscheidungskompetenzen und die Festlegung von Kommunikationsbeziehungen zwischen interdependenten organisatorischen Einheiten (vgl. Frese 2000, 10).

Neben organisatorischen Regelungen zur Koordination von Einzelentscheidungen werden zusätzlich Regelungen zur Motivation der Entscheidungsträger benötigt: Motivationsmaßnahmen können einen Beitrag dazu leisten, die potentielle Diskrepanz zwischen Verhaltenserwartungen und dem tatsächlichen Verhalten der Entscheidungsträger zu überwinden (vgl. Frese 2000, 9). Denn da die einzelnen Organisationsteilnehmer auch immer eigene Ziele verfolgen, ist a priori nicht davon auszugehen, dass die übertragenen Einzelaufgaben stets im Sinne der Organisation ausgeführt werden (vgl. Jost 2000, 25; Picot/Dietl/Franck 2002, 8-9).

Zwischen den Maßnahmen zur Koordination und den Maßnahmen zur Motivation bestehen Wechselwirkungen. Wird z. B. einem Mitarbeiter im Rahmen der Koordination nur ein geringer Entscheidungsspielraum gewährt und dadurch seine Entfaltungsmöglichkeit am Arbeitsplatz eingeschränkt, so kann dies zu einer Verminderung seiner Motivation führen (vgl. Jost 2000, 26). Umgekehrt kann die Motivation eines Mitarbeiters positiv beeinflusst werden, wenn bei der Aufgabengestaltung bestimmte Prinzipien wie z. B. Autonomie und Abgeschlossenheit der übertragenen Aufgabe beachtet werden (vgl. Frese 2000, 19). Das heißt, auch koordinierende Maßnahmen können Anreizwirkungen aufweisen.

Die Gestaltung organisatorischer Strukturen kann nie als abgeschlossen gelten, sondern ist aufgrund der dynamischen Veränderung der Unternehmung ein ständiger Prozess mit verschiedenen Schwerpunkten. Immer wieder tauchen Problemstellungen auf, die organisatorisch gelöst werden müssen und immer wieder erweisen sich einmal gefundene Problemlösungen als revisionsbedürftig (vgl. Schreyögg 2003, 19). Das heißt, die Unternehmung ist permanent mit organisatorischen Entscheidungen konfrontiert.

1.2.2. Organisatorische Fehlentscheidungen als Ursache organisatorischer Risiken

Organisatorische Entscheidungen beziehen sich auf die Auswahl von organisatorischen Regelungen zur Koordination der Einzelentscheidungen in der Unternehmung und zur Motivation der Mitarbeiter (vgl. Teil B, 1.2.1.). Es wird im Folgenden angenommen, dass fehlerhafte organisatorische Entscheidungen bzw. fehlerhaft implementierte organisatorische Entscheidungen negativ auf die Erfüllung der Teilentscheidungsaufgaben wirken und daher Zielabweichungen auf der obersten Unternehmungsebene auslösen. Der allgemeine Risikobegriff (vgl. Teil A, 2.2.1.) kann somit spezifiziert werden: Organisatorisches Risiko ist die Gefahr von organisatorischen Fehlentscheidungen oder von Fehlverhalten nach organisatorischen Entscheidungen mit der Folge der Nichterreichung von gesetzten Unternehmungszielen (ähnlich bei Gutenberg 1983, 257).

Die Beurteilung der Zielerreichung gewählter organisatorischer Regelungen ist problematisch: Zwar kann über mehrstufige Wirkungshypothesen abgeschätzt werden, welche Folgen z. B. die fehlerhafte Gestaltung einer Stelle auf den Unternehmungserfolg haben kann, aber es ist in aller Regel nicht möglich, einen unmittelbaren Kausalzusammenhang zwischen der implementierten Organisationsstruktur und dem Zielerreichungsgrad in Bezug auf die obersten Unternehmungsziele herzustellen (vgl. Frese 2000, 21). Simon illustriert diese Problematik anschaulich, indem er das Unterfangen, alternative Organisationsstrukturen hinsichtlich ihrer Gewinnkonsequenzen zu bewerten, mit dem Versuch die Auswirkungen eines Regenschauers in Minnesota auf die Niagarafälle zu ermitteln, vergleicht (vgl. 1954, VI). Aufgrund dieser Zurechnungsprobleme ist für die Beurteilung alternativer Regelungen die Formulierung von operationalen Subzielen erforderlich (vgl. Frese 2000, 21). Ohne die Einführung von Subzielen ist es nicht möglich, eine Aussage über die Vorteilhaftigkeit einer Organisationsstruktur zu treffen (vgl. Frese 2000, 254; vgl. Abb. 10).

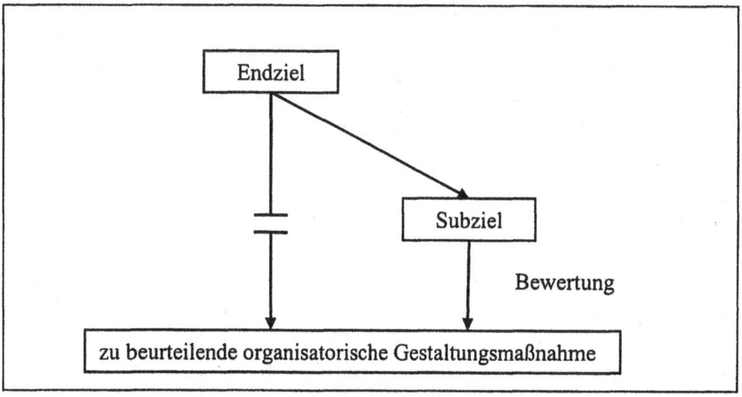

Abbildung 10 Einführung von Subzielen bzw. Kriterien zur Bewertung von Organisationsstrukturen (vgl. Frese 2000, 255)

Die Subziele sind so zu wählen, dass zwischen den Subzielen und dem Endziel der Unternehmung (vgl. Abb. 10) Finalität besteht, d. h., dass organisatorische Regelungen, welche die Subziele erfüllen, zur Realisierung der übergeordneten Zielsetzungen der Unternehmung beitragen (vgl. Hauschildt 1976, 327). Wird aufgrund einer Fehlentscheidung eine organisatorische Regelung gewählt und implementiert, welche die Subziele nicht im erforderlichen Maße erfüllt, kommt es – ceteris paribus – mit zeitlicher Verzögerung zu einer negativen Zielabweichung bei den obersten Unternehmungszielen. Die Beurteilung der Zielerreichung gewählter organisatorischer Regelungen muss deshalb an Subzielen ansetzen, damit Zurechnungsprobleme vermindert und Zeitverzögerungen bei der Aufdeckung der Risikofolgen vermieden werden können.

1.3. Spezifikation der Risikoanalyse für organisatorische Entscheidungen

1.3.1. Vorgehensweise

Ist eine organisatorische Entscheidung implementiert, beginnt „der Entschluß endgültig im Sinne einer Erfüllung oder (partiellen) Nichterfüllung der mit ihm letztlich angestrebten Zwecksetzung wirksam zu werden" (Gzuk 1975, 36). Nach der Implementation eines Entschlusses kann in einer Ex-post-Betrachtung ermittelt werden, ob ein organisatorisches Risiko ausgelöst wurde und ob infolgedessen mit Zielabweichungen auf Unternehmungsebene zu rechnen ist. Gemäß der in Teil A vorgestellten Konzeption eines entscheidungsorientierten Ex-ante-Risikomanagements (vgl. Teil A, 3.) ist jedoch einer prädezisionalen entscheidungsorientierten Risikoanalyse der Vorzug gegenüber einer Ex-post-Risikoeinschätzung zu geben. Denn Risiken, die bereits vor der Entschlussfassung erkannt werden, können ex ante wirksam bekämpft werden und negative Zielabweichungen auf Unternehmungsebene sind durch Ex-ante-Risikomanagement frühzeitig abwendbar.

Um im Rahmen des Risikomanagements der Verschiedenartigkeit der Entscheidungen in den einzelnen Funktionsbereichen der Unternehmung Rechnung zu tragen, muss die allgemeine Risikoanalyseheuristik spezifiziert werden. In den folgenden Kapiteln wird die allgemeine Heuristik zur Risikoanalyse (vgl. Teil A, 3.) an organisatorische Entscheidungen angepasst und es wird eine organisatorische Risikoanalyse entwickelt. Die organisatorische Risikoanalyse besteht, analog zur allgemeinen Heuristik, aus zwei Phasen: der ersten, wirkungsorientierten Phase und der zweiten, ursachenorientierten Phase. In 1.3.2. wird die erste Phase der organisatorischen Risikoanalyse dargestellt. In 1.3.3. erfolgt die Spezifikation der zweiten Phase der Risikoanalyse.

1.3.2. Die wirkungsorientierte Phase der organisatorischen Risikoanalyse

1.3.2.1. Ziele organisatorischer Entscheidungen als Bewertungskriterien

In der ersten Phase der organisatorischen Risikoanalyse muss der organisatorische Entscheidungsträger die Zielwirkungen der von ihm in Betracht gezogenen organisatorischen Handlungsalternativen untersuchen. Dazu werden für jede Handlungsalternative mit Hilfe von mehrstufigen Wirkungshypothesen sowohl die erwarteten positiven Zielwirkungen als auch die potentiellen negativen Zielwirkungen, also die mit den jeweiligen Alternativen verbundenen Risiken, abgeschätzt. Um negative Zielabweichungen möglichst zu verhindern, wird sodann diejenige Alternative ausgewählt, deren prognostizierte Zielwirkungen den erwünschten Zielwirkungen insgesamt am Besten entsprechen (vgl. Teil A, 3.2.3.).

Prinzipiell könnten zur Bewertung der einzelnen Alternativen die obersten Sach- und Formalziele der Unternehmung herangezogen werden. Das oberste Sachziel einer Unternehmung besteht in der Erstellung von Sachgütern bzw. Dienstleistungen für den Markt (vgl. Kosiol 1972, 223-224). Im Hinblick auf die Erfüllung so genannter oberster Formalziele einer Unternehmung hat das oberste Sachziel nur Mittelcharakter (vgl. Kosiol 1972, 223). Die Formalziele der Unternehmung beziehen sich „auf die Art und Weise betrieblichen Handelns und dienen der Ableitung von Verhaltensmaximen" (Hentze 1994, 56). Mögliche Formalziele sind z. B. das Gewinn-, Umsatz- und Wirtschaftlichkeitsstreben in unterschiedlichen Ausprägungen sowie die Sicherung der Liquidität der Unternehmung (vgl. Heinen 1966, 59-85; Hentze 1994, 56; Schanz 2000, 16). Aufgrund von Zurechnungsproblemen sind jedoch die obersten Sach- und Formalziele der Unternehmung nicht als Kriterien zur Alternativenbewertung verwendbar. Stattdessen sind Subziele heranzuziehen, welche in finaler Beziehung zu den obersten Unternehmungszielen stehen. Dabei gilt, dass zwischen einem Subziel und den obersten Unternehmungszielen (vgl. Abb. 10) Finalität besteht, wenn die Erfüllung des Subziels zur Verwirklichung der obersten Unternehmungsziele beiträgt (vgl. Hauschildt 1976, 327).

In der Literatur werden verschiedene organisatorische (Sub-)Ziele als Kriterien zur Auswahl organisatorischer Gestaltungsalternativen genannt. Allerdings beziehen sich die teilweise sehr ausführlichen Kriterienkataloge von Grochla und Thom (1980) bzw. von Thom und Wenger (2002) auf die Wahl von Organisationsformen wie z. B. funktionale, divisionale und Matrix-Organisation, d. h. auf makroorganisatorische Entscheidungen. Für mikroorganisatorische Entscheidungen zur Gestaltung der Detailstruktur sind die von Grochla (vgl. 1982, 164) dargestellten Ziele, nämlich die wirtschaftliche Aufgabenerfüllung, die hohe Arbeitszufriedenheit und Motivation und die Sicherung einer angemessenen Anpassungsfähigkeit geeignet. Diese drei Ziele sollen im Folgenden operationalisiert, d. h. so formuliert werden, dass sie als Kriterien zur Auswahl organisatorischer Alternativen anwendbar sind.

Aus dem Ziel der wirtschaftlichen Aufgabenerfüllung können auf der einen Seite die Kriterien Zeit- und Kapazitätsbeanspruchung sowie Kostenverursachung, und auf der anderen Seite die Kriterien Quantität und Qualität der Aufgabenerfüllung abgeleitet werden (vgl. Grochla 1982, 165). Auf der Seite der Kosten, welche durch organisatorische Handlungsalternativen entstehen, sind die Abstimmungskosten ein geeignetes Kriterium zur Alternativenbeurteilung. Abstimmungskosten entstehen, wenn für die Koordination interdependenter organisatorischer Einheiten ein erhöhter Einsatz von Zeit und Ressourcen erforderlich ist (vgl. Frese 2000, 250-251). Der Faktor „Zeit" spielt dabei eine doppelte Rolle: Zum einen muss der Einsatz von Ressourcen, z. B. Personalressourcen, für die Koordination interdependenter Entscheidungen hinsichtlich der zeitlichen Dimension durch Rückgriff auf Opportunitätskosten bewertet werden (vgl. Fuchs-Wegner/Welge 1974, 79). Zum anderen besteht die Gefahr, dass durch langwierige Abstimmungsprozesse zeitliche Restriktionen, wie z. B. Liefertermine, verletzt werden (was Frese als Kosten des Einsatzes von Zeit bezeichnet vgl. 2000, 261). Je mehr diese Kosten des Einsatzes von Zeit im Prozess der Abstimmung ins Gewicht fallen, desto stärker ist die Tendenz, den Einsatz von Zeit durch den Einsatz von Ressourcen zu substituieren oder auf die Abstimmung zur Steigerung der Entscheidungsqualität zu verzichten (vgl. Frese 2000, 261). Da alternative Organisationsstrukturen durch einen unterschiedlichen Grad an Koordinationsintensität geprägt sind und somit auch Abstimmungskosten in unterschiedlicher Höhe hervorrufen, ist das Kriterium der Abstimmungskosten von erheblicher Bedeutung für die Auswahl von Organisationsstrukturen (vgl. Fuchs-Wegner/Welge 1974, 79). Bisher liegt allerdings kein eindeutiges Verfahren zur Quantifizierung von Koordinationskosten vor (vgl. Fuchs-Wegner/Welge 1974, 79). Die mit einer organisatorischen Regelung verbundenen Abstimmungskosten können daher nur anhand des für die Koordinationsprozesse notwendigen Personaleinsatzes, d. h. unter Zuhilfenahme von Opportunitätskosten, ermittelt werden. Die Berechtigung des Kriteriums der Abstimmungskosten zur Beurteilung alternativer Organisationsstrukturen ist trotz der Probleme bei der Quantifizierung unbestritten (vgl. Fuchs-Wegner/Welge 1974, 79).

Das Ziel der hohen Arbeitszufriedenheit und Motivation kann auch als Kriterium der sozialen Effizienz bezeichnet werden (vgl. Thom/Welge 2002, 98). Soziale Effizienz äußert sich in der Erfüllung der Interessen, Bedürfnisse und Erwartungen der Mitarbeiter (vgl. Marr/Stitzel 1979, 57). Operationaler Indikator für die soziale Effizienz mikroorganisatorischer Handlungsalternativen ist die Motivation der Mitarbeiter. Motivation ist nach Drumm ein geistig-seelischer Antrieb zur Steuerung und zum Vollzug des Handelns und Verhaltens (vgl. 2005, 462). Der Wunsch nach Befriedigung seiner individuellen Bedürfnisse wird für den Mitarbeiter zum Motiv, das sein Handeln bestimmt (vgl. Jung 1995, 359; Drumm 2005, 462). Bedeutsame Motive für den Arbeitsprozess sind u. a. die Wünsche der Mitarbeiter nach qualifikationsbedingter Aufgabenstellung, sozialem Austausch und Kontakt zu den Kollegen, nach Selbstbestätigung, Selbstbestimmung und Weiterentwicklung (vgl. Jung 1995, 362). Indem die Unternehmung, repräsentiert durch ihre Führungskräfte, dem Mitarbeiter die Befriedigung seiner Bedürfnisse in Aussicht stellt, kann sie erreichen, dass der Mitarbeiter im Gegenzug Leistung erbringt und sich unternehmenszielkonform verhält (vgl. Frese 2000, 273; Picot/Dietl/Franck 2002, 8; Drumm 2005, 462-463). Für die Gestaltung organisatorischer Strukturen heißt das, dass die individuellen Motive der Mitarbeiter aufgedeckt (z. B. im Rahmen eines Mitarbeitergesprächs vgl. Drumm 2005, 463) und bei der Auswahl und Implementation organisatorischer Strukturen berücksichtigt werden sollten, um so die Leistungsbeiträge des Personals zu fördern und positive Effekte auf die Gesamtleistung der Unternehmung zu erzielen (vgl. Drumm 2005, 461). Bei der Gestaltung organisatorischer Strukturen wirkt z. B. die Gewährung von Eigenverantwortung und die Bildung von überschaubaren, möglichst abgeschlossenen Aufgabenkomplexen motivierend auf die Mitarbeiter (vgl. Frese 2000, 274). Die Intensität der motivationalen Wirkung einer mikroorganisatorischen Handlungsalternative ist dabei von Ausmaß und Dringlichkeit der individuellen Mitarbeiterbedürfnisse abhängig. Allgemeine Aussagen zur sozialen Effizienz einer mikroorganisatorischen Handlungsalternative gehen davon aus, die Bedürfnisse der Betroffenen wären bezüglich Art, Ausmaß und Dringlichkeit gleich. Diese vereinfachende Annahme kann hingenommen werden, insbesondere wenn man bedenkt, dass bei den Mitarbeitern zumindest hinsichtlich der Art der grundlegenden Bedürfnisse, dem Wunsch nach Existenzsicherung, Selbstbestimmung und Selbstentfaltung sowie nach Anerkennung, Erfolg und sozialem Kontakt, weitgehende Übereinstimmung herrschen dürfte. Grundsätzlich gilt, je besser eine organisatorische Handlungsalternative die Bedürfnisse der betroffenen Mitarbeiter erfüllt, umso höher ist die Motivation der Mitarbeiter zur Leistung und zum Verbleib in der Unternehmung und umso höher ist die soziale Effizienz der jeweiligen Alternative.

Mit dem Ziel der angemessenen Anpassungsfähigkeit organisatorischer Strukturen soll sichergestellt werden, dass die organisatorischen Teilbereiche einer Unternehmung in der Lage sind, sich veränderten Aufgaben anzupassen und Innovationen hervorzubringen (vgl. Grochla 1982, 165). Dieses Kriterium erfordert Organisationsstrukturen, die so gestaltet sind, dass „schnelles und wirksames (anforderungsgerechtes) Agieren und Reagieren auf erkannte oder bereits wirksame quantitative und/oder qualitative Änderungen von systemexternen und -internen Anforderungen" möglich ist, und zwar ohne dass dafür grundlegende Organisationsabänderungen erforderlich sind (vgl. Thom/Wenger 2002, 97). In Abhängigkeit von den herrschenden Umweltkonstellationen können vier nach dem Grad der Anpassungsfähigkeit differenzierte Verhaltenstypen unterschieden werden (vgl. Fuchs-Wegner/Welge 1974, 72): Bei über längere Zeit hinweg konstanten internen und externen Bedingungen ist ein Minimum an Anpassungsfähigkeit erforderlich; die Unternehmung strebt in einer solchen Situation „Effizienz im Gleichgewicht" an (Typ A vgl. Fuchs-Wegner/Welge 1974, 72-73). Ist die Unternehmung Umwelteinflüssen ausgesetzt, die nur die quantitative Seite des Leistungsangebots betreffen und aus nicht exakt prognostizierbaren Nachfrageschwankungen resultieren, muss die Organisation operativ anpassungsfähig sein (Typ B vgl. Fuchs-Wegner/Welge 1974, 73-74). Verlangen die Umweltbedingungen der Unternehmung sowohl quantitative als auch qualitative Anpassungen des Leistungsangebots, ist strategische Anpassungsfähigkeit gefordert (Typ C vgl. Fuchs-Wegner/Welge 1974, 74-75). Eine Unternehmung, die aufgrund ihrer Aufgabenstellung nicht die Möglichkeit hat, auf Dauer ausgerichtete organisatorische Regelungen vorzunehmen, z. B. weil laufend neue Projekte abgewickelt werden, muss strukturell anpassungsfähig gestaltet sein (Typ D vgl. Fuchs-Wegner/Welge 1974, 75-76). Die unten stehende Abbildung zeigt die organisatorischen Implikationen der genannten Anpassungstypen (vgl. Abb. 11).

Typ A (Effizienz im Gleichgewicht):
- Hoher Grad an funktionaler Arbeitsteilung
- Weitgehende Standardisierung durch Verfahrensroutinen
- Starke Zentralisation von Entscheidungen

Typ B (operative Anpassungsfähigkeit):
- Ausgeprägte Arbeitsteilung
- Standardisierung und klare Entscheidungsregeln für Ausnahmefälle
- Stärkere Dezentralisierung von Entscheidungen
- Kleinere Kontrollspanne als bei Typ A

Typ C (strategische Anpassungsfähigkeit):
- Produkt- statt verrichtungsorientierte Aufgabengliederung
- Standardisierung, aber Raum für Innovationen und kreatives Handeln
- Verstärkte Delegation von Entscheidungen
- Kleinere Kontrollspanne als bei Typ B

Typ D (strukturelle Anpassungsfähigkeit):
- Geringer Grad an funktionaler Arbeitsteilung
- Geringe Standardisierung
- Ausgeprägte Entscheidungsdezentralisation
- Sehr kleine Kontrollspanne wegen starken Koordinationsaufwands

Abbildung 11 Organisatorische Implikationen verschiedener Verhaltenstypen der Anpassung (vgl. Fuchs-Wegner/Welge 1974, 72-76)

1.3.2.2. Die Bewertung organisatorischer Handlungsalternativen

Die Bewertung organisatorischer Handlungsalternativen erfolgt anhand der oben dargestellten organisatorischen Subziele „wirtschaftliche Aufgabenerfüllung", „soziale Effizienz" und „angemessene Anpassungsfähigkeit" (vgl. Teil B, 1.3.2.1.). Dabei kann die wirtschaftliche Aufgabenerfüllung (WAE) als Quotient dargestellt werden.

$$WAE = \frac{\textit{Qualität und Quantität der Aufgabenerfüllung}}{\textit{Zeitbeanspruchung, Kapazitätsbeanspruchung und Abstimmungskosten}}$$

Im Zähler des Quotienten stehen die (Soll-)Quantität und (Soll-)Qualität der Aufgabenerfüllung, im Nenner die mit der Aufgabenerfüllung einhergehende Zeit- und Kapazitätsbeanspruchung sowie die Abstimmungskosten (vgl. Grochla 1982, 165). Als operative Kriterien für die Zeit- und Kapazitätsbeanspruchung können in der Produktion z. B. Soll-Durchlaufzeiten für Fertigungsaufträge und der Soll-Auslastungsgrad der Produktionsmittel verwendet werden (vgl. Grochla 1982, 164). Eine organisatorische Alternative führt zu einer negativen Abweichung vom Ziel der wirtschaftlichen Aufgabenerfüllung, wenn gegenüber den jeweils festgelegten Soll-Werten,

- die Qualität und/oder Quantität der Aufgabenerfüllung abnimmt,
- die Zeit- und Kapazitätsbeanspruchung ansteigt und/oder
- die Abstimmungskosten zunehmen.

Im Hinblick auf die soziale Effizienz organisatorischer Handlungsalternativen kann die „normale" Motivation eines Mitarbeiters als Ziel herangezogen werden. Definiert man Motivation als Antrieb zur Leistung (vgl. Drumm 2005, 464) und zum Verbleib in der Unternehmung (vgl. Simon 1981, 141), wird bei „normaler" Motivation die erforderliche Soll-Arbeitsleistung erbracht und die Fluktuationsrate ist eher niedrig, weil die Mitarbeiter in der Unternehmung verbleiben wollen.

Das organisatorische Ziel der angemessenen Anpassungsfähigkeit der Unternehmungsorganisation muss unternehmungsindividuell aus dem jeweiligen Grad der Umweltstabilität oder -instabilität abgeleitet werden. Je nach der herrschenden bzw. prognostizierten Umweltkonstellation kann einer der vier oben genannten Verhaltenstypen der Anpassung als Ziel für die Anpassungsfähigkeit der Unternehmung gewählt werden (vgl. Teil B, 1.3.2.1.).

Im Folgenden soll anhand mehrstufiger Wirkungshypothesen dargestellt werden, welche Schäden auftreten können, wenn es zu negativen Abweichungen von den organisatorischen Zielen für die wirtschaftliche Aufgabenerfüllung, die soziale Effizienz oder die angemessene Anpassungsfähigkeit kommt:

Schäden bei negativer Abweichung vom Ziel der wirtschaftlichen Aufgabenerfüllung:

- Nimmt man an, dass die Qualität der unternehmerischen Produkte von der Qualität der Aufgabenerfüllung in den einzelnen organisatorischen Teilbereichen beeinflusst wird, hat ein Absinken der Qualität der Aufgabenerfüllung zur Folge, dass die Qualität der unternehmerischen Produkte (und Dienstleistungen) abnimmt. Im Dienstleistungsbereich hat dies eine erhöhte Reklamationsquote zur Folge. Im produzierenden Bereich steigt zunächst intern die Ausschussquote an. Die Nachbearbeitung fehlerhafter Produkte erzeugt Opportunitätskosten. Ist keine Nachbearbeitung mehr möglich, handelt es sich um Ressourcenverschwendung durch unnötigen Materialverbrauch. Fehlerhafte Produkte, welche nicht in der Unternehmung aussortiert, sondern trotzdem auf dem Markt angeboten werden, verletzen die Qualitätsanforderungen der Kunden. Dies führt dazu, dass die Kunden entweder auf alternative Konkurrenzprodukte zurückgreifen oder nur gegen einen Preisnachlass zum Kauf bereit sind. Nehmen Absatz und/oder erzielter Verkaufspreis ab, sinkt ceteris paribus der Umsatz der Unternehmung. Kunden, die nach ihrer Kaufentscheidung von der Qualität eines Produktes oder einer Dienstleistung enttäuscht werden, neigen dazu, ihre schlechten Erfahrungen weiterzugeben und damit auch andere Kunden vom Kauf abzuhalten, wodurch ebenfalls der Umsatz der Unternehmung abnimmt. Qualitative Mängel bei den abgesetzten Produkten steigern die Garantiekosten der Unternehmung (z. B. durch Reparaturen und Rückrufaktionen). Außerdem wird durch negative Mund-zu-Mund-Propaganda oder Medienberichte über Qualitätsmängel das Image der Unternehmung beschädigt. Versuche, diese Imageschäden z. B. durch verstärkte Werbemaßnahmen zu kompensieren, lassen die Marketingkosten ansteigen.

- Führt eine organisatorische Entscheidung zu einem Absinken der Quantität des Arbeitsergebnisses und nimmt infolgedessen die Quantität der in der Unternehmung produzierten Güter oder Dienstleistungen ab, kommt es, wenn die Marktnachfrage nicht mehr befriedigt werden kann ceteris paribus zu einem Umsatzrückgang.
- Durch organisatorische Entscheidungen erhöhte Durchlaufzeiten können die Verletzung von Lieferfristen nach sich ziehen, was zu Vertragsstrafen und/oder zum Verlust von Kunden führen kann. Sinkt aufgrund einer organisatorischen Entscheidung der Auslastungsgrad der Produktionsmittel, entstehen Opportunitätskosten durch entgangenen Gewinn.

Schäden bei negativer Abweichung vom Ziel der sozialen Effizienz:

- Reduziert eine organisatorische Handlungsalternative die Motivation zur Leistung, ist Leistungsrestriktion, d. h. eine bewusste Minderleistung im Vergleich zu der vom Mitarbeiter langfristig erbringbaren Normalleistung (vgl. Marr/Stitzel 1979, 71), die Folge. Leistungsrestriktion äußert sich in mangelnder Qualität und/oder Quantität der Aufgabenerfüllung (vgl. Marr/Stitzel 1979, 71; zu den Folgen mangelnder Qualität bzw. Quantität siehe oben).
- Die Beeinträchtigung der Motivation des Stelleninhabers kann außerdem die „innere Kündigung" auslösen (vgl. Raidt 1989, 79). Die „innere Kündigung" beschreibt einen Zustand der bewussten und/oder unbewussten Distanzierung des Stelleninhabers von Engagement und Initiative am Arbeitsplatz (vgl. Raidt 1989, 68). Als Reaktion auf den Zustand der inneren Kündigung verhält sich der betroffene Stelleninhaber passiv und äußert weder Vorschläge noch konstruktive Kritik (vgl. Raidt 1989, 73). Unter der Passivität und dem Desinteresse der betroffenen Mitarbeiter leidet die für den Erfolg der Unternehmung erforderliche Innovationskraft.
- Mitarbeiter, deren Motivation eingeschränkt ist, neigen zu vermeidbarem Absentismus, d. h. zu zeitweiliger Abwesenheit vom Arbeitsplatz aufgrund von vorgetäuschter Krankheit oder „Blau-Machen" (vgl. Marr/Stitzel 1979, 71; Hinze 1982, 28; Marr 1996, 16). Absentismus wichtiger Mitarbeiter kann zu Opportunitätskosten durch entgangene Gewinne aufgrund verpasster Marktchancen führen oder Kosten durch Konventionalstrafen verursachen, wenn Marktleistungen nicht rechtzeitig bereitgestellt werden (vgl. Marr/Stitzel 1979, 71). Für den Fall, dass der abwesende Mitarbeiter durch einen Kollegen vertreten wird, welcher nicht über die erforderlichen Kenntnisse und Fähigkeiten verfügt, kann es zu qualitativ mangelhafter Aufgabenerfüllung kommen. Außerdem stellt die Vertretung eines abwesenden Mitarbeiters für den Vertretenden eine Mehrbelastung dar, welche sich einerseits negativ auf die Qualität und Quantität seiner Aufgabenerfüllung auswirkt (zu den Folgen mangelnder Qualität bzw. Quantität siehe oben) und andererseits auch dessen Motivation vermindert.
- Eingeschränkte Motivation begünstigt zudem bei den betroffenen Mitarbeitern die Bereitschaft zur Fluktuation. Fluktuation bezeichnet den freiwilligen Wechsel eines Mitarbeiters zu einem anderen Arbeitgeber (vgl. Domsch/Krüger 1987, 1485). Bei den quantifizierbaren Kosten der Fluktuation kann unterschieden werden zwischen den Aufwendungen für die Anwerbung, Auswahl, Einarbeitung und eventuell Ausbildung

eines neuen Mitarbeiters (sie erreichen insgesamt häufig die Höhe eines Jahresgehalts, vgl. Fluck 1992, 23) und den Aufwendungen für den ausscheidenden Mitarbeiter (vgl. Domsch/Krüger 1987, 1488). Letztere umfassen die Aufwendungen für die Entlassung, die qualitative und quantitative Minderleistung des Mitarbeiters vor und während der Fluktuationsentscheidung sowie den Verlust der bisherigen Investitionen in den Mitarbeiter (vgl. Kaufhold 1985, 45-46; Domsch/Krüger 1987, 1488;). Fluktuation verursacht außerdem nicht quantifizierbare Kosten (vgl. Fluck 1992, 23-25): Vor allem für ausscheidende Spezialisten kann unter Umständen kein adäquater Ersatz gefunden werden. Es besteht zudem die Gefahr von Folgefluktuationen, z. B. weil die verbleibenden Mitarbeiter überfordert sind, oder weil der Personalwechsel im Umfeld das Interesse an einer anderen Position weckt. Des Weiteren können hohe Fluktuationsraten das Image der Unternehmung beschädigen und außerdem bergen fluktuierende Arbeitnehmer, die regen Kundenkontakt hatten, die Gefahr, dass ein Teil des Kundenstammes zum nächsten Arbeitgeber wechselt.

Schäden bei negativer Abweichung vom Ziel der angemessenen Anpassungsfähigkeit organisatorischer Strukturen:

- Mangelnde operative Anpassungsfähigkeit führt dazu, dass auf nicht exakt prognostizierbare Nachfrageschwankungen nicht flexibel reagiert werden kann und dass deshalb entweder zu wenig oder zu viel produziert wird. Überschüssige Produktion verursacht Lagerkosten, während bei zu niedriger Produktionsrate die Marktnachfrage nicht befriedigt werden kann, wodurch Opportunitätskosten in Höhe des entgangenen Gewinns entstehen.
- Mangelnde strategische Anpassungsfähigkeit liegt vor, wenn die Unternehmung nicht fähig ist, auf die vom Markt geforderten quantitativen und/oder qualitativen Anpassungen des Leistungsangebots schnellstmöglich zu reagieren. Die Folgen mangelhafter quantitativer oder operativer Anpassungsfähigkeit wurden im vorangehenden Punkt dargestellt. Mangelnde qualitative Anpassungsfähigkeit hat zur Folge, dass die von der Unternehmung angebotenen Produkte nicht mehr den veränderten Bedürfnissen der Kunden entsprechen, wodurch ceteris paribus der Umsatz abnimmt und die Kosten für Werbekampagnen im Marketing ansteigen.
- Unternehmungen, die laufend neue Projekte abwickeln, haben nicht oder nur in wenigen Bereichen die Möglichkeit, auf Dauer ausgerichtete organisatorische Regelungen vorzunehmen, sondern müssen strukturell anpassungsfähig sein (vgl. Fuchs-Wegner/Welge 1974, 75). Bei mangelnder struktureller Anpassungsfähigkeit ist bei der Abwicklung von Projekten mit Verzögerungen zu rechnen. Die Folge können Vertragsstrafen bei nicht rechtzeitiger Bereitstellung von Marktleistungen (vgl. Marr/Stitzel 1979, 71) und der Verlust von Kunden sein.

An den hier dargestellten Schadenswirkungen kann sich der organisatorische Entscheidungsträger orientieren, wenn er in der ersten Phase der Risikoanalyse für alle von ihm in Betracht gezogenen Alternativen aufdecken muss, welche negativen Zielwirkungen jeweils zu erwarten sind. Bei qualitativ bestimmbaren Schäden ist die Bildung von Schadenserwartungswerten möglich. Diese (Teil-) Schadenserwartungswerte ergeben in der Summe für jede organisatorische Handlungsalternative einen Gesamtschadenserwartungswert. Der organisatorische Entscheider kann dann die organisatorische Handlungsalternative mit dem geringsten Gesamtschadenserwartungswert auswählen. Für den Fall, dass die Schäden nicht quantitativ darstellbar sind, kann die Nutzwertanalyse zur Bestimmung der optimalen Alternative herangezogen werden (vgl. Teil A, 3.2.3.).

1.3.3. Die ursachenorientierte Phase der organisatorischen Risikoanalyse

1.3.3.1. Überblick

In der zweiten, ursachenorientierten Phase der Risikoanalyse muss der organisatorische Entscheidungsträger prüfen, welche Risikoquellen im Zusammenhang mit der betrachteten Entscheidung aktiviert wurden. Im Folgenden werden die allgemeinen Risikoquellen aus Teil A, soweit notwendig, für organisatorische Entscheidungen spezifiziert und es wird erläutert, weshalb bestimmte formale Risikoquellen bei organisatorischen Entscheidungen verstärkt berücksichtigt werden sollten. Zu diesem Zweck wird unterschieden zwischen Risikoquellen im Zusammenhang mit dem Träger organisatorischer Entscheidungen, Risikoquellen im organisatorischen Entscheidungsprozess sowie Risikoquellen bei der Implementation organisatorischer Entscheidungen.

1.3.3.2. Formale Risikoquellen bei organisatorischen Entscheidungen

1.3.3.2.1. Risikoquellen im Zusammenhang mit dem Träger organisatorischer Entscheidungen

Wie die organisatorische Entscheidungsvorbereitung und Beschlussfassung geregelt ist, hängt stark von der Größe einer Unternehmung ab. Kleine und mittlere Unternehmungen besitzen häufig keine Organisationsstelle(n). Organisatorische Entscheidungsträger sind die Führungskräfte (vgl. Zimmermann 1992, 1471): Entscheidungsvorbereitung und Beschlussfassung liegen folglich in einer Hand. Anders verhält es sich in Großunternehmungen. Dort werden spezielle, einer Organisationsabteilung zugeordnete Mitarbeiter beschäftigt, welche Entscheidungsunterlagen und Vorschläge zur organisatorischen Gestaltung erarbeiten (vgl. Zimmermann 1992, 1471). Dabei ist die Organisationsabteilung häufig als Stabsabteilung organisiert und der Unternehmungsleitung zugeordnet (vgl. Krink 1983, 51; Schmidt 2000, 18-19): Während die Organisationsabteilung in der Entscheidungsvorbereitung tätig ist, erfolgt die endgültige Festlegung auf eine organisatorische Handlungsalternative auf der Ebene der Geschäftsführung, gegebenenfalls unter Einbeziehung der Personalabteilung (vgl. Zimmermann 1992, 1471). Im Falle einer Organisationsabteilung mit Stabsfunktion findet eine Trennung zwischen Entscheidungsvorbereitung und Beschlussfassung statt, d. h. es gibt keinen einzelnen „organisatorischen Entscheidungsträger", der den vollständigen organisatorischen Entscheidungsprozess (vgl. Teil B, 1.3.3.2.2.) einschließlich der endgültigen Entschlussfassung durchläuft. Wenn im Folgenden trotzdem von einem organisatorischen Entscheidungsträger gesprochen wird, ist dies, zumindest für den Fall von Großunternehmungen, eine vereinfachende Annahme.

Wahl des organisatorischen Entscheidungsträgers

Die Auswahl eines Entscheidungsträgers stellt eine wichtige Risikoquelle dar (vgl. Teil A, 3.2.2.1.). Bei der Delegation einer organisatorischen Entscheidung an einen Mitarbeiter muss deshalb überprüft werden, ob der betreffende Mitarbeiter für diese Aufgabe geeignet ist. Dabei gelten die allgemeinen Anforderungen, welche bereits im Grundlagenteil der vorliegenden

Arbeit dargestellt wurden (vgl. Teil A, 3.2.2.1.). Im Folgenden sollen nun die für einen organisatorischen Entscheider erforderlichen Qualifikationen spezifiziert werden:

Der Träger organisatorischer Entscheidungen muss ein allgemeingültiges Beschreibungs- und Erklärungsmodell der Organisation beherrschen, um komplexe Organisationssysteme analytisch durchdringen zu können (vgl. Lindelaub 1992, 1876). Dieser system- und modelltheoretische Denkstil stellt für ihn ein gedankliches Grundraster für alle aufbau- und ablauforganisatorischen Problemlösungen dar. Eine weitere Voraussetzung ist, dass der organisatorische Entscheidungsträger ein geschlossenes, normiertes und widerspruchsfreies Begriffssystem beherrscht, das Missverständnisse und Fehlinterpretationen bei der Organisationsarbeit verhindert und eine kooperative Verständigung mit anderen Mitarbeitern erlaubt (vgl. Lindelaub 1992, 1876). Um bei der organisatorischen Gestaltung planmäßig vorgehen zu können (vgl. Lindelaub 1992, 1876) sind außerdem Kenntnisse im Bereich der Organisationsmethodik erforderlich. Des Weiteren muss der organisatorische Entscheidungsträger verschiedene Organisationstechniken, wie z. B. Techniken zur Erhebung, zur Aufgabenanalyse- und -synthese sowie zur Bewertung und Dokumentation kennen und diese zur Unterstützung seines methodischen Vorgehens anwenden können (vgl. Lindelaub 1992, 1876).

Da organisatorische Lösungen für Menschen erarbeitet werden, hängt der Erfolg organisatorischer Maßnahmen entscheidend davon ab, wie es gelingt, menschliche Interessen in einem ausreichenden Maße mit zu berücksichtigen und motivierende Strukturen zu schaffen (vgl. Lindelaub 1992, 1879). Der organisatorische Entscheider sollte daher auch Kenntnisse über die Entstehung und Förderung von Motivation und Mitarbeiterzufriedenheit besitzen. Um sicherzustellen, dass erwogene Handlungsalternativen keine gesetzlichen Restriktionen verletzen, müssen dem Entscheidungsträger zudem die einschlägigen Rechtsgebiete, z. B. Betriebsverfassungsgesetz, Mitbestimmungsgesetz, Arbeitsstättenverordnung und Bundesdatenschutzgesetz bekannt sein (vgl. Lindelaub 1992, 1879). Insbesondere im Büro- und Verwaltungsbereich ist außerdem technologische Kompetenz auf dem Feld der Informations- und Kommunikationstechnologien unverzichtbar (vgl. Lindelaub 1992, 1876).

Die geforderten Kenntnisse und Fähigkeiten können durch eine theoretische Ausbildung, z. B. im Rahmen eines (Fach-)Hochschulstudiums der Betriebswirtschaftslehre mit den Schwerpunkten Organisation und Personalwirtschaft, erworben werden. Bevor jedoch ein Mitarbeiter als geeigneter organisatorischer Entscheidungsträger gelten kann und mit eigenständigen organisatorischen Entscheidungen betraut werden darf, muss er seine theoretischen Kenntnisse durch betriebliche Erfahrung ergänzen (vgl. Lindelaub 1992, 1879; zum Stellenwert der Erfahrung vgl. Teil A, 3.2.2.1.1.).

Zu den persönlichen Eigenschaften, die ein geeigneter organisatorischer Entscheidungsträger benötigt, zählen schöpferische Fähigkeiten wie Kreativität und Fantasie, aber auch geistige Kräfte wie selbständiges, analytisches, (selbst-)kritisches Denken, Scharfsinn und Aufgeschlossenheit sowie eine vielseitige Beobachtungs- und Kombinationsgabe (vgl. Lindelaub 1992, 1878).

Kognitive Dissonanzen und Werthaltungen

Kognitive Dissonanzen, die vor, vor allem aber nach einer Entscheidung auftreten können, stellen eine weitere Risikoquelle dar (vgl. Teil A, 3.2.2.1.2.). Für organisatorische Entscheidungen kann vermutet werden, dass eine erhöhte Gefahr von postdezisionalen kognitiven Dissonanzen besteht. Diese Vermutung wird damit begründet, dass einmal implementierte organisatorische Entscheidungen häufig nur mit sehr großem Aufwand rückgängig zu machen, unter Umständen sogar gänzlich irreversibel sind, wodurch kognitive Dissonanzen begünstigt werden. Man denke z. B. an eine bereits umgesetzte, weit reichende Umstrukturierungsmaßnahme, welche mit dem Wegfall von Stellen und der Kündigung von Mitarbeitern verbunden ist. Angesichts der Tatsache, dass eine Rückkehr zum vorherigen Zustand praktisch kaum möglich ist, könnte der organisatorische Entscheider verstärkt dazu neigen, den gefassten Beschluss gegen dissonante Informationen zu verteidigen. Das heißt, wenn sich nach der Implementation herausstellt, dass der erwartete Erfolg der gewählten Organisationsmaßnahme ausbleibt, wird der organisatorische Entscheidungsträger trotzdem mit großer Wahrscheinlichkeit an seiner Entscheidung festhalten. Derartige kognitive Dissonanzen verhindern, dass erforderliche Nachbesserungen oder Gegenmaßnahmen rechtzeitig getätigt werden und dass der Entscheidungsträger aus seinen Fehlentscheidungen lernt.

Im Bereich der Werthaltungen des organisatorischen Entscheidungsträgers ist dessen Menschenbild besonders relevant. Menschenbilder sind Realtypologien von menschlichen Eigenschaftskomplexen, die in Anlehnung an die Realität aufgrund von Plausibilitätsüberlegungen und Grundannahmen über Dritte getroffen werden (vgl. Drumm 2005, 497). In der Literatur hat es zahlreiche Versuche gegeben, verschiedene Typen von Menschen zu klassifizieren. Die wohl bekannteste Typologie ist diejenige von McGregor, welcher zwei Typen von Menschen unterscheidet, Typ X und Typ Y: Typ X verkörpert den arbeitsscheuen Mitarbeiter, der Verantwortung vermeidet, gelenkt werden möchte, sich Sicherheit wünscht und keinerlei Ambitionen zur Weiterentwicklung hat (vgl. McGregor 1960, 33-35). Typ Y hingegen spiegelt den lern- und anpassungsfähigen Menschen wider, der keine Abneigung gegen Arbeit hat, sondern durch sie sogar Befriedigung findet (vgl. McGregor 1960, 47-48). Typ Y sucht und übernimmt Verantwortung, reagiert auf Belohnungen mit Anstrengung und auf Strafen mit Ablehnung bis hin zur Leistungsverweigerung und verfolgt die Ziele der Unternehmung, wenn er dadurch auch seine eigenen Ziele erreichen kann (vgl. McGregor 1960, 47-48). Geht der organisatorische Entscheidungsträger bei der Auswahl einer organisatorischen Handlungsalternative von Typ X oder einem ähnlich negativen Menschenbild aus, so wird er solchen Strukturen den Vorzug geben, welche den Mitarbeitern wenig Autonomie und Partizipationsmöglichkeiten einräumen und durch Fremdkontrolle geprägt sind. Auf Mitarbeiter, die in ihrer Arbeitseinstellung und Grundhaltung eher dem Typ Y entsprechen, wirken solche Organisationsstrukturen demotivierend und können zu negativen Zielabweichungen führen.

1.3.3.2.2. Risikoquellen im Zusammenhang mit dem organisatorischen Entscheidungsprozess

Organisatorische Entscheidungsprozesse haben das Suchen, Einschätzen und Abwägen von organisatorischen Handlungsalternativen (vgl. Gzuk 1975, 23; Witte 1980, 635) zum Inhalt und schließen mit der Entschlussfassung, d. h. mit der endgültigen Festlegung auf eine zu implementierende Alternative, ab. Von den in Teil A dargestellten „Risikoquellen im Zusammenhang mit dem Entscheidungsprozess" (vgl. 3.2.2.2.) werden im Folgenden diejenigen näher beleuchtet, welche für organisatorische Entscheidungen von besonderer Bedeutung sind. Alle nicht genannten, allgemeinen Risikoquellen treffen, soweit nicht anders vermerkt, auch für den organisatorischen Entscheidungsprozess zu und müssen nicht weiter an organisatorische Entscheidungen angepasst werden.

Zielorientierung

Der mangelhafte Bezug einer Entscheidung zu den Unternehmungszielen stellt eine Risikoquelle dar. Als Ursachen dieser Risikoquelle wurden zum einen das Fehlen operational formulierter und transparenter Unternehmungsziele und zum anderen das bewusste Abweichen des Entscheidungsträgers von den Zielen der Unternehmung genannt (vgl. Teil A, 3.2.2.2.1.). Im Zusammenhang mit organisatorischen Entscheidungen ist eine weitere Ursache für den mangelhaften Bezug einer Entscheidung zu den Unternehmungszielen denkbar: Der Entscheidungsträger weicht von den Unternehmungszielen ab, weil er sich bei seiner Entscheidung an organisatorischen Zielen orientiert, die nicht final zu den Unternehmungszielen sind bzw. nicht zu deren Realisierung beitragen. Dieser Fall kann eintreten, wenn die organisatorischen Entscheidungsziele nicht im Hinblick auf die Unternehmungsziele festgelegt werden bzw. wenn die Ableitung finaler Entscheidungsziele aus den Unternehmungszielen fehlerhaft ist.

Entscheidungsvorbereitung

Organisatorische Entscheidungen sind häufig neuartig und innovativ. In solchen Fällen liegen keine Erfahrungswerte für die Informationssuche vor, d. h. der Entscheidungsträger kann nicht anhand von vorangegangenen gleichen oder ähnlichen Entscheidungen bestimmen, wie viele Informationen er zum Entscheidungsproblem suchen soll, um eine Fehlentscheidung weitgehend zu vermeiden. Es besteht deshalb bei organisatorischen Entscheidungen vermehrt die Gefahr, dass die Informationssuche vorzeitig abgebrochen und die Entscheidung auf unzureichender Informationsbasis getroffen wird.

Eine weitere Risikoquelle, die bei organisatorischen Entscheidungen verstärkt auftritt, sind Fehler bei der Konstruktion von Wirkungshypothesen. Denn gerade bei organisatorischen Handlungsalternativen ist die Verknüpfung der Ergebnisse einer Handlungsmöglichkeit mit ranghohen Zielen der Unternehmung nur mehrstufig und nur in stochastischer Weise möglich. Aufgrund der komplexen Wirkungszusammenhänge innerhalb der Unternehmung entstehen deshalb Zurechnungsprobleme, d. h. es kann in der Regel nicht genau ermittelt werden, zu welchen Ergebnissen eine organisatorische Handlungsalternative führt und in welchem Maße sie letztlich zur Erreichung ranghoher Unternehmungsziele beiträgt.

Die Risikoquelle „Missachtung von Vernetzungen einer Entscheidung" kann im Kontext organisatorischer Entscheidungen weiter spezifiziert werden. Organisatorische Entscheidungen sind besonders eng mit personalwirtschaftlichen Entscheidungen vernetzt, da die Entscheidungen in den Bereichen Organisation und Personalwirtschaft in vielen Fällen wechselseitig voneinander abhängig sind. Die unten stehende Abbildung 12 zeigt die Vernetzungen zwischen organisatorischen Entscheidungen und den personalwirtschaftlichen Entscheidungsbereichen.

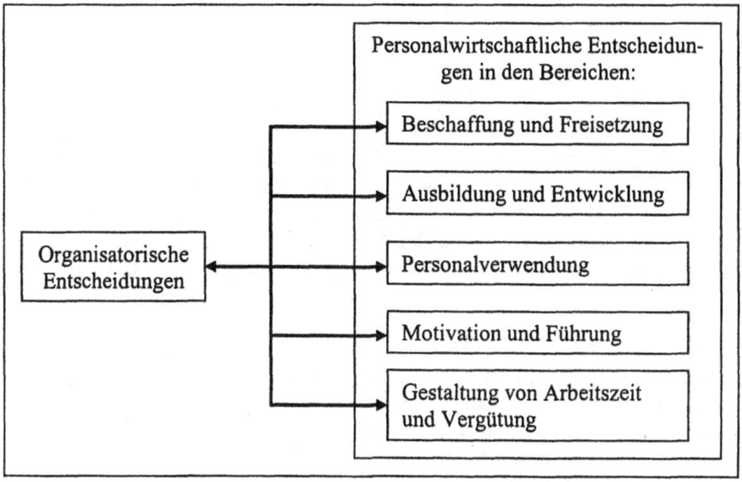

Abbildung 12 Vernetzungen zwischen organisatorischen und personalwirtschaftlichen Entscheidungen

Personalwirtschaftliche Entscheidungen betreffen allgemein den Einsatz von Personal in Unternehmungen (vgl. Drumm 2005, 9; vgl. Teil C, 1.2.1.). Personalwirtschaftliche Entscheidungsbereiche sind die Personalbeschaffung, -ausbildung, -entwicklung, -verwendung und -freisetzung, die Motivation und Führung des Personals sowie die Gestaltung von Arbeitszeit und Vergütung (vgl. Drumm 2005, 12, 39-41; siehe Abb. 12). Organisatorische Entscheidungen schaffen Organisationsstrukturen wie z. B. Stellen und Abteilungen, in denen dann Personal tätig ist. Der Grad der Zielerfüllung einer organisatorischen Handlungsalternative ist folglich immer das Ergebnis des Zusammenspiels von organisatorischer Regelung und Mitarbeiter. Findet zwischen den Trägern organisatorischer Entscheidungen und den Trägern personalwirtschaftlicher Entscheidungen keine Abstimmung statt, kommt es sehr wahrscheinlich in beiden Bereichen zu Fehlentscheidungen. Ein Beispiel: Bereits bei der Entscheidung über die Gestaltung einer Stelle sollte mit den Trägern der personalwirtschaftlichen Entscheidungen in der Unternehmung das Anforderungsprofil an den künftigen Stelleninhaber geklärt werden. Eine solche Vorgehensweise verhindert, dass durch organisatorische Entscheidungen Aufgabenkomplexe entstehen, für die später auf dem unternehmungsinternen oder -externen Arbeitsmarkt keine geeigneten Bewerber gefunden werden können.

Entschlussfassung

Vorzeitige oder verzögerte Entschlussfassung löst Fehlentscheidungen aus (vgl. Drumm/Dal Zotto 2004, 392; vgl. Teil A, 3.2.2.2.3.). Vor dem Hintergrund organisatorischer Entscheidungen kann zu dieser Risikoquelle Folgendes angemerkt werden: Bevor ein Entschluss gefasst und damit die Implementation einer Entscheidung angestoßen wird, muss geklärt werden, ob die anstehende Umsetzung der gewählten organisatorischen Alternative mit der jeweiligen Unternehmungssituation vereinbar ist. Denn vor allem bei weit reichenden organisatorischen Veränderungen, wie z. B. bei der Umstrukturierung einer größeren Abteilung, gehen mit der Implementation Probleme einher, welche die Funktionsfähigkeit der betroffenen organisatorischen Einheit zeitweilig einschränken. Die Mitarbeiter müssen sich z. B. erst an eine veränderte Kompetenzverteilung gewöhnen, im Zuge der Umstrukturierung neu eingestellte Mitarbeiter müssen in die Abteilung eingegliedert und Akzeptanzbarrieren des Personals gegenüber der neuen Organisationsstruktur abgebaut werden. Dadurch wird die Arbeitsleistung der betroffenen organisatorischen Einheit kurzfristig beeinträchtigt. Organisatorische Entschlüsse, die große Veränderungen nach sich ziehen, sollten daher, falls möglich, nicht in Situationen getroffen werden, in denen die Unternehmung auf die volle Funktionstüchtigkeit aller Bereiche angewiesen ist. Eine ungünstige Situation für tief greifende organisatorische Entscheidungen ist z. B. eine Phase saisonal bedingter hoher Kapazitätsauslastung wie das Weihnachtsgeschäft im Einzelhandel. Ist allerdings keine Besserung der aktuellen Unternehmungssituation absehbar, sollte die Entschlussfassung nicht auf später verschoben werden.

Die Verwendung falscher bzw. veralteter Entscheidungsprämissen stellt eine weitere Risikoquelle dar (vgl. Drumm/Dal Zotto 2004, 392; vgl. Teil A, 3.2.2.2.3.), die im Zusammenhang mit organisatorischen Entscheidungen besonders relevant ist. Organisatorische Entscheidungsprozesse können sich aufgrund ihrer Komplexität über vergleichsweise lange Zeiträume erstrecken, weshalb vermehrt die Gefahr besteht, dass die anfangs zu Grunde gelegten Prämissen zum Zeitpunkt der Entschlussfassung nicht mehr gültig sind. Die Prämissen der organisatorischen Entscheidung müssen daher vor der Fassung des endgültigen Entschlusses auf ihre Gültigkeit hin überprüft werden.

1.3.3.2.3. Risikoquellen im Zusammenhang mit der Implementation organisatorischer Entscheidungen

Werden Entscheidungen aufgrund mangelhafter Vorbereitung der Implementation unvollständig oder gar nicht umgesetzt, kommt es zu negativen Zielabweichungen (vgl. Drumm/Dal Zotto 2004, 394; vgl. Teil A, 3.2.2.3.). Als Hauptursache für eine unvollständige Entscheidungsimplementation gilt die fehlende Akzeptanz einer Entscheidung durch die Betroffenen (vgl. Kirsch et al. 1978, 470). Bei organisatorischen Entscheidungen ist die Gefahr der unvollständigen Entscheidungsimplementation wegen fehlender Akzeptanz durch die Mitarbeiter besonders groß. Denn organisatorische Beschlüsse wirken direkt auf die Arbeitssituation der betroffenen Mitarbeiter (vgl. Meindl 1996, 1063-1065) indem sie z. B. deren Aufgabenbereiche und Kompetenzen erweitern oder beschneiden oder indem sie die hierarchischen Beziehungen und die Kommunikationswege zwischen den einzelnen Stellen neu ordnen. Akzeptieren die Mitarbeiter den organisatorischen Entschluss und die damit einhergehenden Veränderungen nicht, kommt es zum Widerstand gegen die Entscheidungsimplementation und die Umsetzung der organisatorischen Entscheidung wird gefährdet.

Ob der Betroffene die Implementation einer organisatorischen Entscheidung akzeptiert und mit trägt, ist davon abhängig, ob er die geplante Veränderung seiner individuellen Arbeitssituation als positiv oder als negativ empfindet. Es kommt also nicht auf die tatsächliche, sondern auf die seitens des Mitarbeiters empfundene erwartete oder befürchtete Änderung der Arbeitssituation an. Sieht der Mitarbeiter durch die organisatorische Veränderung z. B. seine Kompetenz bedroht oder hat er Angst, „wegrationalisiert“ zu werden und seinen Arbeitsplatz zu verlieren, dann ist nicht zu erwarten, dass er die entsprechende organisatorische Entscheidung akzeptiert und sich an ihrer Umsetzung beteiligt (vgl. Meindl 1996, 1065).

Neben den Auswirkungen einer organisatorischen Entscheidung auf die individuelle Arbeitssituation der betroffenen Mitarbeiter sind auch Solidarisierungseffekte zwischen den verschiedenen Betroffenen zu beachten. Der Mensch gilt als soziales Wesen, d. h. soziale Verflochtenheit ist ein konstitutives Merkmal seiner Existenz (vgl. Lersch 1965, 13). Aus dem „Miteinander“ innerhalb einer Arbeitsgruppe, Abteilung oder Unternehmung kann sich, Sympathie vorausgesetzt, zwischen den Gruppenmitgliedern ein solidarisches „Füreinander“ entwickeln (vgl. Lersch 1965, 89). In solchen Fällen ist es denkbar, dass ein Mitarbeiter eine organisatorische Veränderung, die sich nachteilig auf die Situation eines Kollegen auswirken würde, aus Solidarität zu diesem Kollegen ablehnt und zwar eventuell selbst dann, wenn die organisatorische Entscheidung zu seinem eigenen Vorteil wäre (vgl. Lersch 1965, 89).

Um den hier dargestellten Akzeptanzproblemen bei der Implementation einer organisatorischen Entscheidung vorzubeugen, sollte die Vorbereitung der Implementation möglichst frühzeitig und sorgfältig erfolgen. Am Besten werden die betroffenen Mitarbeiter bereits in den Prozess der Entscheidungsfindung mit einbezogen (vgl. Meindl 1996, 1067). Zumindest aber sind die Betroffenen eingehend über den organisatorischen Beschluss sowie über seine Ursachen und Folgen zu informieren. Damit die Implementation nicht durch Akzeptanzbarrieren behindert wird, müssen die Mitarbeiter die Möglichkeit erhalten, mit ihren durch die geplante Veränderung ausgelösten Ängsten und Befürchtungen Gehör zu finden. Bei eventuell auftretenden negativen Wirkungen einer organisatorischen Entscheidung sollte zusammen mit den Betroffenen nach individuellen Lösungsmöglichkeiten gesucht werden, um Akzeptanzbarrieren abzubauen und zusätzlich die oben genannten Solidarisierungseffekte weitgehend abzumildern.

1.3.3.3. Unterstützung der Risikoanalyse durch eine Checkliste

In der ersten Phase der Risikoanalyse ermittelt der Entscheidungsträger die Zielwirkungen der einzelnen erwogenen Handlungsalternativen und wählt die organisatorische Alternative mit der vermutlich besten Zielerreichung aus. In der zweiten Phase der Risikoanalyse überprüft er, ob in Bezug auf die betrachtete Entscheidung Risikoquellen aktiviert wurden (vgl. Teil A, 3.2.3.).

Aktive Risikoquellen, die im Zusammenhang mit dem organisatorischen Entscheidungsträger, dem organisatorischen Entscheidungsprozess und der Implementation organisatorischer Entscheidungen auftreten können, erhöhen die Gefahr von organisatorischen Fehlentscheidungen bzw. von Fehlverhalten nach organisatorischen Entscheidungen und lösen negative Zielabweichungen aus. Anhand einer Checkliste mit Prüffragen zu jeder Risikoquelle kann untersucht werden, welche Risikoquellen aktiviert wurden (vgl. Anhang 1; vgl. Abb. 13):

Nr. O 1-1	RQ „XY“	Antwort			RQ aktiv?	
Prüfer	Prüffragen	Ja	Nein	Kommentar	Ja	Nein
Extern	Frage 1					
ET	Frage 2					
(...)	(...)					

Abbildung 13 Aufbau der Checkliste

Im Anhang wurde für jede Risikoquelle (RQ) eine eigene Tabelle angelegt, in deren Kopfzeile die Schlüsselnummer der Risikoquelle sowie deren Kurzbezeichnung (RQ „XY" vgl. Abb. 13) angegeben sind. Die Schlüsselnummer der Risikoquelle (vgl. Nr. O 1-1 in Abb. 13) ist folgendermaßen aufgebaut: Der Buchstabe O steht für „organisatorische" Risikoquelle, die Zahl vor dem Bindestrich bezeichnet die Kategorie der Risikoquelle (Kategorie 1: Entscheidungsträger, Kategorie 2: Entscheidungsprozess, Kategorie 3: Entscheidungsimplementation). Die Zahl nach dem Bindestrich gibt die innerhalb der jeweiligen Kategorie fortlaufende Nummer der Risikoquelle an. So steht z. B. O 2-3 für die organisatorische Risikoquelle mit der Nummer 3 aus der Kategorie „organisatorischer Entscheidungsprozess".

In der Spalte „Prüfer" (vgl. Abb. 13) ist zu jeder Prüffrage angegeben, ob sie durch den Entscheidungsträger (ET) selbst oder durch eine andere Person (Extern), z. B. den Vorgesetzten des Entscheidungsträgers, beantwortet werden soll. Zur Steigerung der Objektivität der Risikoanalyse ist es von Vorteil, wenn Fragen, die auf die Eignung des Entscheidungsträgers bzw. auf seine Werthaltungen und Einstellungen abzielen, nicht vom Entscheidungsträger selbst beantwortet werden.

Zu jeder Risikoquelle existieren eine oder mehrere Prüffragen (vgl. Abb. 13; vgl. Anhang 1), die vom Prüfer im Antwortfeld mit „Ja" oder „Nein" beantwortet werden können. Außerdem besteht die Möglichkeit, einen Kommentar hinzuzufügen, etwa um anzugeben, weshalb die Antwort „Ja" oder „Nein" gewählt wurde. Bei der Formulierung der Prüffragen wurde auf Floskeln wie „Ihrer Meinung nach", „nach Ihrer Einschätzung" etc. verzichtet, um die Fragesätze möglichst prägnant zu halten und um außerdem der Tatsache Rechnung zu tragen, dass der Prüfer die Fragen ohnehin nur aus seiner eigenen, subjektiven Sicht beantworten kann.

Zu jeder Frage wurde, abhängig von der Art der Fragestellung, entweder das „Ja"- oder das „Nein"-Antwortfeld durch eine Schraffierung markiert (vgl. Anhang 1). Die Markierung zeigt dem Prüfer an, ob die jeweilige Teilantwort einen positiven oder negativen Einfluss auf die Aktivität der betrachteten Risikoquelle hat: Beantwortet der Prüfer z. B. die Frage „Wurde die letztlich gewählte Alternative bereits sehr früh im Entscheidungsprozess favorisiert?" (vgl. Anhang 1, XII, O 1-3) mit „Ja", dann steigt die Gefahr, dass die Risikoquelle „Kognitive Dissonanzen des Entscheidungsträgers vor einer Entscheidung" aktiviert wurde. Bei der Frage „Wurden die genutzten Informationsquellen auf ihre Eignung hin überprüft?" (vgl. Anhang 1, XV, O 2-3) wäre hingegen eine „Nein"-Antwort kritisch, da sie auf die Aktivität der Risikoquelle „Nutzung ungeeigneter Informationsquellen" schließen lässt.

Nach der Beantwortung aller zu einer Risikoquelle gehörender Prüffragen, muss der Prüfer angeben, ob die gesamte Risikoquelle aktiv ist, d. h. ob diese Risikoquelle die Gefahr einer Fehlentscheidung mit nachfolgend negativer Zielabweichung erhöht. Eine Risikoquelle gilt dabei als aktiv, wenn mindestens eine der Antworten auf die zur Risikoquelle gehörenden Prüffragen im rot markierten Bereich liegt. Abschließend ist z. B. mit Hilfe einer Einteilung in Klassen (vgl. Teil A, 3.2.3.) zu beurteilen, in welchem Maße die betrachtete aktive Risikoquelle die Gefahr einer Fehlentscheidung oder die Gefahr von Fehlverhalten nach der Entscheidung erhöht. Diese Einschätzung bildet die Basis für die spätere Auswahl von Maßnahmen der Risikohandhabung.

2. Analyse des Risikogehalts ausgewählter mikroorganisatorischer Entscheidungen und Vorschläge zur Risikohandhabung

2.1. Auswahlkriterien und Vorgehensweise

Im vorangehenden Kapitel wurde die erste Phase der organisatorischen Risikoanalyse dargestellt (vgl. Teil B, 1.3.2.): Um Fehlentscheidungen vorzubeugen, muss der organisatorische Entscheidungsträger die Zielwirkungen der von ihm in Betracht gezogenen Handlungsalternativen abschätzen, um dann diejenige Alternative auszuwählen, welche die organisatorischen Ziele der wirtschaftlichen Aufgabenerfüllung, sozialen Effizienz und angemessenen Anpassungsfähigkeit am besten erfüllt. Im Folgenden soll nun anhand ausgewählter mikroorganisatorischer Entscheidungen demonstriert werden, welche negativen Zielabweichungen, d. h. welche Schäden, zu erwarten sind, wenn mikroorganisatorische Fehlentscheidungen getroffen werden. Anschließend werden auf dieser Grundlage Vorschläge zur Risikohandhabung erarbeitet.

In der Organisationsliteratur wird zum Teil zwischen der Mikro- und der Makroorganisation einer Unternehmung unterschieden (vgl. Grochla 1982, 10; Drumm 1992, 1589; Schanz 1994; Picot/Dietl/Franck 2002). Dabei bezeichnet die Makroorganisation die Grobgliederung der unternehmungsinternen Organisation (vgl. Picot/Dietl/Franck 2002, 300), welche den Rahmen für die Mikroorganisation oder Detailstruktur der Unternehmung (vgl. Grochla 1982, 160-163) bildet (vgl. Raab-Stahl 1999, 29). Makroorganisatorische Entscheidungen betreffen die Festlegung einer funktionalen oder divisionalen Grobstruktur (oder deren gemischte Form) zur Grundgliederung der Unternehmung sowie die Wahl des Leitungssystems als Einlinien oder Mehrliniensystem (vgl. Raab-Stahl 1999, 29; Picot/Dietl/Franck 2002, 300). Im Zentrum mikroorganisatorischer Entscheidungen steht hingegen die organisatorische Gestaltung von Prozessen der Entscheidung, Ausführung, Kontrolle und Kommunikation zur zielorientierten Koordination arbeitsteiligen menschlichen Handelns (vgl. Drumm 1992, 1589; Raab-Stahl 1999, 29). Mikroorganisatorische Gestaltung betrifft insbesondere die Bildung von Stellen und Gruppen, z. B. von Abteilungen und Teams, sowie deren Einbindung in den Organisationsaufbau bzw. -ablauf (vgl. Raab-Stahl 1999, 29).

Es soll nun untersucht werden, welche Risiken die für die Mikroorganisation typischen Entscheidungen der Stellen- und Abteilungsbildung bergen. Eine Betrachtung des Risikogehalts makroorganisatorischer Entscheidungen wird im Rahmen dieser Arbeit nicht vorgenommen. Die Beschränkung auf die Analyse mikroorganisatorischer Entscheidungen soll nicht den Eindruck erwecken, der Risikogehalt makroorganisatorischer Entscheidungen wäre vernachlässigbar. Fehlentscheidungen bei der Gestaltung der Makroorganisation, z. B. die Wahl eines inadäquaten Leitungssystems, haben durchaus negative Wirkungen auf den Wertschöpfungsprozess der Unternehmung und infolgedessen auch auf die Realisierung der Unternehmungsziele. Allerdings sind die Folgen makroorganisatorischer Entscheidungen kaum noch auf die oberste Unternehmungszielebene zurechenbar. Auch bei den hier betrachteten mikroorganisatorischen Entscheidungen über die Gestaltung von Stellen und Abteilungen bestehen Zurechnungsprobleme. Allerdings kann mit Hilfe der in Teil B, 1.3.2.1. dargestellten Subziele zumindest ein plausibler Zusammenhang zwischen den Wirkungen der jeweiligen Handlungsalternativen und den obersten Unternehmungszielen hergestellt werden.

Bei den im Folgenden untersuchten mikroorganisatorischen Entscheidungsbereichen, der Stellen- und Abteilungsbildung, werden jeweils basierend auf der einschlägigen Organisationsliteratur die allgemeinen Grundlagen erläutert. Es folgt dann die Analyse des Risikogehalts von Stellen- bzw. Abteilungsbildungsentscheidungen und die Darstellung verschiedener Arten von Stellen- und Abteilungsfehlbildungen. Die negativen Folgen der einzelnen Stellenbildungs- bzw. Abteilungsbildungsrisiken werden mit Hilfe von mehrstufigen Wirkungshypothesen aufgezeigt. Bei der hier gewählten, allgemeinen Betrachtung mikroorganisatorischer Risiken ist keine quantitative Bewertung der Schadenhöhe möglich, da für die Berechnung der durch eine organisatorische Handlungsalternative verursachten Einbußen, Auszahlungen und Opportunitätskosten konkrete Unternehmungsdaten erforderlich sind. Die unten stehenden Ausführungen werden durch Vorschläge zur Risikohandhabung abgerundet.

2.2. Ausgewählte mikroorganisatorische Entscheidungen

2.2.1. Stellenbildung

2.2.1.1. Grundlagen der Stellenbildung

Stellen sind die kleinsten abstrakt gedachten und selbständig handelnden aufbauorganisatorischen Einheiten (vgl. Acker 1969, 1577; Krüger 1994, 45). Im Rahmen von Stellenbildungsentscheidungen werden durch die Zusammenfassung von verteilungsfähigen Teilaufgaben zu Aufgabenbündeln Stellen geschaffen, die voneinander aufgabenmäßig, nicht jedoch räumlich im Sinne von Arbeitsplätzen, klar abgrenzbar sein sollen (zur Abgrenzung Stelle/Arbeitsplatz vgl. Schwarz 1980, 2116). Umfang und Anspruchsniveau der Aufgabenbündelung orientieren sich an der quantitativen und qualitativen Kapazität bzw. Leistungsfähigkeit eines bereits bekannten oder, wie in der klassischen Stellenbildung, gedachten Stelleninhabers (vgl. Nordsieck 1934, 113; Acker 1969, 1577). Daneben wird in der neueren Literatur betont, dass bei der Stellenbildung auch Neigungen und Bedürfnisse des Stelleninhabers berücksichtigt werden müssen, wenn das organisatorische Ziel der sozialen Effizienz erfüllt werden soll.

Insbesondere in der deutschsprachigen Literatur hat sich zudem der Grundsatz der Kongruenz von Aufgaben, Kompetenz und Verantwortung einer Stelle herausgebildet (vgl. Krink 1983, 73-74; Thom 1992, 2327; Schmidt 2000, 54). Diesem Kongruenzprinzip folgend, muss der Stelleninhaber die Kompetenzen, d. h. die formalen Rechte und Befugnisse (vgl. Vahs 2003, 61) erhalten, die er benötigt, um die Stellenaufgaben zu erfüllen. Außerdem darf er nur für Sachverhalte verantwortlich gemacht werden, die im Rahmen seiner Aufgaben und Kompetenzen liegen (vgl. Schmidt 2000, 54). Zusammenfassend besteht das Ziel der Stellenbildung in der Gestaltung eines Aufgabenbündels, welches von anderen Stellen klar abgrenzbar ist, die Leistungsfähigkeit des Stelleninhabers sowie seine Neigungen und Bedürfnisse ausreichend berücksichtigt und das Kongruenzprinzip wahrt.

Die methodischen Bausteine, welche sowohl der klassischen Stellenbildung als auch den meisten neueren Stellenbildungskonzepten zu Grunde liegen, sind die Aufgabenanalyse und die Aufgabensynthese (vgl. Kosiol 1962; Frese 1980): Im Rahmen der Aufgabenanalyse werden die arbeitsteilig zu erfüllenden Aufgaben in Teilaufgaben zerlegt, welche anschließend in der Aufgabensynthese zu Aufgabenkomplexen zusammengefasst werden (vgl. Kosiol 1962; Schwarz 1980, 2114).

Klassische Grundprinzipien der Aufgabensynthese sind (vgl. Kosiol 1962, 82-89):

- Persönliche Zentralisation: Die Zusammenfassung von Aufgaben orientiert sich an den Kenntnissen und Fähigkeiten des Stelleninhabers.

- Sachliche Zentralisation: Die Zusammenfassung von Aufgaben erfolgt entweder nach gleicher Verrichtung bei unterschiedlichen Objekten (Verrichtungszentralisation) oder nach gleichen Objekten bei unterschiedlichen Verrichtungen (Objektzentralisation).
- Formale Zentralisation: Formale Aufgabenelemente werden nach den Elementen Rang (Entscheidungszentralisation), Phase (Planungs- und Kontrollzentralisation) oder Zweck (Verwaltungszentralisation) zusammengefasst.
- Mittel-Zentralisation: Das Arbeitsmittel wird zum Merkmal der Zusammenfassung verschiedener Aufgaben.
- Raum- und Zeit-Zentralisation: Die Zusammenfassung von Aufgaben richtet sich nach räumlichen Gegebenheiten oder zeitlichen Restriktionen.

Dabei gilt, dass aus der Wahl des Zentralisationsprinzips für ein bestimmtes Aufgabenmerkmal die dezentrale Ausprägung der restlichen Kriterien folgt (vgl. Kosiol 1962, 81).

Je nach Art der Aufgabensynthese ergeben sich unterschiedliche Alternativen der Stellenbildung, so genannte Stellenbildungsansätze. In der Literatur werden üblicherweise zwei Gruppen von Stellenbildungsansätzen, die Gruppe der objektivierten und die der motivationsorientierten Ansätze, unterschieden. Gemäß der objektivierten Stellenbildung soll eine Stelle unabhängig vom Personenwechsel gebildet werden. Die Aufgabensynthese nach dem Prinzip der persönlichen Zentralisation wird daher nur in Ausnahmefällen, z. B. für die Bildung von Stellen in der obersten Unternehmungsleitung (vgl. Kosiol 1962, 83), empfohlen. In einer weiterentwickelten, nicht primär objektivierten, sondern vielmehr personenorientierten Sichtweise der Stellenbildung wird das Merkmal der Personenunabhängigkeit nicht mehr als zwingend verstanden (vgl. Raab-Stahl 1998, 37). Stattdessen wird der Mensch als Bezugspunkt für die Stellenbildung gewählt (vgl. Bleicher 1990, 154; Bühner 2004, 71), wenngleich dabei nicht immer an eine ganz bestimmte Person gedacht werden muss (vgl. Thom 1992, 2325; Krüger 1994, 47). Diese Form der personenorientierten Stellenbildung basiert auf Überlegungen bezüglich der Humanisierung der Arbeitswelt (vgl. Human-Relations-Ansatz bei Schreyögg 2003, 43) und der Motivation der Mitarbeiter, weshalb auch von motivationsorientierter Stellenbildung gesprochen wird (vgl. Thom 1992, 2325).

Objektivierte Ansätze der Stellenbildung sind die Stellenbildung ad rem, die interdependenzorientierte Stellenbildung und die Stellenbildung ad instrumentum (vgl. Thom 1992, 2325-2326). Das Grundprinzip der auch als klassisch bezeichneten Stellenbildung ad rem ist die sachliche oder aufgabenbezogene Zentralisation (vgl. Schreyögg 2003, 125). Bei der sachlichen Stellenbildung werden Aufgaben nach gleichartigen Verrichtungen oder homogenen Bearbeitungsobjekten zusammengefasst und einem gedachten Aufgabenträger zugeordnet (vgl. Kosiol 1962, 84-85; Thom 1992, 2325). Als Orientierungshilfe bei der Zuordnung der Aufgaben dienen die arbeitswissenschaftlich begründbare Normalleistung eines gedachten Aufgabenträgers bzw. so genannte Berufsbilder, die sich aus Ausbildungsordnungen oder empirischen Untersuchungen ergeben (vgl. Thom 1992, 2325). Die klassische oder traditionelle Stellenbildung erfolgt durch Orientierung an einer gedachten Person mit Normaleignung (vgl. Acker 1969, 1578-1579), wodurch die Organisation vom Personalwechsel unabhängig wird (vgl. Kosiol 1962, 80). Primäre Zielsetzung der interdependenzorientierten Stellenbildung ist die Minimierung der Beziehungen einer einzurichtenden Stelle mit anderen Stellen und damit die klare Aufgaben-, Kompetenz- und Verantwortungsabgrenzung sowie die eindeutige Erfolgs- und Fehlerzuordnung (vgl. Thom 1992, 2325-2326; Bühner 2004, 71-73). Bei besonderer Bedeutung von Art und Arbeitsanteil der Sachmittel kann die Stellenbildung ad instrumentum, also durch Orientierung an den Sachmitteln (Grundprinzip der Mittel-Zentralisation), erfolgen (vgl. Bleicher 1981, 31).

Zu den motivationsorientierten Ansätzen der Stellenbildung gehören im Wesentlichen die Konzepte des Job Enlargement und Job Enrichment, die Stellenbildung ad personam und die individualisierte Stellenbildung (zu weiteren Konzepten s. Raab-Stahl 1998, 44-48). Job Enlargement und Job Enrichment unterscheiden sich von anderen Ansätzen der Stellenbildung dadurch, dass sie das Aufgabenspektrum einer bestehenden Stelle quantitativ oder qualitativ erweitern. Job Enlargement bezeichnet die quantitative Aufgabenerweiterung auf horizontaler Ebene, durch die das Aufgabenspektrum einer Stelle vielseitiger gestaltet und der Sinngehalt der Arbeit gesteigert wird (vgl. Schanz 1994, 166; Bühner 2004, 63). Die qualitative Aufgabenerweiterung durch Job Enrichment soll einseitige Belastungen vermeiden, die Nutzung vorhandener fachlicher Kenntnisse und Qualifikationen des Stelleninhabers fördern und seine Selbständigkeit erhöhen (vgl. Schanz 1994, 167; Bühner 2004, 63). Beide Konzepte sind Ansätze zur Umbildung bestehender Stellen mit dem Ziel, der Monotonie am Arbeitsplatz entgegenzuwirken und Motivation durch den Arbeitsinhalt selbst zu erzeugen (vgl. Frei et al. 1993, 49). Die Stellenbildung ad personam (vgl. Bleicher 1981, 31) orientiert sich an den spezifischen Talenten, Kenntnissen, Fertigkeiten und Fähigkeiten und Erfahrungen des bereits bekannten künftigen Stelleninhabers (vgl. Thom 1992, 2325; Bühner 2004, 71). Die individualisierte Stellenbildung geht noch einen Schritt weiter und berücksichtigt neben den Kenntnissen und Fähigkeiten auch die Wünsche, Neigungen, Bedürfnisse und Werte des Aufgabenträgers (vgl. Sydow 1989, 85; Röllinghoff 1996, 5). Da eine durch individualisierte Stellenbildung geschaffene Stelle die Selbstverwirklichungsbedürfnisse des Stelleninhabers weitgehend befriedigen kann, wird ihr eine hohe Motivationswirkung zugeschrieben (vgl. Krink 1983, 79-80). Ansätze der individualisierten Stellenbildung sind die individualisierte Stelle

- mit vorgegebenen Kern- und wählbaren Randaufgaben,
- mit Aufgabenbörse, d. h. die Mitarbeiter können untereinander Aufgaben tauschen,
- mit Aufgabenpool aus dem die Mitarbeiter Aufgaben wählen können sowie
- die individuelle Stelle bei der die Aufgaben und Kompetenzen an die Qualifikation und die Bedürfnisse des Stelleninhabers angepasst werden.

Eine detaillierte Darstellung der einzelnen Ansätze findet sich bei Raab-Stahl (vgl. 1998, 226-230).

2.2.1.2. Analyse des Risikogehalts von Stellenbildungsentscheidungen und Vorschläge zur Risikohandhabung

Ziel von Stellenbildungsentscheidungen ist es, Stellen so zu gestalten, dass sie den Neigungen und Bedürfnissen der jeweiligen Stelleninhaber ausreichend gerecht werden, deren Leistungsfähigkeit berücksichtigen, klar voneinander abgegrenzt sind und das Kongruenzprinzip wahren (vgl. Teil B, 2.2.1.1.). Fehlentscheidungen bei der Stellenbildung bzw. Stellenbildungsrisiken liegen vor, wenn das genannte Ziel verletzt wird, d. h. wenn die Stelle die Neigungen und Bedürfnisse des Stelleninhabers nicht ausreichend berücksichtigt (Stellenbildungsrisiko „Personalbezogene Stellenfehlbildung"), seine Leistungsfähigkeit nicht optimal auslastet (Stellenbildungsrisiko „Fehlerhafte Auslastung"), nicht klar von anderen Stellen abgegrenzt ist (Stellenbildungsrisiko „Mangelnde Abgegrenztheit") oder gegen das Kongruenzprinzip verstößt (Stellenbildungsrisiko „Unausgewogenheit") (s. a. Reiß 1984, 89-90). Fehlentscheidungen bei der Stellenbildung beeinträchtigen die Erfüllung der organisatorischen Ziele der wirtschaftlichen Aufgabenerfüllung, der sozialen Effizienz und der Anpassungsfähigkeit der Unternehmung, und gefährden infolgedessen die Realisierung der obersten Unternehmungsziele (vgl. Teil B, 1.3.2.1., 1.3.2.2.).

Stellenbildungsrisiko „Personalbezogene Stellenfehlbildung": Das Risiko der personalbezogenen Stellenfehlbildung tritt auf, wenn bei der Stellenbildung die Neigungen und Bedürfnisse des Stelleninhabers nicht ausreichend berücksichtigt oder gänzlich vernachlässigt werden. Die Vernachlässigung der Neigungen und Bedürfnisse des Stelleninhabers vermindert dessen Motivation zur Leistung und zum Verbleib in der Unternehmung. Eingeschränkte Motivation zur Leistung verursacht Mängel bei der Qualität und Quantität des Arbeitsergebnisses. Außerdem neigt der eingeschränkt motivierte Mitarbeiter vermehrt zu Absentismus und zu Fluktuation (vgl. Teil B, 1.3.2.2.). Zudem kann eingeschränkte Motivation auf Dauer die „innere Kündigung" des Mitarbeiters bewirken (vgl. Raidt 1989, 79), wodurch die Innovationskraft und damit die strategische Anpassungsfähigkeit der Unternehmung negativ beeinträchtigt werden (vgl. Teil B, 1.3.2.2.).

Das Risiko der personalbezogenen Stellenfehlbildung ist bei den objektivierten Stellenbildungsansätzen größer als bei den motivationsorientierten Ansätzen. Denn während im Zentrum der objektivierten Stellenbildungsansätze die Personenunabhängigkeit der Stelle steht, rücken die motivationsorientierten Ansätze den Menschen in den Mittelpunkt. Betrachtet man die motivationsorientierten Ansätze, dann ist das Risiko der personalbezogenen Stellenfehlbildung bei den individualisierten Ansätzen der Stellenbildung besonders gering. Denn die individualisierten Ansätze tragen explizit den Bedürfnissen des Stelleninhabers Rechnung und geben ihm, z. B. über Aufgabenbörsen oder Aufgabenpools, die Möglichkeit, die Stellenaufgaben teilweise oder vollständig selbst zu wählen. Am geringsten ist das Risiko der personalbezogenen Stellenfehlbildung bei der individuellen Stellenbildung, da bei diesem Stellenbildungsansatz alle Aufgaben und Kompetenzen der Stelle explizit an die Qualifikation und die Bedürfnisse des konkreten Stelleninhabers angepasst bzw. sogar eigens neue qualifikations- und bedürfnisadäquate Aufgaben kreiert werden (vgl. Raab-Stahl 1998, 229).

Stellenbildungsrisiko „Fehlerhafte Auslastung": Bei dieser Art der Stellenfehlbildung lasten die Stellenanforderungen die Leistungsfähigkeit des Stelleninhabers in qualitativer und/oder quantitativer Hinsicht nicht optimal aus (vgl. Reiß 1984, 90). Es kommt dadurch zur Über- oder Unterforderung des Stelleninhabers. Qualitative Überforderung des Stelleninhabers liegt vor, wenn der Stelleninhaber nicht über die zur Erfüllung der Stellenaufgaben erforderlichen Kenntnisse und Fähigkeiten verfügt und infolgedessen die Qualität seiner Arbeitsleistung negativ von der Soll-Qualität abweicht sowie die Motivation des Stelleninhabers beeinträchtigt wird. Quantitative Überforderung besteht, wenn der Stelleninhaber seine Stellenaufgaben zwar im Hinblick auf seine Qualifikation prinzipiell erfüllen kann, jedoch nicht innerhalb der vorgegebenen Arbeitszeit. Die geforderte Soll-Quantität des Arbeitsergebnisses kann nur mittels Mehrarbeit in Form von Überstunden erreicht werden. Durch die Mehrarbeit nimmt die Motivation des Stelleninhabers ab und zudem steigen, wenn die Überstunden bezahlt werden, die Personalkosten an. Kann die Soll-Quantität des Arbeitsergebnisses nicht durch Überstunden erreicht werden und kommt es infolgedessen zu Zeitverzögerungen, können Lieferfristen verletzt werden, was Vertragsstrafen und den Verlust von Kunden zur Folge haben kann (vgl. Teil B, 1.3.2.2.). Versuche des Stelleninhabers, die Soll-Quantität innerhalb der vorgegebenen Zeit zu erreichen, können zu negativen Abweichungen bei der Qualität der Arbeitsleistung führen. Bei quantitativer Überforderung hat der Mitarbeiter zudem keine überschüssigen Ressourcen mehr, um z. B. Prozessinnovationen zu generieren. Menschliche Ressourcen, die „über das nach dem ökonomischen Prinzip notwendige Maß an Ressourcen hinausgehen, um einen bestimmten Zielerreichungsgrad des Leistungserstellungsprozesses zu erfüllen" (Fuchs-Wegner/Welge 1974, 77-78) werden in der Literatur als Slack bezeichnet. Slack stellt das ökonomische Potential für Innovationen und die Anpassungsfähigkeit der Unternehmung dar (vgl. Fuchs-Wegner/Welge 1974, 77, 78). Ist, wie im Falle der quantitativen Überforderung eines Mitarbeiters, kein Slack vorhanden, wirkt dies negativ auf die Innovationsrate der Unternehmung sowie auf deren Anpassungsfähigkeit.

Qualitative und quantitative Unterforderung des Stelleninhabers verschwenden Ressourcen. Außerdem wird durch die qualitative und quantitative Unterforderung die Motivation der Stelleninhaber gemindert, wenngleich die negativen Wirkungen auf die Motivation bei den oben genannten Formen der Überforderung vermutlich stärker ausgeprägt sind (vgl. Teil B, 1.3.2.2; vgl. Reiß 1984, 90).

Das Risiko der fehlerhaften Auslastung ist bei den objektivierten Ansätzen der Stellenbildung, welche die Zusammenfassung der Stellenaufgaben anhand eines gedachten Stelleninhabers mit Normalleistung (vgl. Bühner 2004, 70) vornehmen, größer als bei den motivationsorientierten Ansätzen, welche der Tatsache Rechnung tragen, dass die Leistungsfähigkeit und -bereitschaft der Mitarbeiter unterschiedlich ausgeprägt ist. Trotzdem kann es auch bei motivationsorientierten Ansätzen der Stellenbildung zu fehlerhafter Auslastung kommen, insbesondere dann, wenn die Zusammensetzung der Stellenaufgaben (z. B. bei Job Enrichment- oder Job Enlargement-Maßnahmen) nicht genau an die quantitative und qualitative Leistungsfähigkeit und -bereitschaft des jeweiligen Stelleninhabers angepasst wird.

Stellenbildungsrisiko „Mangelnde Abgegrenztheit": In diesem Fall ist eine Stelle gegenüber einer oder mehreren anderen Stelle(n) nicht klar abgegrenzt, die Kompetenzen der Stelleninhaber überschneiden sich und es kommt zu interpersonellen Konflikten (vgl. Reiß 1984, 90). Die Bewältigung der durch die mangelnde Abgegrenztheit einer Stelle hervorgerufenen interpersonellen Konflikte erzeugt hohe Abstimmungskosten. Diese entstehen durch den erhöhten Einsatz von Zeit und Ressourcen für den Koordinationsprozess zwischen den betroffenen Stellen. Das Risiko, dass eine Stelle geschaffen wird, welche von anderen Stellen nicht klar abgegrenzt ist, besteht bei allen Ansätzen der Stellenbildung gleichermaßen.

Stellenbildungsrisiko „Unausgewogenheit": Eine Stelle ist unausgewogen, wenn bei der Stellenbildung gegen das Kongruenzprinzip, also gegen die Forderung nach Übereinstimmung von Kompetenzen (Rechten), Aufgaben und Verantwortung, verstoßen wird (vgl. Reiß 1984, 90). Von der Art der Unausgewogenheit hängt ab, welche Wirkungen ausgelöst werden. Die wichtigsten Arten von Unausgewogenheiten sind die Über- und die Unterausstattung einer Stelle mit Rechten sowie die Über- und die Unterausstattung einer Stelle mit Verantwortung.

- Im Falle der Überausstattung einer Stelle mit Rechten unter Missachtung der „Verhältnismäßigkeit der Mittel" werden betriebliche Ressourcen verschwendet (vgl. Reiß 1984, 90).
- Bei einer Unterausstattung mit Rechten ist eine Stelle nicht mit den für die Stellenaufgaben erforderlichen Rechten ausgestattet. Dies hat negative Wirkungen auf die Auf-

gabenerfüllung und die Motivation des Stelleninhabers (zu den Folgen vgl. Teil B, 1.3.2.2.).

- Übersteigt der Verantwortungsbereich der Stelle den Kompetenz- und Aufgabenbereich, wird der Stelleninhaber quasi als Sündenbock für Ergebnisse zur Verantwortung gezogen, die er mit seinen Kompetenzen nicht beeinflussen kann (vgl. Krüger 1994, 47). Dies kann sich negativ auf die Motivation des betroffenen Stelleninhabers auswirken (vgl. Teil B, 1.3.2.2.).
- Reicht hingegen der Aufgaben- und Kompetenzbereich des Stelleninhabers weiter als sein Verantwortungsbereich, muss sich der Stelleninhaber nicht für alle seine Handlungen und Entscheidungen verantworten. Das hat zur Folge, dass qualitativ unzureichende Arbeitsleistungen, die er außerhalb seines Verantwortungsbereichs erbringt, nicht sanktioniert werden und daher immer wieder auftreten.

Das Risiko der Unausgewogenheit einer Stelle ist bei allen Ansätzen der Stellenbildung gleichermaßen vorhanden. Da die kongruente Zuordnung von Kompetenzen und Verantwortung an die Kenntnis der Stellenaufgaben gebunden ist, ist die Gefahr der Unausgewogenheit einer Stelle umso größer, je komplexer und unüberschaubarer die Aufgaben einer Stelle sind und je weniger vorhergesagt werden kann, wie sich die Aufgaben im Zeitablauf verändern werden.

Im Anhang sind ursachen- und wirkungsorientierte Risikohandhabungsmaßnahmen zu den Stellenbildungsrisiken „Personalbezogene Stellenfehlbildung“, „Fehlerhafte Auslastung“, „Mangelnde Abgegrenztheit“ und „Unausgewogenheit“ dargestellt (vgl. Anhang 2).

2.2.2. Abteilungsbildung

2.2.2.1. Grundlagen der Abteilungsbildung

Im Zuge der hier betrachteten primären Abteilungsbildung (vgl. Kosiol 1962, 175) werden dauerhaft mehrere Ausführungsstellen unter einer gemeinsamen Leitungsstelle, einer so genannten Instanz, zusammengefasst (vgl. Seidel 1980, 43; Bleicher 1991, 111; Vahs 2003, 96; zur sekundären Abteilungsbildung vgl. Grochla 1982, 109). Die neu entstehende übergeordnete Organisationseinheit wird als Abteilung bezeichnet (vgl. Kosiol 1962, 175; Bleicher 1969a, 40). Für die Bildung von Abteilungen werden in der Literatur (vgl. Bleicher 1991, 111-112; Kieser/Kubicek 1992, 84) zwei Gründe genannt, die in der Organisationspraxis nicht voneinander zu trennen sind (vgl. Vahs 2003, 94-96): Erstens, die Entlastung der Unternehmungsführung durch Delegation von Teilproblemen an ihr unterstellte Instanzen (Delegationsmodell oder Top-Down-Ansatz) und zweitens, die Erleichterung der Koordination der einzelnen Stellen durch Bildung von relativ geschlossenen Verantwortungsbereichen (Kombinationsmodell oder Bottom-up-Ansatz).

Die Größe einer Abteilung bestimmt sich durch die Zahl der Mitarbeiter, die einer Instanz direkt unterstellt sind. Sie wird als Leitungsspanne, Gliederungsbreite, Subordinationsspanne oder, aufgrund einer irreführenden Übersetzung des englischen Ausdrucks „span of control“, als Kontrollspanne bezeichnet (vgl. Kosiol 1962, 108; Müller 1980, 1199; Grochla 1982, 108). Seit den Ursprüngen der Organisationslehre hat es Versuche zur optimalen Festlegung der Leitungsspanne gegeben (vgl. Graicunas 1937; Dale 1957, 66-82), allerdings ohne dass dies zu eindeutigen Ergebnissen geführt hätte (vgl. Müller 1980). Dies ist darauf zurückzuführen, dass die Komplexität der Gesamtaufgabe von Unternehmung zu Unternehmung variiert und deshalb bei der Bestimmung der Leitungsspannen unternehmungsindividuell unterschiedliche Anforderungen zu berücksichtigen sind (vgl. Grochla 1982, 110). In der Literatur (vgl. Kosiol 1962, 109; Bleicher 1969b, 1534; Grochla 1982, 110; Vahs 2003, 100-101) werden als Determinanten der Leitungsspanne u. a. aufgeführt: der Aufgabencharakter, welcher geprägt ist durch die Gleichartigkeit, den Schwierigkeitsgrad und den Entscheidungsspielraum der zu erfüllenden Aufgaben, die Fachkompetenz der Mitarbeiter und die Führungskompetenz des Vorgesetzten, der Einsatz von Hilfsmitteln (z. B. Management-Informationssysteme) sowie der angewandte Führungsstil.

Gleichartige, relativ mechanische und schematische Tätigkeiten mit engen Entscheidungsspielräumen der Untergebenen führen zu einer geringen Frequentierung der Leitungsbeziehungen und können daher mit relativ großen Leitungsspannen abgewickelt werden (vgl. Bleicher 1969b, 1534). Des Weiteren wird eine tendenziell größere Leitungsspanne begünstigt durch hohe Fachkompetenz seitens der Mitarbeiter bzw. durch hohe Führungskompetenz seitens des Vorgesetzten (vgl. Vahs 2003, 101). Hilfsmittel wie z. B. Management-Informationssysteme entlasten die Vorgesetzten und ermöglichen so größere Leitungsspannen (vgl. Vahs 2003, 101). Zum angewandten Führungsstil kann tendenziell gesagt werden, dass die autoritäre Führung mit einer vergleichsweise engen Leitungsspanne verbunden zu sein pflegt, während die kooperative Führung eine größere Leitungsspanne nach sich zieht (vgl. Schanz 1994, 127).

Bei der Abteilungsbildung sind die Organisationsprinzipien der Homogenität und Beherrschbarkeit zu beachten: Nach dem Homogenitätsprinzip ist bei der Abteilungsbildung sicherzustellen, dass die einzelnen Abteilungen ihren Aufgabenbereich so autonom wie möglich, d. h. weitgehend unabhängig von der Aufgabenerfüllung anderer Abteilungen, wahrnehmen können (vgl. Kieser/Kubicek 1992, 89; Vahs 2003, 98). Die Zuweisung heterogener Aufgaben an verschiedene Abteilungen vermindert Interdependenzen und somit die Abstimmungskosten zwischen den Abteilungen (vgl. Picot/Dietl/Franck 2002, 243). Dem Beherrschbarkeitsprinzip folgend muss der Abteilungsleiter in der Lage sein, die ihm übertragenen Aufgaben erfüllen zu können, ohne permanent überlastet zu werden (vgl. Vahs 2003, 99). Zu den Aspekten, die hierbei zu beachten sind, gehören nach Vahs Inhalt und Umfang der Abteilungsaufgabe, die Leistungsfähigkeit des gedachten oder tatsächlichen Abteilungsleiters und die räumliche Überschaubarkeit des Verantwortungsbereiches (vgl. 2003, 99). Zusammenfassend besteht das Ziel der Abteilungsbildung darin, eine Anzahl von Stellen einer Instanz zu unterstellen und zwar dergestalt, dass eine möglichst autonome und gut beherrschbare Abteilung entsteht.

Die im Rahmen der Abteilungsbildung wählbaren Alternativen hängen von dem jeweils gewählten Kriterium zur Zusammenfassung von Stellen ab. Die Stellen können nach Verrichtungen/Funktionen, Objekten/Produkten oder Kundengruppen/Regionen (vgl. Kieser/Kubicek 1992, 86) gruppiert werden. Bei der Abteilungsbildung nach Verrichtungen oder Funktionen werden Stellen die gleiche oder verwandte Verrichtungen bzw. Funktionen ausüben, zu tätigkeitsspezialisierten Abteilungen zusammengefasst (vgl. Vahs 2003, 97). Diese Form der Spezialisierung führt zu einer Konzentration von gleichartigen Personalqualifikationen, Methoden und Sachmitteln innerhalb einer Abteilung (vgl. Vahs 2003, 97). Es entstehen so z. B. die Abteilungen Produktion, Absatz und Verwaltung (vgl. Kieser/Kubicek 1992, 86-87). Die Abteilungsbildung nach Objekten oder Produkten fasst diejenigen Stellen zusammen, die mit denselben Objekten, (Teil-)Produkten oder Dienstleistungen beschäftigt sind. Auf diese Weise werden z. B. bei einem Versicherungsunternehmen die Abteilungen KFZ-

Versicherung, Lebens- und Krankenversicherung gebildet (vgl. Kieser/Kubicek 1992, 87). Des Weiteren kann die Abteilungsbildung nach Kundengruppen oder Regionen durchgeführt werden. Dabei ist eine Stellengruppierung nach Kundenmerkmalen dann zweckmäßig, wenn bestimmte Kundengruppen, z. B. Privat- und Geschäftskunden in einer Bank, gezielt bearbeitet werden sollen (vgl. Kieser/Kubicek 1992, 88). Wenn, wie bei vertriebsorientierten Unternehmen (z. B. Versicherungen und Bausparkassen), die Aktivitäten „vor Ort" entfaltet werden sollen, bietet sich eine Strukturierung nach regionalen Gesichtspunkten an (vgl. Vahs 2003, 98).

2.2.2.2. Analyse des Risikogehalts von Abteilungsbildungsentscheidungen und Vorschläge zur Risikohandhabung

Ziel von Abteilungsbildungsentscheidungen ist die Zusammenfassung von Stellen unter eine Instanz und zwar dergestalt, dass eine möglichst autonome und gut beherrschbare Abteilung entsteht (vgl. Teil B, 2.2.2.1.). Fehlentscheidungen bei der Abteilungsbildung bzw. Abteilungsbildungsrisiken liegen vor, wenn negative Abweichungen vom genannten Ziel auftreten, d. h. wenn die gebildete Abteilung zu wenig autonom gestaltet ist (Abteilungsbildungsrisiko „Mangelnde Autonomie") oder wenn deren Beherrschbarkeit mangelhaft ist. Die Beherrschbarkeit einer Abteilung ist mangelhaft, wenn der Abteilungsleiter durch die Erfüllung seiner Leitungs- und Kontrollaufgaben permanent überlastet wird (vgl. Vahs 2003, 99). Die mangelhafte Beherrschbarkeit einer Abteilung kann zwei Ursachen haben: Entweder ist die Abteilung zu heterogen gestaltet (Abteilungsbildungsrisiko „Übermäßige Heterogenität") oder die Leitungsspanne ist zu groß gewählt (Abteilungsbildungsrisiko „Überdimensionierung der Leitungsspanne"). Fehlentscheidungen bei der Abteilungsbildung führen zu negativen Abweichungen von den organisatorischen Zielen der wirtschaftlichen Aufgabenerfüllung, sozialen Effizienz und angemessenen Anpassungsfähigkeit der Unternehmung. Sie gefährden infolgedessen die Erfüllung der obersten Unternehmungsziele (vgl. Teil B, 1.3.2.1., 1.3.2.2.).

Abteilungsbildungsrisiko „Mangelnde Autonomie": Diese Art des Abteilungsbildungsrisikos liegt dann vor, wenn zwischen der fehlerhaft gebildeten Abteilung und anderen Abteilungen der Unternehmung starke Abhängigkeiten (Interdependenzen) bestehen, welche den Koordinationsaufwand und damit die Abstimmungskosten erhöhen. Es können nach Thompson folgende Arten von Interdependenzen unterschieden werden (vgl. 1967, 54-55; ähnlich auch Galbraith 1970, 116-117; Kieser/Kubicek 1992, 93):

- Gepoolte Interdependenzen entstehen, wenn mehrere Einheiten auf eine begrenzte Menge von Ressourcen zugreifen.
- Sequentielle Interdependenzen liegen vor, wenn organisatorische Einheiten im Leistungsprozess hintereinander geschaltet sind, d. h. wenn mit Ausnahme der ersten Einheit alle übrigen Einheiten auf Vorleistungen mindestens einer anderen Einheit angewiesen sind.
- Reziproke Interdependenzen sind gegeben, wenn zwischen zwei oder mehreren Einheiten ein Austausch von Leistungen besteht.

Thompson geht davon aus, dass gepoolte Interdependenzen einen geringen, sequentielle Interdependenzen einen mittleren, und reziproke Interdependenzen einen hohen Koordinationsbedarf erfordern (vgl. 1967, 55). Seiner Ansicht nach können die Kosten der Koordination reduziert und die Autonomie der Abteilungen erhöht werden, wenn reziprok voneinander abhängige Stellen soweit möglich innerhalb von Abteilungen gruppiert werden (vgl. Thompson

1967, 64-65). Nach Kieser und Kubicek darf allerdings bezweifelt werden, dass gepoolte, sequentielle und reziproke Interdependenzen immer eine Skala zunehmender Abhängigkeit darstellen (vgl. 1992, 94). So kann sich eine gepoolte Interdependenz, z. B. die gemeinsame Nutzung von Maschinen, als koordinationsintensiver erweisen als eine reziproke Interdependenz, die unter Umständen durch leicht zu übermittelnde Daten gut in den Griff zu bekommen ist (vgl. Kieser/Kubicek 1992, 94-95). Statt grundsätzlich reziprok voneinander abhängige Stellen innerhalb von Abteilungen zu gruppieren sollte daher darauf geachtet werden, dass interdependente Stellen, gleich welcher Art, immer dann innerhalb einer Abteilung zusammengefasst werden, wenn sie besonders hohen Koordinationsbedarf haben. Wird dagegen verstoßen, entstehen Abteilungen mit mangelnder Autonomie. Abteilungen mit mangelnder Autonomie müssen sich entweder ohne Einschaltung eines Vorgesetzten selbst abstimmen (zur Selbstabstimmung vgl. Steinmann/Schreyögg 2000, 425; s. a. Mintzberg 1979, 3-4) bzw. im Rahmen der Hierarchie durch eine gemeinsame, übergeordnete Einheit, z. B. einen gemeinsamen Vorgesetzten, koordiniert werden (vgl. Schanz 1994, 72-73). Unabhängig davon, wie die Abstimmung zwischen den interdependenten Bereichen abläuft, entstehen in Folge des für die Koordinationsprozesse erforderlichen Einsatzes von Zeit und Ressourcen hohe Abstimmungskosten (vgl. Teil B, 1.3.2.1.).

Bei der Zusammenfassung von homogenen Stellen im Rahmen der verrichtungs- und funktionsorientierten Abteilungsbildung ist das Risiko besonders groß, dass eine Abteilung mit mangelnder Autonomie gebildet wird. Hingegen ist das Risiko der mangelnden Autonomie bei der eher prozessorientierten Abteilungsbildung nach dem Kriterium „Objekt" bzw. „Kunden/Regionen" vergleichsweise gering.

Abteilungsbildungsrisiko „Übermäßige Heterogenität": Bei dieser Form der Abteilungsfehlbildung sind die Aufgabenkomplexe der einzelnen in einer Abteilung zusammengefassten Stellen stark heterogen. Durch die Verschiedenartigkeit der Stellenaufgaben wird die Leitung und Kontrolle der Abteilung kompliziert (vgl. Acker 1973, 40-41). Die Beherrschbarkeit der Abteilung ist bei übermäßiger Heterogenität der Stellen mangelhaft. Abteilungen, deren Stellen übermäßig heterogen sind, stellen hohe Anforderungen an die Leitungs- und Kontrollkompetenz des Vorgesetzten. Um seine Untergebenen zu leiten und ihre Arbeitsleistungen kontrollieren zu können, muss der Vorgesetzte über entsprechende Fachkenntnis in den Aufgabenbereichen der ihm zugeordneten Stellen verfügen. Bei stark heterogenen Stellen ist der Vorgesetzte mit großer Wahrscheinlichkeit nicht auf allen Fachgebieten der verschiedenen ihm untergeordneten Stellen ausreichend qualifiziert, um die Arbeitsergebnisse seiner Mitarbeiter angemessen überprüfen zu können (vgl. Drumm 2004, 9). Abweichungen von der Soll-Qualität der in der Abteilung erbrachten Arbeitsleistungen werden deshalb gar nicht oder erst verspätet entdeckt. Die übermäßige Heterogenität der Abteilung mit der Folge der qualitativen Überforderung des Vorgesetzten wirkt negativ auf dessen Motivation (vgl. Teil B, 1.3.2.2.). Auch die Motivation der Mitarbeiter leidet darunter, dass der Vorgesetzte überfordert ist, da sie aufgrund dessen von ihm wenig Hilfe in fachlichen Fragen und wenig Verständnis für ihre aufgabenspezifischen Probleme erhalten können.

Das Risiko, dass eine übermäßig heterogene Abteilung gebildet wird ist vernachlässigbar gering, wenn, wie bei der verrichtungs- bzw. funktionsorientierten Abteilungsbildung, Stellen mit einander ähnlichen Aufgabenkomplexen zu einer Abteilung zusammengefasst werden. Findet hingegen eine Abteilungsbildung nach den Kriterien „Objekt" bzw. „Kunden" oder „Regionen" statt, d. h. werden Stellen mit einander unähnlichen Aufgabenkomplexen zu einer

Abteilung kombiniert und einem Vorgesetzten unterstellt, ist das Risiko, dass es dabei zu einer übermäßigen Heterogenität der Abteilung kommt, wesentlich größer als bei funktionalen oder verrichtungsorientierten Abteilungsbildungsansätzen.

Abteilungsbildungsrisiko „Überdimensionierung der Leitungsspanne“: In diesem Fall wird die Leitungsspanne zu groß gewählt, so dass die Beherrschbarkeit der Abteilung eingeschränkt ist: Dem Vorgesetzten sind so viele Mitarbeiter unterstellt, dass dieser quantitativ überfordert ist, d. h. dass er seinen Führungs- und Koordinationsaufgaben nicht innerhalb der dafür vorgesehenen Zeit nachkommen kann. Ist es dem Vorgesetzten aufgrund einer zu großen Leitungsspanne nicht mehr möglich, seine Mitarbeiter „unter Berücksichtigung der aufgabenspezifischen Erfordernisse zu unterweisen und zu kontrollieren, so ist mit einer Einbuße bei der Qualität der Aufgabenerfüllung zu rechnen“ (Grochla 1982, 111). Die quantitative Überforderung des Vorgesetzten mindert außerdem dessen Motivation (vgl. Teil B, 1.3.2.2.). Von zu großen Leitungsspannen sind des Weiteren negative Wirkungen auf die Motivation der betroffenen Mitarbeiter zu erwarten, da der Kontakt zwischen Mitarbeiter und Vorgesetztem wegen der Überlastung des Vorgesetzten verloren geht: Der Mitarbeiter erhält für seine Arbeitsleistungen keine oder zu wenig Rückmeldung, empfängt weder Lob noch Tadel und verliert dadurch an Motivation (vgl. Teil B, 1.3.2.2.).

Das Risiko, dass Abteilungen mit überdimensionierter Leitungsspanne entstehen, ist bei der Abteilungsbildung nach dem Kriterium „Objekt“ bzw. „Kunden/Regionen“ größer einzuschätzen als bei der verrichtungsorientierten Abteilungsbildung. Denn bei der Abteilungsbildung nach Verrichtungen oder Funktionen werden homogene Stellen mit etwa gleich großem Leitungsbedarf zusammengefasst. Daher kann bei der verrichtungs- oder funktionsorientierten Abteilungsbildung etwas einfacher abgeschätzt werden, wie viele Stellen einem Vorgesetzten unterstellt werden können, ohne diesen quantitativ zu überfordern. Findet hingegen, wie bei der Abteilungsbildung nach den Kriterien „Objekt“ bzw. „Kunden“ oder „Regionen“, eine Zusammenfassung heterogener Stellen mit unterschiedlichem Leitungs- und Koordinationsbedarf statt, ist die Ermittlung der optimalen Leitungsspanne schwieriger und die Gefahr der Wahl einer überdimensionierten Leitungsspanne größer.

Im Anhang sind ursachen- und wirkungsorientierte Risikohandhabungsmaßnahmen zu den hier dargestellten Abteilungsbildungsrisiken „Mangelnde Autonomie“, „Übermäßige Heterogenität“ und „Überdimensionierung der Leitungsspanne“ aufgeführt (vgl. Anhang 3).

3. Prozedurale Vorschläge für organisatorische Entscheidungen

Bevor dem organisatorischen Entscheider prozedurale Vorschläge für organisatorische Entscheidungen unterbreitet werden, stellt sich zunächst die Frage, wie sichergestellt werden kann, dass organisatorische Entscheidungen nur an dafür geeignete organisatorische Entscheidungsträger delegiert werden. Um die Eignung der organisatorischen Entscheidungsträger einer Unternehmung zu erfassen, kann z. B. eine entsprechende Datenbank eingerichtet werden. In einer solchen Datenbank wird für jeden organisatorischen Entscheidungsträger der Unternehmung ein persönliches Profil angelegt, welches Auskunft gibt über die Eigenschaften des Entscheidungsträgers, d. h. über seine Qualifikation, Motivation und Risikobereitschaft sowie über seine Erfahrung. Die Daten zur Qualifikation, d. h. zum Wissen und zu den kognitiven und sozialen Fähigkeiten des Entscheidungsträgers, können z. B. aus der Personalabteilung bzw. aus dem Personalinformationssystem der Unternehmung bezogen werden.

Motivation und Risikobereitschaft des Entscheidungsträgers sind im Mitarbeitergespräch zu ermitteln. Um die Erfahrung des Entscheiders darzustellen, werden alle organisatorischen Entscheidungen, die dieser bisher getroffen hat, aufgeführt. Dabei können die einzelnen Entscheidungen beliebig ausführlich dargestellt werden. Es muss aber mindestens festgehalten werden, welchen Inhalt die Entscheidung hatte und zu welchen Ergebnissen sie geführt hat, insbesondere ob es sich um eine Fehlentscheidung mit negativer Zielabweichung handelte.

Neben der Eignung des Entscheidungsträgers ist in einer solchen Datenbank außerdem anzugeben, ob der jeweilige Entscheidungsträger zu kognitiven Dissonanzen nach der Entscheidung neigt oder ob er Fehlentscheidungen eingestehen und aus ihnen lernen kann. Dies kann abgeprüft werden, indem der Vorgesetzte des Entscheidungsträgers periodisch die Prüffragen zur Risikoquelle „Kognitive Dissonanzen des Entscheidungsträgers nach einer Entscheidung" (vgl. O 1-2, Anhang 1) beantwortet. Risikoquellen wie die Werthaltungen des Entscheidungsträgers und dessen Menschenbild können mit den Prüffragen O 1-4, O 1-5 und O 1-6 (vgl. Anhang 1) ebenfalls durch den Vorgesetzten des Entscheidungsträgers eingeschätzt werden.

Ist die Datenbank so gestaltet, dass die gesammelten Entscheidungen katalogisiert werden, kann eine Suchfunktion angeboten werden, mit deren Hilfe für eine bestimmte Entscheidungskategorie besonders geeignete Entscheidungsträger angezeigt werden. Allerdings darf dabei die Eignung eines Entscheidungsträgers nicht vorrangig am Erfolg seiner bisherigen Entscheidungen gemessen werden. Dies würde den Entscheider nämlich dazu verleiten, fehlerhafte Entscheidungen zu verschleiern anstatt sie transparent zu machen und aus ihnen zu lernen. Fehlentscheidungen sollten grundsätzlich gemacht werden dürfen. Allerdings sind sie aufzudecken und müssen einen Lernprozess beim Entscheidungsträger auslösen. Bei den folgenden Vorschlägen zum Ablauf des organisatorischen Entscheidungsprozesses wird angenommen, dass die Eignung des Entscheiders im Vorfeld der Entscheidung überprüft und für angemessen befunden wurde.

Basierend auf den Ergebnissen von Teil B wird folgendes Vorgehen bei organisatorischen Entscheidungen vorgeschlagen: Zu Beginn des Entscheidungsprozesses legt der Entscheidungsträger fest, welche Handlungsziele mit der betreffenden Entscheidung verfolgt werden sollen und untersucht, ob die Erfüllung dieser Ziele zur Realisierung der Unternehmungsziele beiträgt. In einem nächsten Schritt sind die Vernetzungen der Entscheidung zu anderen, insbesondere zu organisatorischen und zu personalwirtschaftlichen Entscheidungen in der Unternehmung zu prüfen, um diese entsprechend berücksichtigen zu können und um gegebenenfalls frühzeitig mit den Trägern verbundener Entscheidungen Kontakt aufzunehmen. Danach folgt die informatorische Entscheidungsvorbereitung, d. h. die Suche entscheidungsrelevanter Informationen, bis „der Erwartungswert des Suchnutzens unter den Erwartungswert der Suchkosten fällt" (Drumm/Dal Zotto 2004, 392). Da bei innovativen Entscheidungen Suchnutzen und -kosten nicht auf der Basis von Erfahrungen abgeschätzt werden können, sollten in diesen Fällen tendenziell eher mehr Informationen als unbedingt nötig beschafft werden. Bei der Beschaffung der entscheidungsrelevanten Informationen sind in allen Fällen Informationsquellen zu bevorzugen, deren Qualität geprüft und bekannt ist. Zusätzlich ist der Wahrheitsgehalt aller gesammelten Informationen kritisch zu hinterfragen und durch den Abgleich mehrerer Quellen zu überprüfen.

Im Lauf der Entscheidungsvorbereitung generiert der Entscheidungsträger mehrere organisatorische Handlungsalternativen, welche er in der wirkungsorientierten Phase der Risikoanalyse auf ihre Zielwirkungen hin untersucht. Mittels mehrstufiger Hypothesen werden die Wirkungen der einzelnen Alternativen auf das jeweilige Handlungsziel sowie deren Folgewirkungen auf die organisatorischen Ziele der wirtschaftlichen Aufgabenerfüllung, sozialen Effizienz und angemessenen Anpassungsfähigkeit abgeschätzt. Dabei ist zu beachten, dass alle Wirkungshypothesen auf Plausibilität hin zu überprüfen sind. Die Verletzung organisatorischer Handlungsziele erzeugt organisatorische Risiken, indem negative Abweichungen von den Zielen der wirtschaftlichen Aufgabenerfüllung, sozialen Effizienz und/oder angemessenen Anpassungsfähigkeit ausgelöst werden und es in der Folge, wie Teil B, 1.3.2.2. zeigt, zu Zielverfehlungen bei den obersten Unternehmungszielen kommt. Schäden auf der Ebene des organisatorischen Handlungsziels können in der Regel nur qualitativ ausgedrückt werden. Hingegen sind die Schäden auf der Ebene der drei genannten organisatorischen Ziele quantifizierbar, sofern anhand konkreter unternehmungsspezifischer Daten Opportunitätskosten ermittelbar sind.

Nach einer erneuten Überprüfung der Entscheidungsprämissen wählt der Entscheidungsträger nun diejenige Alternative aus, welche zur Erreichung des Handlungsziels der Entscheidung führt und welche die geringsten Abweichungen von den organisatorischen Zielen der wirtschaftlichen Aufgabenerfüllung, der sozialen Effizienz und der angemessenen Anpassungsfähigkeit auslöst. Die Alternativenbewertung kann anhand von Schadenserwartungswerten bzw. durch direkte Punktebewertung erfolgen (vgl. Teil A, 3.2.3.).

Vor der Implementation der gewählten Alternative wird die ursachenorientierte Phase der Risikoanalyse durchlaufen. Der Entscheidungsträger prüft anhand von Prüffragen, ob im Zusammenhang mit dem organisatorischen Entscheidungsprozess (Prüffragen O 2-1 bis O 2-11 vgl. Checkliste organisatorische Entscheidungen) und/oder der geplanten Implementation der organisatorischen Entscheidung (Prüffrage O 3-1 vgl. Checkliste organisatorische Entscheidungen) aktive Risikoquellen bestehen. Aktive Risikoquellen erhöhen die Gefahr, dass eine Fehlentscheidung getroffen wird bzw. dass das Verhalten bei der Implementation der Entscheidung fehlerhaft ist und es infolgedessen zu negativen Abweichungen von gesetzten Zielen kommt. Mit Hilfe von ursachenorientierten Risikohandhabungsmaßnahmen kann der Entscheidungsträger aktive Risikoquellen eliminieren, bis die Ist-Risikosituation mit der Soll-Risikosituation (vgl. Teil A, 3.4.) übereinstimmt.

Ergeben sich im Rahmen der ursachenorientierten Risikohandhabung neue, bisher nicht beachtete Alternativen oder werden zusätzliche Informationen gewonnen, die zu einer Neubewertung der bisherigen Alternativen führen, sind erneut beide Phasen der Risikoanalyse zu durchlaufen, bis ein endgültiger Entschluss gefasst werden kann. Drohen z. B. aufgrund von bewusst nicht eliminierten und deshalb weiterhin aktiven Risikoquellen Schäden, können diesen wirkungsorientierte Risikohandhabungsmaßnahmen zur Risikoverminderung, -überwälzung oder -selbsttragung zugeordnet werden.

Die Ergebnisse und tatsächlichen Zielwirkungen einer organisatorischen Entscheidung müssen nach deren Implementation im Rahmen einer Ex-post-Kontrolle ermittelt und auf Abweichungen hin überprüft werden. Liegen negative Zielabweichungen vor, ist zu analysieren, ob deren Ursache in der Fehlentscheidung oder im Fehlverhalten nach der Entscheidung liegt und welche Risikoquellen hierfür jeweils ausschlaggebend waren. Dadurch sollen beim Entscheidungsträger Lernprozesse angestoßen werden, die langfristig zu einer Verbesserung seiner Entscheidungen beitragen. Nachträglich aufgedeckte Zielabweichungen sollten zusammen mit ihren Auslösern und den Lernergebnissen, z. B. mittels der oben erwähnten Datenbank, für alle organisatorischen Entscheider transparent gemacht werden, damit auch diese davon profitieren können und die Wiederholung derselben Fehler durch verschiedene Entscheidungsträger verhindert werden kann.

4. Zwischenergebnis Teil B

Zu Beginn von Teil B wurden die Grundlagen für die Gestaltung einer entscheidungsorientierten organisatorischen Risikoanalyse erläutert (vgl. 1.1., 1.2.): Demnach ist Gegenstand organisatorischer Entscheidungen die Auswahl von organisatorischen Regelungen zur Koordination der Teilaufgaben in der Unternehmung und zur Motivation der Mitarbeiter (vgl. Frese 2000, 9-10). Organisatorische Fehlentscheidungen bzw. fehlerhaft implementierte organisatorische Entscheidungen führen zu negativen Abweichungen von den organisatorischen Handlungszielen, wodurch es zu Abweichungen von den organisatorischen Zielen der wirtschaftlichen Aufgabenerfüllung, sozialen Effizienz und angemessenen Anpassungsfähigkeit und, mit zeitlicher Verzögerung, zu Zielabweichungen auf der obersten Unternehmungsebene kommt. Damit organisatorische Risiken bereits vor ihrer Entstehung, ex ante, gehandhabt werden können, muss vor jeder endgültigen organisatorischen Entschlussfassung eine zweiphasige Risikoanalyse durchgeführt werden.

In Teil B wurde die allgemeine Heuristik der Risikoanalyse an die Erfordernisse organisatorischer Entscheidungen angepasst und eine organisatorische Risikoanalyse entworfen. Dazu wurden organisatorische (Sub-)Ziele vorgestellt, die sich für die in der wirkungsorientierten Risikoanalyse durchzuführende Bewertung organisatorischer Alternativen eignen (vgl. Teil B, 1.3.2.1.), und es wurde aufgezeigt, welche Schäden und Folgeschäden eintreten, wenn es zu negativen Abweichungen von den organisatorischen Zielen kommt (vgl. Teil B, 1.3.2.2.). Des Weiteren erfolgte eine Präzisierung der formalen Risikoquellen organisatorischer Entscheidungen (vgl. Teil B, 1.3.2.). Zu den organisatorischen Risikoquellen wurden anschließend Prüffragen erarbeitet, die, zu einer Checkliste zusammengefasst, dem organisatorischen Entscheidungsträger bei der Aufklärung von Risikoquellen behilflich sein sollen (vgl. Anhang 1).

Teil B widmete sich weiterhin der Untersuchung des Risikogehalts ausgewählter organisatorischer Entscheidungen (vgl. 2.). Dabei zeigte sich, dass fehlerhafte Stellen- und Abteilungsbildungsentscheidungen negative Abweichungen von den organisatorischen Zielen auslösen und, wie anhand von mehrstufigen Wirkungshypothesen dargestellt wurde, zu negativen Zielabweichungen auf der Unternehmungsebene führen können. Diese ermittelten Schadenswirkungen organisatorischer Risiken bildeten schließlich die Grundlage für die Erarbeitung von Vorschlägen zu ursachen- und wirkungsorientierten Risikohandhabungsmaßnahmen (vgl. Anhang 2 und 3). Abschließend lieferte Teil B prozedurale Vorschläge für organisatorische Entscheidungen sowie Anstöße zur praktischen Umsetzung eines organisatorischen Ex-ante-Risikomanagements (vgl. 3.).

Teil C: Analyse und Handhabung personalwirtschaftlicher Risiken

1. Anwendung der Heuristik auf personalwirtschaftliche Entscheidungen

1.1. Personalwirtschaftliche Maßnahmen als integrativer Bestandteil von Entscheidungen

Die Qualität der Teilentscheidungen in der Unternehmung wird nicht nur durch die organisatorische Rahmenstruktur, sondern insbesondere auch durch personalwirtschaftliche Maßnahmen determiniert. Maßnahmen der Personalwirtschaft regeln den Einsatz von Personal in der Unternehmung, d. h. sie füllen die Organisationsstruktur mit Leben, indem sie Personal beschaffen und dessen Verhalten steuern (vgl. Türk 1978, 1). So werden z. B. im Zuge von Maßnahmen der Personalbeschaffung und -zuweisung die in der Stellenbildung zuvor meist nur gedachten Aufgabenträger durch reale Personen mit spezifischen Qualifikationen, Zielen und Bedürfnissen ersetzt. Setzt man nun voraus, dass die organisatorischen Regelungen in Bezug auf die Stellen fehlerfrei gestaltet sind, hängt die Qualität der in der Stelle getroffenen Entscheidungen vom Stelleninhaber ab oder, genauer gesagt, von der Güte der personalwirtschaftlichen Maßnahmen zur Bereitstellung des Stelleninhabers und zur Steuerung seines Verhaltens. Die Teilentscheidungen, welche in der Unternehmung getroffen werden, sind folglich als Ergebnis des Zusammenspiels von organisatorischen Regelungen und personalwirtschaftlichen Maßnahmen zu interpretieren.

1.2. Personalwirtschaftliche Entscheidungen

1.2.1. Entscheidungen über den Einsatz von Personal als Gegenstand der Personalwirtschaft

Über den Begriff Personalwirtschaft gibt es in der deutschsprachigen Literatur und Praxis keine einheitliche Auffassung (vgl. Hentze/Kammel 2001, 3). Zur Kennzeichnung des gesamten Aufgabenbereichs, der sich mit personellen Fragen in der Unternehmung befasst, werden anstelle von Personalwirtschaft häufig auch die Begriffe Personalwesen, Personalmanagement und Human Resource Management gebraucht (vgl. Schmeisser/Clermont 1999, 1; Schanz 2000, 31). Wenn hier der Ausdruck Personalwirtschaft verwendet wird, dann geschieht das unter dem Gesichtspunkt, dass sich dieser Begriff, der den wirtschaftlichen Charakter des Personaleinsatzes akzentuiert (vgl. Wächter 1992, 316; Oechsler 2000, 16), in der deutschsprachigen Literatur weitgehend eingebürgert hat (vgl. Wächter 1979, 12).

Gegenstand der Personalwirtschaft sind personalwirtschaftliche Entscheidungen über den Einsatz von Personal in arbeitsteiligen Unternehmungen (vgl. Wächter 1979, 12; Drumm 2005, 12). Unter Personal soll hier die Menge aller Mitarbeiter einer Unternehmung verstanden werden, welche mit dieser in einem Beschäftigungsverhältnis steht (vgl. Drumm 2005, 12) und Arbeitsleistung gegen Entgelt erbringt (vgl. Oechsler 2000, 1). Der Einsatz von Personal umfasst ein breites Spektrum von Aktivitäten, welches „von der Beschaffung, Aus- und Fortbildung, Verwendung und Freisetzung von Personal über dessen Motivation und Führung bis hin zu seiner Vergütung" (Drumm 2005, 12) reicht.

Inhalt personalwirtschaftlicher Entscheidungen ist die Wahl von Maßnahmen zum Einsatz von Personal, also von Maßnahmen zur Bereitstellung von Personal und zur Steuerung des Mitarbeiterverhaltens (vgl. Türk 1978, 1). Dem Aspekt der Bereitstellung von Personal können Maßnahmen aus den Bereichen Personalbeschaffung, -ausbildung, -entwicklung, -verwendung und -freisetzung zugeordnet werden. Zur Verhaltenssteuerung von Mitarbeitern sind Maßnahmen aus den Bereichen Motivation, Führung sowie Arbeitszeit- und Vergütungsgestaltung geeignet. Beide Aspekte, die Bereitstellung der Ressource Personal in der benötigten Quantität und Qualität sowie die gezielte Steuerung des Mitarbeiterverhaltens, sind wichtige Voraussetzungen für die Erzeugung unternehmerischer Leistungen und damit für die Erfüllung der Unternehmungsziele.

1.2.2. Personalwirtschaftliche Fehlentscheidungen als Ursache personalwirtschaftlicher Risiken

Personalwirtschaftliche Entscheidungen befassen sich mit der Wahl von Maßnahmen zur Bereitstellung von Personal und zur Steuerung des Mitarbeiterverhaltens (vgl. Türk 1978, 1). Fehlerhafte personalwirtschaftliche Entscheidungen bzw. fehlerhaft implementierte personalwirtschaftliche Entscheidungen führen dazu, dass die Unternehmung in quantitativer oder qualitativer Hinsicht nicht über das erforderliche Personal verfügt bzw. dass sich das Personal nicht gemäß den Erwartungen der Unternehmung verhält. Infolgedessen kommt es mit zeitlicher Verzögerung zu negativen Zielabweichungen auf der obersten Unternehmungsebene. Für personalwirtschaftliche Entscheidungen kann der allgemeine Risikobegriff (vgl. Teil A, 2.2.1.) somit wie folgt spezifiziert werden: Personalwirtschaftliches Risiko ist die Gefahr von personalwirtschaftlichen Fehlentscheidungen oder von Fehlverhalten nach personalwirtschaftlichen Entscheidungen mit der Folge der Nichterreichung von gesetzten Unternehmungszielen.

Die Beurteilung der durch personalwirtschaftliche Maßnahmen ausgelösten Zielerreichung kann, wie bei den organisatorischen Regelungen, nur anhand von probabilistischen, mehrstufigen Wirkungshypothesen erfolgen. Eine genaue Zurechnung der Wirkungen personalwirtschaftlicher Maßnahmen auf die Unternehmungsziele ist nicht möglich. Damit diese Zurechnungsprobleme vermindert und negative Zielabweichungen frühzeitig aufgedeckt werden können, sind Subziele zu formulieren, anhand derer Aussagen über die Vorteilhaftigkeit einer personalwirtschaftlichen Maßnahme getroffen werden können (vgl. Frese 2000, 254; vgl. Abb. 10; vgl. Teil B, 1.2.2.). Wie bei den organisatorischen Fehlentscheidungen bereits dargestellt, muss zwischen den Subzielen und den obersten Unternehmungszielen Finalität bestehen. Finale Subziele stellen sicher, dass personalwirtschaftliche Maßnahmen, welche die Subziele erfüllen, zur Realisierung der übergeordneten Zielsetzungen der Unternehmung beitragen (vgl. Hauschildt 1976, 327).

1.3. Spezifikation der Risikoanalyse für personalwirtschaftliche Entscheidungen

1.3.1. Vorgehensweise

Im Folgenden wird die allgemeine Heuristik zur Risikoanalyse für personalwirtschaftliche Entscheidungen spezifiziert und eine zweiphasige personalwirtschaftliche Risikoanalyse entwickelt. Das Vorgehen entspricht dabei dem in Teil B (vgl. Teil B, 1.3.1.): Zunächst werden in 1.3.2. personalwirtschaftliche Ziele erarbeitet, welche im Rahmen der wirkungsorientierten Phase der Risikoanalyse als Bewertungskriterien für personalwirtschaftliche Maßnahmen verwendet werden können. Anschließend werden in 1.3.3. die allgemeinen, formalen Risikoquellen an die Erfordernisse personalwirtschaftlicher Entscheidungen angepasst.

1.3.2. Die wirkungsorientierte Phase der personalwirtschaftlichen Risiko-analyse

1.3.2.1. Ziele personalwirtschaftlicher Entscheidungen als Bewertungskriterien

Inhalt der wirkungsorientierten Phase der personalwirtschaftlichen Risikoanalyse ist die Untersuchung der Zielwirkungen aller vom Entscheidungsträger in Betracht gezogenen personalwirtschaftlichen Handlungsalternativen. Die Aufdeckung der Zielwirkungen erfolgt mit Hilfe mehrstufiger Wirkungshypothesen. Schließlich wird diejenige Alternative ausgewählt, deren prognostizierte Zielwirkungen den erwünschten Zielwirkungen insgesamt am Besten entsprechen (vgl. Teil A, 3.2.3.).

Die Bestimmung der Wirkungen personalwirtschaftlicher Handlungsalternativen auf die obersten Unternehmungsziele ist mit Zurechnungsproblemen behaftet. Daher sollen im Folgenden Subziele dargestellt werden, welche in einer finalen Beziehung zu den obersten Unternehmungszielen stehen und sich damit als Kriterien zur Beurteilung der Zielwirkungen personalwirtschaftlicher Alternativen eignen (vgl. Frese 2000, 255; vgl. Teil B, 1.2.2.). Finalität ist gegeben, wenn die Erfüllung der personalwirtschaftlichen Ziele zur Realisierung der obersten Unternehmungsziele beiträgt (vgl. Hauschildt 1976, 327).

Wie in Teil B dargestellt (vgl. Teil B, 1.3.2.1.), verfolgt die Unternehmung Sach- und Formalziele, wobei den Sachzielen Mittelcharakter in Bezug auf die Erfüllung der Formalziele zukommt (vgl. Kosiol 1972, 223). Oberstes Sachziel der Unternehmung ist die Erstellung von Gütern bzw. Dienstleistungen für den Markt (vgl. Kosiol 1972, 223-224). Typische Formalziele sind das Gewinn-, Umsatz- und Wirtschaftlichkeitsstreben in unterschiedlichen Ausprägungen sowie die Sicherung der Liquidität der Unternehmung (vgl. Heinen 1966, 59-85; Hentze 1994, 56; Schanz 2000, 16). Personalwirtschaftliche Sach- und Formalziele, welche das Postulat der Finalität zu den obersten Unternehmungszielen erfüllen wollen, müssen die Realisierung der Sach- und Formalziele der Unternehmung unterstützen.

Sachziel der Personalwirtschaft ist die Bereitstellung der erforderlichen personellen Kapazität zur Erreichung der Unternehmungsziele (vgl. Hentze/Kammel 2001, 57). Die in der personalwirtschaftlichen Literatur explizit oder implizit vertretenen Formalziele personalwirtschaftlicher Entscheidungen können in zwei Gruppen eingeteilt werden, in wirtschaftliche und soziale Ziele (vgl. Eckardstein/Schnellinger 1978, 12-22; Hentze/Kammel 2001, 57). Aus den wirtschaftlichen und sozialen Zielen personalwirtschaftlicher Entscheidungen sind die ökonomische und soziale Effizienz als Kriterien für die Beurteilung personalwirtschaftlicher Handlungsalternativen ableitbar. Ökonomische und soziale Effizienz geben den unter Einsatz der verfügbaren Mittel realisierbaren ökonomischen und sozialen Zielerreichungsgrad an (vgl. Marr/Stitzel 1979, 498; Hentze 1994, 59; zum Begriff Effizienz vgl. Drumm 2005, 10).

Ökonomische Effizienz im Personalbereich bedeutet die Erfüllung der Sachziele der Unternehmung. Dies geschieht, indem Güter und Dienstleistungen durch den Einsatz von Mitarbeitern nach dem Prinzip der sparsamen Verwendung knapper Mittel bereitgestellt werden (vgl. Marr/Stitzel 1979, 57). Die soziale Effizienz personalwirtschaftlicher Maßnahmen kommt in der Erfüllung „der Erwartungen, Bedürfnisse und Interessen der Mitarbeiter“ (Marr/Stitzel 1979, 57) zum Ausdruck.

Damit ökonomische und soziale Effizienz als Kriterien zur Beurteilung personalwirtschaftlicher Alternativen verwendet werden können, müssen sie operationalisiert, d. h. so ausgedrückt werden, dass sie überprüfbar sind und sich als Leitlinie für praktisches Handeln eignen (vgl. Heinen 1966, 115). Das Kriterium der ökonomischen Effizienz im Personalbereich kann operationalisiert werden, indem die von den Mitarbeitern erbrachte Arbeitsleistung und die durch den Einsatz der Mitarbeiter entstehenden Kosten einander gegenübergestellt werden (vgl. Marr/Stitzel 1979, 65). Die erbrachte Arbeitsleistung ist gekennzeichnet durch die Quantität und Qualität des Arbeitsergebnisses im Hinblick auf die dazu benötigte Arbeitszeit (vgl. Marr/Stitzel 1979, 66). Das Pendant der Arbeitsleistung sind die durch den Einsatz der Mitarbeiter entstehenden Kosten, d. h. in erster Linie die Lohnkosten (vgl. Marr/Stitzel 1979, 70). Zu den Kosten, die durch den Personaleinsatz verursacht werden, zählen außerdem Kosten, deren Ursachen in qualitativer und/oder quantitativer Minderleistung, Absentismus und Fluktuation liegen (vgl. Marr/Stitzel 1979, 70). Insgesamt gilt: Je höher der Quotient aus Leistung der Mitarbeiter und personalbedingten Kosten ausfällt, desto höher ist die personalwirtschaftliche ökonomische Effizienz (vgl. Marr/Stitzel 1979, 70; Schmeisser/ Clermont 1999, 68).

Soziale Effizienz äußert sich in der Erfüllung der Interessen, Bedürfnisse und Erwartungen der Mitarbeiter (vgl. Marr/Stitzel 1979, 57). Als operationaler Indikator für die soziale Effizienz personalwirtschaftlicher Handlungsalternativen kann die Motivation der Mitarbeiter zur Leistung und zum Verbleib in der Unternehmung verwendet werden (zu Motivation vgl. Teil B, 1.3.2.1. und Drumm 2005, 462-467). In Teil B (vgl. 1.3.2.1.) wurde bereits darauf hingewiesen, dass die Intensität der motivationalen Wirkung einer Alternative von Ausmaß und Dringlichkeit der individuellen Mitarbeiterbedürfnisse abhängt. Allgemeine Aussagen zur sozialen Effizienz einer personalwirtschaftlichen Maßnahme basieren deshalb auf der vereinfachenden Annahme, dass Art, Ausmaß und Dringlichkeit der Mitarbeiterbedürfnisse gleich sind.

Zwischen ökonomischer und sozialer Effizienz besteht Basiskomplementarität, d. h., um soziale Effizienz in Unternehmungen realisieren zu können, ist ein bestimmtes Ausmaß an ökonomischer Effizienz erforderlich und umgekehrt (vgl. Marr/Stitzel 1979, 79): Einerseits ist soziale Effizienz in Form von Anreizen an die Mitarbeiter nur dann finanzierbar, wenn die Existenz der Unternehmung gesichert ist und eine Wertschöpfung erwirtschaftet wird, die die Gewährung von Anreizen ermöglicht. Andererseits kann ökonomische Effizienz nur erreicht werden, wenn die Mitarbeiter ihre Arbeitskraft der Unternehmung zur Verfügung stellen, was ein bestimmtes Ausmaß an sozialer Effizienz voraussetzt (vgl. Marr/Stitzel 1979, 79).

1.3.2.2. Die Bewertung personalwirtschaftlicher Handlungsalternativen

Mit Hilfe der Kriterien ökonomische und soziale Effizienz (vgl. Teil C, 1.3.2.1.) können alternative personalwirtschaftliche Maßnahmen bewertet werden.

Die ökonomische Effizienz (ÖE vgl. Formel unten) kann als Quotient dargestellt werden, welcher auch als Kosten-Leistungs-Relation bezeichnet wird (vgl. Marr/Stitzel 1979, 66, 70). Dabei steht im Zähler die zu erbringende (Soll-) Arbeitsleistung, die als Quotient aus der Arbeitsmenge einer bestimmten Qualität und der Arbeitszeit definiert werden kann (vgl. Formel unten). Den Nenner der Kosten-Leistungs-Relation bilden die zur Erbringung der Soll-Arbeitsleistung erforderlichen Personalkosten.

$$\ddot{O}E = \frac{Arbeitsleistung}{Personalkosten} = \frac{\dfrac{Arbeitsmenge\ einer\ bestimmten\ Qualität}{Arbeitszeit}}{Personalkosten}$$

Zu einer negativen Abweichung vom Ziel der ökonomischen Effizienz kommt es, wenn eine personalwirtschaftliche Maßnahme bewirkt, dass gegenüber den jeweils festgelegten Soll-Werten

- die Qualität und/oder die Quantität des Arbeitsergebnisses sinkt,
- der Zeitbedarf für die Erbringung des Arbeitsergebnisses zunimmt und/oder
- die Personalkosten ansteigen.

Als soziales Effizienzziel einer personalwirtschaftlichen Maßnahme kann die „normale" Motivation eines Mitarbeiters verwendet werden (vgl. Teil B, 1.3.2.2.). Der Mitarbeiter erbringt bei „normaler" Motivation die erforderliche Soll-Arbeitsleistung und will in der Unternehmung verbleiben (vgl. Simon 1981, 141).

Im Folgenden soll anhand mehrstufiger Wirkungshypothesen dargestellt werden, welche Schäden auftreten können, wenn von den Zielen der ökonomischen und sozialen Effizienz abgewichen wird.

Schäden bei negativer Abweichung vom Ziel der ökonomischen Effizienz:

- Führt eine personalwirtschaftliche Maßnahme zur Minderung der Qualität des Arbeitsergebnisses eines oder mehrerer Mitarbeiter (zu den Folgen vgl. Teil B, 1.3.2.2.), steigt in einer produzierenden Unternehmung die Ausschussquote. Dadurch entstehen Opportunitätskosten für die Nachbearbeitung bzw. bei Produkten, die nicht mehr nachbearbeitet werden können, werden Ressourcen durch unnötigen Materialverbrauch verschwendet. Entsprechen die auf dem Markt angebotenen Produkte nicht den Qualitätsanforderungen der Kunden, verweigern diese den Kauf oder sind nur durch Preisnachlässe zum Kauf bereit. In beiden Fällen nimmt ceteris paribus der Umsatz der Unternehmung ab. Mangelnde Produktqualität lässt außerdem die Garantiekosten steigen, beschädigt das Image der Unternehmung und erhöht infolgedessen die Marketingkosten.
- Kommt es durch eine personalwirtschaftliche Maßnahme zu einem Absinken der Quantität des Arbeitsergebnisses und kann deshalb die Marktnachfrage nicht mehr befriedigt werden ist ceteris paribus ein Umsatzrückgang zu erwarten.
- Steigt der Zeitbedarf für die Erbringung des Soll-Arbeitsergebnisses an, z. B. aufgrund von Überstunden, nehmen die Personalkosten zu. Zu einer Erhöhung der Personalkosten kann es auch kommen, wenn eine personalwirtschaftliche Maßnahme zu einer Anhebung der Leistungslöhne führt oder wenn aufgrund dieser Maßnahme die unabhängig von einer Leistung direkt oder indirekt gezahlten Soziallöhne (verschiedene Soziallohnarten vgl. Drumm 2005, 610-612) steigen.
- Im Fall, dass durch personalwirtschaftliche Entscheidungen Aufgaben liegen bleiben und Marktleistungen nicht rechtzeitig bereitgestellt werden, können Opportunitätskosten durch entgangene Gewinne aufgrund verpasster Marktchancen oder Kosten durch Konventionalstrafen entstehen (vgl. Marr/Stitzel 1979, 71) und es droht der Verlust von Kunden.

Schäden bei negativer Abweichung vom Ziel der sozialen Effizienz:

- Eine personalwirtschaftliche Maßnahme, welche die Motivation zur Leistung reduziert, verursacht bei den betroffenen Mitarbeitern Leistungsrestriktion (vgl. Marr/Stitzel 1979, 71) und infolgedessen mangelnde Qualität und/oder Quantität des Arbeitsergebnisses (zu den Folgen mangelnder Qualität bzw. Quantität siehe oben).
- Bei eingeschränkter Motivation des Mitarbeiters besteht die Gefahr der „inneren Kündigung" (vgl. Raidt 1989, 79; vgl. Teil B, 1.3.2.2.). In Folge der inneren Kündiggung ist das Verhalten des/der Betroffenen durch Passivität und Desinteresse gekennzeichnet, was sich negativ auf die Innovationskraft der Unternehmung auswirkt.
- Eine weitere Folge eingeschränkter Motivation der Mitarbeiter ist die Zunahme von Absentismus (vgl. Marr/Stitzel 1979, 71; Hinze 1982, 28; Marr 1996, 16; zu den Folgen von Absentismus vgl. Teil B, 1.3.2.2.).
- Mitarbeiter, die nicht in „normalem" Maße motiviert sind, neigen außerdem verstärkt zur Fluktuation (vgl. Domsch/Krüger 1987, 1485; zu den Folgen von Fluktuation vgl. Teil B, 1.3.2.2.).

Personalwirtschaftliche Maßnahmen, welche das Ziel der sozialen Effizienz verletzen, indem sie z. B. Leistungsrestriktion und infolgedessen qualitativ mangelhafte Arbeitsergebnisse verursachen, sind auch im Hinblick auf die ökonomische Effizienz nicht optimal. Daraus wird deutlich, dass „ohne Berücksichtigung der sozialen Effizienz das ökonomische Optimum langfristig nicht erreicht wird" (Marr/Stitzel 1979, 71). Im Sinne des langfristigen ökonomischen Optimums sollen deshalb am Besten nur solche personalwirtschaftlichen Maßnahmen gewählt werden, welche zum einen das Ziel der sozialen Effizienz sicherstellen, indem sie eine „normale" Motivation der Mitarbeiter garantieren, und welche zum anderen das ökonomische Effizienzziel erfüllen, indem sie die Erbringung der Soll-Arbeitsleistung ermöglichen, ohne ein zuvor bestimmtes Maß an Personalkosten zu überschreiten.

In der wirkungsorientierten Phase der Risikoanalyse muss der personalwirtschaftliche Entscheider für alle von ihm in Betracht gezogenen Alternativen untersuchen, ob negative Abweichungen von den Zielen der sozialen bzw. ökonomischen Effizienz zu erwarten sind und welche Schäden dadurch verursacht werden. Sind die erwarteten Schäden quantifizierbar, kann der Entscheidungsträger durch Zuordnung subjektiver Schadeneintrittswahrscheinlichkeiten mehrere Schadenserwartungswerte je Alternative bilden. Durch Addition dieser (Teil-) Schadenserwartungswerte ergibt sich ein Gesamtschadenserwartungswert für jede personalwirtschaftliche Alternative. Unter den in Betracht gezogenen personalwirtschaftlichen Alternativen ist dann diejenige mit dem geringsten Gesamtschadenserwartungswert zu wählen. Sind die Schäden nicht quantitativ bestimmbar, kann die Nutzwertanalyse zur Bestimmung der optimalen Alternative herangezogen werden (vgl. Teil A, 3.2.3.).

1.3.3. Die ursachenorientierte Phase der personalwirtschaftlichen Risikoanalyse

1.3.3.1. Überblick

Gegenstand der ursachenorientierten Phase der Risikoanalyse ist die Prüfung der Risikoquellen, welche im Zusammenhang mit der betrachteten Entscheidung aktiviert wurden (vgl. Teil A, 3.2.3.). In Teil B wurden die allgemeinen formalen Risikoquellen bereits für organisatorische Entscheidungen spezifiziert. Nun soll dies auch für personalwirtschaftliche Entscheidungen geschehen. Die Risikoquellen im Zusammenhang mit dem Entscheidungsträger, dem

Entscheidungsprozess und der Entscheidungsimplementation werden in den folgenden drei Kapiteln an die Erfordernisse personalwirtschaftlicher Entscheidungen angepasst.

1.3.3.2. Formale Risikoquellen bei personalwirtschaftlichen Entscheidungen

1.3.3.2.1. Risikoquellen im Zusammenhang mit dem Träger personalwirtschaftlicher Entscheidungen

Personalwirtschaftliche Entscheidungen werden in der Unternehmung von verschiedenen Stellen getroffen. Träger personalwirtschaftlicher Entscheidungen sind „die Unternehmungsleitung, alle Vorgesetzten, die personalwirtschaftlichen Fachabteilungen und, dort wo sie existieren, die Personalreferenten" (Drumm 2005, 42). Dabei kommt der Unternehmungsleitung, repräsentiert durch den Personalleiter oder Personalvorstand, die Aufgabe zu, ranghohe personalwirtschaftliche Ziele zu entwickeln und diese in das Zielsystem der Unternehmung zu integrieren (vgl. Drumm 2005, 42). Die Umsetzung der von der Unternehmungsleitung vorgegebenen personalwirtschaftlichen Ziele obliegt den Führungskräften der Unternehmung sowie den personalwirtschaftlichen Fachabteilungen und, soweit vorhanden, den Personalreferenten (vgl. Drumm 2005, 42). Wie die Zuständigkeiten für personalwirtschaftliche Entscheidungen zwischen den Führungskräften einerseits und der Personalabteilung bzw. den Personalreferenten andererseits aufgeteilt sind, hängt von der organisatorischen Struktur der jeweiligen Unternehmung ab (vgl. Wächter 1979, 37; zu den Möglichkeiten der organisatorischen Eingliederung der Personalabteilung vgl. Berthel/Becker 2003, 465-478; Drumm 2005, 65-83). Allerdings wird in der Literatur betont, dass Entscheidungen, welche die Führung von Mitarbeitern betreffen, zur primären personalwirtschaftlichen Verantwortung der Führungskräfte gehören und deshalb nicht an eine Personalabteilung abgegeben werden können (vgl. Oechsler 2000, 6).

Während es nicht möglich ist, dass alle personalwirtschaftlichen Entscheidungen von Personalabteilungen oder Personalreferenten getroffen werden, ist der umgekehrte Fall, nämlich die Übertragung aller personalwirtschaftlicher Entscheidungen auf dezentrale Führungskräfte, durchaus ein praktikables dezentrales Organisationsmuster, obgleich der hierbei entstehende Koordinationsbedarf Probleme aufwirft (vgl. Scherm 1995, 644; Drumm 2005, 73-74). Wenn, wie im Folgenden, von einem personalwirtschaftlichen Entscheidungsträger die Rede sein wird, liegt die vereinfachende Annahme zu Grunde, dass alle personalwirtschaftlichen Entscheidungen von den Führungskräften selbst getroffen werden und eine zentrale Personalabteilung nur noch Verwaltungsaufgaben sowie konzeptionelle Arbeiten übernimmt (vgl. Rittinghaus 1996, 29-30).

Wahl des personalwirtschaftlichen Entscheidungsträgers

Bei der Auswahl eines personalwirtschaftlichen Entscheidungsträgers handelt es sich um eine bedeutende Risikoquelle (vgl. Teil A, 1.3.3.2.1.). Damit Fehlentscheidungen und Fehlverhalten nach Entscheidungen weitgehend ausgeschlossen werden können, ist zu überprüfen, ob ein Mitarbeiter, welcher personalwirtschaftliche Entscheidungen fällen soll, überhaupt dafür geeignet ist. Im Grundlagenteil der vorliegenden Arbeit (vgl. Teil A, 3.2.2.1.) wurde dargestellt, von welchen Faktoren die Eignung eines Entscheidungsträgers abhängt. Nachfolgend können nun die erforderlichen Qualifikationen, über die ein personalwirtschaftlicher Entscheider verfügen soll, näher spezifiziert werden:

1. Personalwirtschaftliche Rahmenbedingungen
Rechtliche Rahmenbedingungen
– Betriebsverfassungs- und Mitbestimmungsgesetz
– Arbeits- und Sozialrecht
Gesamtwirtschaftliche Rahmenbedingungen
– Struktur und Entwicklung des Arbeitsmarktes
Gesellschaftlich-kulturelle Rahmenbedingungen
– Wertewandel im gesellschaftlichen Umfeld und Personalpolitik
Technische Rahmenbedingungen
– Technische Entwicklung, Aufgaben und Arbeitsstruktur in der Unternehmung

2. Personalwirtschaft als Teil der Unternehmungspolitik
Theoretische Grundlagen
– Menschliche Arbeit in der betriebswirtschaftlichen Theorie
– Personalwirtschaftliche Ziele und Effizienzkriterien
Interdependenzen zwischen Personalpolitik und anderen Bereichen der Unternehmenspolitik
Personelle Aspekte der Strukturorganisation
Personalplanung als Bestandteil der Unternehmensplanung

3. Grundzüge des personalwirtschaftlichen Instrumentariums
Stellenbesetzung (Auswahl, Einsatz und Entwicklung von Personal)
Arbeitsgestaltung (Gestaltung von Arbeitsinhalt, Arbeitszeit und Arbeitsbedingungen)
Betriebliche Lohn- und Gehaltsfindung
– Arbeitsleistung und -bewertung
– Entlohnungsformen
– Personalkosten und Zusatzkosten
Personalwirtschaftliche Rechnungslegung
Personalinformationssysteme (Personalinformationssysteme als Bestandteil von Managementinformationssystemen)

4. Personalführung
Verhaltenswissenschaftliche Aussagen
– Individualpsychologische Ansätze (z. B. Motivationstheorie, Zufriedenheitstheorie)
– Sozialpsychologische bzw. organisationspsychologische Ansätze
Grundlagen der Personalführung
– Führungsstile und -theorien
– Führungsgrundsätze und -modelle
– Führungsorganisation

Abbildung 14 Anforderungsprofil für die Hochschulausbildung im Bereich Personalwirtschaft (Wunderer 1983, 236; s. a. Oechsler 2000, 11)

Da über das Tätigkeitsfeld der Personalarbeit kaum empirische Aufschlüsse vorliegen (vgl. Wächter 1979, 49), sind die Ausbildungskonzeptionen in diesem Gebiet eher intuitiv und konventionalistisch begründet (vgl. Oechsler 2000, 9-11). Ein Beispiel für Letzteres ist das von der Schmalenbach-Kommission erarbeitete Anforderungsprofil für die Hochschulbildung im Bereich Personalwirtschaft (vgl. Wunderer 1983, 236; Oechsler 2000, 11; vgl. Abb. 14).

Demnach müssen personalwirtschaftliche Entscheidungsträger Grundkenntnisse über die Rahmenbedingungen der Personalarbeit sowie theoretische Grundlagen zur Einordnung der Personalwirtschaft in die Unternehmenspolitik besitzen (vgl. Abb. 14). Des Weiteren ist die Kenntnis und Beherrschung des grundlegenden personalwirtschaftlichen Instrumentariums erforderlich (vgl. Abb. 14). Zudem müssen personalwirtschaftliche Entscheidungsträger im Bereich der Personalführung ausgebildet sein (vgl. Abb. 14).

Die geforderten fachlichen Kenntnisse können in einem (Fach-)Hochschulstudium wirtschaftswissenschaftlicher Ausrichtung mit Schwerpunkt Personalwirtschaft erworben werden. Eine akademische Fachausbildung allein kann jedoch für einen personalwirtschaftlichen Entscheidungsträger in der Praxis ebenso wenig ausreichend sein „wie dies für den Arzt, den Theologen, den Pädagogen gilt, d. h. für alle Berufe, die am und für den Menschen wirken“ (Beckerath 1988, 297). Die intensive Sammlung von personalwirtschaftlich relevanten Erfahrungen in der betrieblichen Praxis (Beckerath 1988, 297) ist demnach eine wichtige Voraussetzung, damit ein personalwirtschaftlicher Entscheider als geeignet gelten kann.

Als wesentliche persönliche Eigenschaften eines geeigneten personalwirtschaftlichen Entscheidungsträgers werden in der Literatur Durchsetzungsvermögen, Kontakt- und Überzeugungsfähigkeit sowie ein Gespür für soziale Verantwortung und soziale Gerechtigkeit genannt (vgl. Beckerath 1988, 300). Der personalwirtschaftliche Entscheider muss sich der Tatsache bewusst sein, dass „der Mensch mehr ist als nur ein funktionierendes Wesen“ (Beckerath 1988, 304; s .a. Schanz 2000, 37). Bei seinen Entscheidungen muss er deshalb darauf achten, dass die Würde des arbeitenden Menschen sowie die Würde seiner körperlichen und geistigen Existenz gewahrt wird (vgl. Beckerath 1988, 313). Des Weiteren zeichnet sich ein geeigneter personalwirtschaftlicher Entscheidungsträger dadurch aus, dass er mit seinem Handeln Vertrauen gewinnt, Verständnis bei den Betroffenen erzeugt und glaubwürdig bleibt (vgl. Beckerath 1988, 314). Voraussetzung dafür ist die Bereitschaft und Fähigkeit zur lebendigen Kommunikation, und zwar insbesondere mit den von personalwirtschaftlichen Entscheidungen betroffenen Mitarbeitern (vgl. Beckerath 1988, 308).

Kognitive Dissonanzen und Werthaltungen

Eine weitere Risikoquelle, die mit dem Träger personalwirtschaftlicher Entscheidungen zusammenhängt, sind kognitive Dissonanzen welche im Vorfeld einer Entscheidung oder nach der Wahl einer Handlungsalternative auftreten können (vgl. Teil A, 3.2.2.1.2.). Die Gefahr kognitiver Dissonanzen ist bei personalwirtschaftlichen Entscheidungen besonders groß. Denn im Mittelpunkt personalwirtschaftlicher Entscheidungen stehen keine „leblosen Objekte“, sondern arbeitende Menschen mit ihren individuellen Eigenschaften, Charakterzügen und Werten. Diese Subjektstellung des arbeitenden Menschen hebt ihn grundlegend von anderen Produktionsfaktoren ab (vgl. Schanz 2000, 6) und führt dazu, dass im Verhältnis zwischen personalwirtschaftlichem Entscheidungsträger und der Ressource Personal auch Sympathie eine Rolle spielt. Insbesondere bei Entscheidungen über die Auswahl von Bewerbern oder von Personalentwicklungsadressaten kann es dazu kommen, dass ein Kandidat schon früh im Entscheidungsprozess bevorzugt wird, weil der personalwirtschaftliche Entscheidungsträger ihn besonders sympathisch findet. Der Wert zusätzlicher Informationen, die für einen Gegenkandidaten sprechen, wird daraufhin unterschätzt (vgl. Irle 1971, 158). Auch kognitive Dissonanzen nach der Entscheidung werden durch Sympathie zum gewählten Kandidaten begünstigt.

Die Gefahr kognitiver Dissonanzen nach personalwirtschaftlichen Entscheidungen ist auch deshalb erhöht, weil personalwirtschaftliche Entscheidungen, falls überhaupt, nur mit großem Aufwand revidiert werden können. So ist z. B. die Korrektur von Fehlentscheidungen bei der Personalauswahl mit hohem finanziellen Aufwand verbunden: Es entstehen Kosten für die Entlassung des ungeeigneten Mitarbeiters sowie für die Anwerbung, Auswahl, Einstellung und Einarbeitung eines neuen Mitarbeiters. Einige personalwirtschaftliche Entscheidungen, wie z. B. Freisetzungsentscheidungen, können praktisch gar nicht rückgängig gemacht werden. Aufgrund der genannten Probleme bei der Reversibilität personalwirtschaftlicher Entscheidungen besteht die Gefahr, dass eine einmal getroffene und implementierte Entscheidung auch dann nicht in Frage gestellt wird, wenn Informationen auftreten, welche gegen die gewählte Alternative sprechen.

Neben den kognitiven Dissonanzen stellen auch die Werthaltungen des personalwirtschaftlichen Entscheidungsträgers eine potentielle Risikoquelle dar. Unterscheiden sich etwa aufgrund unterschiedlicher Herkunft die soziokulturell geprägten Werthaltungen des personalwirtschaftlichen Entscheidungsträgers von denen seiner Untergebenen, wirkt sich dies insbesondere auf die Führung der Mitarbeiter aus. Lichtenberger hat empirisch belegt, dass Führungskonflikte unvermeidlich sind, wenn der Vorgesetzte aus einer anderen Soziokultur stammt als seine Untergebenen (vgl. 1992, 92, 94-95). Entsendet z. B. eine Unternehmung mit Auslandsaktivitäten Führungskräfte an ausländische Standorte, ist es sehr wahrscheinlich, dass das durch die soziokulturellen Werte des Mutterlandes geprägte Führungsverhalten des Vorgesetzten von den Mitarbeitern im Ausland nicht akzeptiert oder als demotivierend empfunden wird (vgl. Drumm 2005, 803-804).

Im Bereich der Werthaltungen des personalwirtschaftlichen Entscheidungsträgers ist weiterhin dessen Menschenbild (zum Menschenbild vgl. Teil B, 1.3.3.2.1.) von besonderer Bedeutung für seine Entscheidungen. Vertritt der personalwirtschaftliche Entscheidungsträger ein negatives Menschenbild im Sinne des Typ Y von McGregor (vgl. McGregor 1960, 47-48), d. h. geht er davon aus, dass seine Untergebenen arbeitsscheu sind, Verantwortung meiden und gelenkt werden möchten, dann wird er in der Konsequenz viel Wert auf Fremdkontrolle legen, einen eher autoritären Führungsstil wählen, also den Untergebenen wenig oder keine Partizipationsmöglichkeiten einräumen und keine Verantwortung an sie abgeben. Außerdem wird der personalwirtschaftliche Entscheider auf Personalentwicklung verzichten, da er aufgrund seines Menschenbildes davon überzeugt ist, dass sich seine Untergebenen nicht weiterentwickeln wollen (vgl. McGregor 1960, 33-35). Entsprechen die Mitarbeiter in Wirklichkeit nicht dem negativen Menschenbild des Typ Y, dann wirkt das genannte Verhalten des personalwirtschaftlichen Entscheidungsträgers vermutlich negativ auf deren Motivation und somit auf die Zielerreichung.

1.3.3.2.2. Risikoquellen im Zusammenhang mit dem personalwirtschaftlichen Entscheidungsprozess

Inhalt personalwirtschaftlicher Entscheidungsprozesse ist die Entscheidungsvorbereitung, d. h. das Suchen, Einschätzen und Abwägen personalwirtschaftlicher Handlungsalternativen sowie die Entschlussfassung, d. h. die Festlegung auf eine zu implementierende Alternative (vgl. Teil B, 1.3.3.2.2.). In Teil A wurden Risikoquellen dargestellt, welche im Zusammenhang mit jedem Entscheidungsprozess auftreten können (vgl. 3.2.2.2.). Im Folgenden werden nun diejenigen Risikoquellen näher betrachtet, welche bei personalwirtschaftlichen Entscheidungsprozessen besonders zu beachten sind bzw. welche für personalwirtschaftliche Entscheidungen spezifiziert werden können.

Zielorientierung

Der mangelhafte Bezug einer Entscheidung zu den Unternehmungszielen stellt eine Risikoquelle dar. Als Ursachen wurden in Teil A das Fehlen operational formulierter und transparenter Unternehmungsziele sowie das bewusste Abweichen des Entscheidungsträgers von den Zielen der Unternehmung genannt (vgl. Teil A, 3.2.2.2.1.). Eine weitere Ursache für den mangelhaften Bezug einer Entscheidung zu den Unternehmungszielen ist die fehlende Finalität der personalwirtschaftlichen Subziele zu den Unternehmungszielen. Personalwirtschaftliche Ziele sind nicht final zu den Unternehmungszielen, wenn die Erfüllung der personalwirtschaftlichen Ziele nicht zur Realisierung der Unternehmungsziele beiträgt.

Entscheidungsvorbereitung

Eine weitere Risikoquelle bei der Entscheidungsvorbereitung ist die unrichtige Aufnahme bzw. die falsche Bewertung an sich richtiger Informationen (vgl. Drumm/Dal Zotto 2004, 392). Zu dieser Risikoquelle können auch Beurteilungsfehler gezählt werden, welche bei Mitarbeiter- oder Bewerbungsgesprächen auftreten. In der Literatur dokumentierte Beurteilungsfehler sind die Überbewertung des ersten Eindrucks, die Kategorisierung, die Projektion falscher Vorstellungen sowie Halo-, Strenge-, Milde- und Zentrierungseffekt (vgl. Cascio 1987, 82-84; Neuberger 1998, 34-43; Drumm 2005, 127). Der Halo-Effekt liegt vor, wenn von beobachtbaren auf nichtbeobachtbare Merkmale eines Gesprächspartners geschlossen wird, z. B. von seinem äußeren Erscheinungsbild auf seine Einstellungen und Werthaltungen. Werden nur extrem positive oder negative Merkmale des Gesprächspartners wahrgenommen, spricht man vom Strenge-Effekt. Der Milde-Effekt drückt sich in einer Absenkung des Anspruchsniveaus aus. Die Neigung eines Beurteilers, seinen zu beurteilenden Gesprächspartner auf einem mittleren Anspruchsniveau einzuordnen, wird als Zentrierungs-Effekt bezeichnet (vgl. Drumm 2005, 127). Alle genannten Beurteilungsfehler lösen Fehlentscheidungen aus.

Im Rahmen der Vorbereitung personalwirtschaftlicher Entscheidungen ist außerdem die Risikoquelle „fehlerhafte Wirkungshypothesen" besonders relevant. Wirkungshypothesen sind fehlerhaft, wenn der Entscheidungsträger die Ergebnisse einer personalwirtschaftlichen Handlungsalternative bezüglich Ausmaß oder Eintrittswahrscheinlichkeit falsch abschätzt bzw. wenn er wichtige Auswirkungen einer Alternative überhaupt nicht wahrnimmt. Letzteres ist z. B. dann der Fall, wenn bei Entscheidungen im Bereich der Personalfreisetzung die Wirkungen auf das Firmenimage unberücksichtigt bleiben oder wenn nicht bedacht wird, dass die Unternehmung durch die Freisetzung von Personal wichtiges implizites Wissen verliert.

Eine weitere Risikoquelle, welche bei der Vorbereitung personalwirtschaftlicher Entscheidungen eine große Rolle spielt, ist die Erstellung fehlerhafter Prognosen. Personalwirtschaftliche Entscheidungen sind auf Prognosen zur Entwicklung unternehmungsexterner und -interner Daten angewiesen. Fehlerhafte Prognosen lösen personalwirtschaftliche Fehlentscheidungen aus: Wird z. B. die unternehmungsinterne Ausbildung von Lehrlingen reduziert, weil laut Prognose die in der Unternehmung benötigten Qualifikationen in der Zukunft auf dem Arbeitsmarkt reichlich vorhanden sein werden, und erweist sich diese Prognose als falsch, entsteht ein Engpass an qualifizierten Arbeitskräften. Bei falschen Prognosen über die künftige Leistungsentwicklung von Bewerbern oder Personalentwicklungsadressaten kommt es zu Fehlentscheidungen und es werden Ressourcen verschwendet.

Die Risikoquelle „Missachtung von Vernetzungen einer Entscheidung" kann im Zusammenhang mit personalwirtschaftlichen Entscheidungen spezifiziert werden: Mögliche Vernetzungen bestehen insbesondere zwischen personalwirtschaftlichen und mikroorganisatorischen Entscheidungen. Mikroorganisatorische Entscheidungen haben die organisatorische Gestaltung von Prozessen der Entscheidung, Ausführung, Kontrolle und Kommunikation zur zielorientierten Koordination arbeitsteiligen menschlichen Handelns (vgl. Drumm 1992, 1589; Raab-Stahl 1999, 29) zum Inhalt. Im Rahmen mikroorganisatorischer Entscheidungen werden insbesondere Stellen und Abteilungen gebildet und diese in den Organisationsaufbau bzw. -ablauf eingegliedert (vgl. Raab-Stahl 1999, 29). Die Vernetzungen zwischen personalwirtschaftlichen und mikroorganisatorischen Entscheidungen sind wechselseitig, wie das folgende Beispiel zeigt: So schafft z. B. eine Stellenbildungsentscheidung eine Stelle für einen in der Regel zunächst gedachten Stelleninhaber. Die Beschaffung des tatsächlichen Stelleninhabers gehört zum Bereich der personalwirtschaftlichen Entscheidungen und orientiert sich im Idealfall an den Anforderungen, welche sich durch die organisatorische Aufgabenstruktur der Stelle ergeben. Ist der durch die personalwirtschaftliche Beschaffungsentscheidung gewählte Stelleninhaber nicht vollständig geeignet zur Besetzung der jeweiligen Stelle, muss diese in einer weiteren Stellenbildungsentscheidung an den neuen Stelleninhaber angepasst werden um Zielabweichungen zu minimieren. Insgesamt gilt, dass aufgrund der Interdependenzen zur Organisation bei allen personalwirtschaftlichen Entscheidungen berücksichtigt werden muss, welche Entscheidungsvoraussetzungen durch die organisatorische Gestaltung geschaffen wurden und welche Wirkungen die personalwirtschaftlichen Entscheidungsergebnisse auf die Organisation der Unternehmung haben.

1.3.3.2.3. Risikoquellen im Zusammenhang mit der Implementation personalwirtschaftlicher Entscheidungen

Die unvollständige oder fehlende Implementation personalwirtschaftlicher Entscheidungen stellt eine Risikoquelle dar (vgl. Drumm/Dal Zotto 2004, 394). Als Hauptursache unvollständiger oder fehlender Entscheidungsimplementation gilt die mangelnde Akzeptanz eines Beschlusses durch die betroffenen Mitarbeiter (vgl. Kirsch et al. 1978, 470). Bei personalwirtschaftlichen Entscheidungen ist die Gefahr der mangelnden Akzeptanz vermutlich besonders groß. Denn personalwirtschaftliche Entscheidungen beeinflussen die Situation der Mitarbeiter in vielerlei Hinsicht: Während personalwirtschaftliche Entscheidungen z. B. im Bereich des Personaleinsatzes oder der Personalentwicklung auf die Arbeitssituation der Betroffenen wirken, haben personalwirtschaftliche Entscheidungen über Arbeitszeit und Vergütung Auswirkungen auf die gesamte Lebenssituation der Mitarbeiter. Wegen ihres starken Einflusses auf die persönliche Situation der Betroffenen ist anzunehmen, dass personalwirtschaftliche Entscheidungen in vielen Fällen nicht auf die für die Implementation erforderliche Akzeptanz stoßen.

Bei der Akzeptanz personalwirtschaftlicher Entscheidungen spielen auch Solidarisierungseffekte zwischen den Betroffenen eine Rolle (vgl. Teil B, 1.3.3.2.3.). Mitarbeiter, die Sympathie füreinander empfinden, können ein solidarisches „Füreinander" entwickeln (vgl. Lersch 1965, 89). Aus dieser Solidarität heraus kann es dazu kommen, dass Mitarbeiter personalwirtschaftliche Entscheidungen ablehnen, wenn diese zu einer Benachteiligung von Kollegen führen.

1.3.3.3. Unterstützung der Risikoanalyse durch eine Checkliste

Nachdem der personalwirtschaftliche Entscheidungsträger in der wirkungsorientierten Phase der Risikoanalyse die personalwirtschaftliche Handlungsalternative mit dem größten Gesamterwartungswert ausgewählt hat, prüft er in der ursachenorientierten Phase der Risikoanalyse anhand von Prüffragen, ob Risikoquellen aktiviert wurden (vgl. Teil A, 3.2.3.).

Im Anhang befindet sich eine Checkliste mit Prüffragen zu jeder Risikoquelle (vgl. Anhang 4; zum Aufbau der Checkliste vgl. Teil B, 1.3.3.3.). Zur besseren Übersicht wurden die verschiedenen Risikoquellen mit Schlüsselnummern versehen (vgl. Teil B, 1.3.3.3.): Dabei steht der Buchstabe P für „personalwirtschaftliche" Risikoquelle, die Zahl vor dem Bindestrich gibt die Kategorie der Risikoquelle (Kategorie 1: Entscheidungsträger, Kategorie 2: Entscheidungsprozess, Kategorie 3: Entscheidungsimplementation) an und die Zahl nach dem Bindestrich bezeichnet die innerhalb der jeweiligen Kategorie fortlaufende Nummer der Risikoquelle.

Wie bei der Checkliste für organisatorische Risikoquellen besteht bei jeder Prüffrage die Möglichkeit mit „Ja" oder „Nein" zu antworten und einen Kommentar hinzuzufügen. Hat der Prüfer alle zu einer Risikoquelle gehörenden Prüffragen beantwortet, muss er angeben, ob die gesamte Risikoquelle aktiv ist. Von einer aktiven Risikoquelle kann dabei gesprochen werden, wenn mindestens eine der Antworten auf die zur Risikoquelle gehörenden Prüffragen im rot markierten Bereich liegt. Für alle aktiven Risikoquellen muss der Entscheidungsträger danach angeben, in welchem Maße durch die jeweilige Risikoquelle die Gefahr einer Fehlentscheidung oder die Gefahr von Fehlverhalten nach der Entscheidung erhöht wird (vgl. Teil A, 3.2.3; vgl. Teil B, 1.3.3.3.), um später bei der Risikohandhabung eine geeignete Maßnahme auswählen zu können.

2. Analyse des Risikogehalts ausgewählter personalwirtschaftlicher Entscheidungen und Vorschläge zur Risikohandhabung

2.1. Auswahlkriterien und Vorgehensweise

Anhand ausgewählter personalwirtschaftlicher Entscheidungen soll in den folgenden Kapiteln dargestellt werden, welche negativen Zielabweichungen, d. h. welche Schäden zu erwarten sind, wenn durch personalwirtschaftliche Fehlentscheidungen personalwirtschaftliche Risiken ausgelöst werden. Des Weiteren soll auch auf die Ursachen personalwirtschaftlicher Risiken eingegangen werden.

Ausschlaggebend für die Wahl der Entscheidungsfelder Personalbeschaffung und Personalführung ist die besondere Bedeutung beider Bereiche: Die rechtzeitige Bereitstellung von benötigtem und geeignetem Personal im Rahmen der Personalbeschaffung sowie die zielorientierte Beeinflussung des Mitarbeiterverhaltens durch die Personalführung stellen fundamentale Voraussetzungen für die Erfüllung der personalwirtschaftlichen Ziele und damit letztlich der Unternehmungsziele dar. Sind diese Voraussetzungen nicht gegeben, d. h. sind die erforderlichen Personalressourcen nicht in ausreichendem Maße vorhanden und/oder verhalten sich die Mitarbeiter nicht zielorientiert, kommt es zu erheblichen negativen Abweichungen von den Unternehmungszielen.

Zu den beiden ausgewählten Entscheidungsbereichen werden im Folgenden jeweils die allgemeinen Grundlagen erläutert und Risiken, die im Zusammenhang mit der betrachteten Entscheidung auftreten können, dargestellt. Mit Hilfe von mehrstufigen Wirkungshypothesen werden die Schadenswirkungen von Risiken im Bereich der Personalbeschaffung und -führung aufgezeigt. Wie bei den in Teil B behandelten mikroorganisatorischen Risiken ist auch bei der allgemeinen Betrachtung personalwirtschaftlicher Risiken keine quantitative, sondern lediglich eine qualitative Bewertung der erwarteten Schäden möglich. Ergänzend finden sich im Anhang Vorschläge zur Risikohandhabung, welche an den Wirkungen und Ursachen personalwirtschaftlicher Risiken anknüpfen.

2.2. Ausgewählte personalwirtschaftliche Entscheidungen

2.2.1. Personalbeschaffung

2.2.1.1. Grundlagen der Personalbeschaffung

Eine der wichtigsten personalwirtschaftlichen Funktionen ist die Personalbeschaffung (vgl. Drumm 2005, 327). Ziel der Personalbeschaffung ist die rechtzeitige Bereitstellung von benötigtem und geeignetem Personal aller Kategorien für die Erfüllung von Aufgaben vakanter Stellen (vgl. Drumm 2005, 330; s. a. Marr/Stitzel 1979, 305; Hentze/Kammel 2001, 241). Der Begriff „Bereitstellung“ umfasst dabei die Anwerbung, Auswahl, Einstellung und Einarbeitung von Personal (vgl. Drumm 2005, 330).

Bei der Personalbeschaffung müssen zwei Arten von Entscheidungen getroffen werden: Zum einen ist eine Personalbeschaffungsalternative (vgl. Drumm 2005, 330) festzulegen und umzusetzen, um einen Pool von Bewerbern für die vakante Stelle zu generieren. Zum anderen sind im Rahmen der Personalauswahlentscheidung Maßnahmen zu wählen und durchzuführen, um aus dem Pool der Bewerber geeignete Kandidaten für die vakanten Stellen herauszufiltern.

Personalbeschaffungsalternativen entstehen durch die Verknüpfung verschiedener Ausprägungen der Komponenten Beschaffungsmärkte, Beschaffungswege und -mittel, Beschaffungszeitpunkte und -orte (vgl. Drumm 2005, 330):

- **Beschaffungsmärkte**: Personalbeschaffung kann auf dem externen Arbeitsmarkt (unternehmungsexterne Personalbeschaffung) oder auf dem internen Arbeitsmarkt stattfinden (unternehmungsinterne Personalbeschaffung), wobei angemerkt werden muss, dass es sich bei dem internen Arbeitsmarkt nicht um einen echten Markt mit Angebot und Nachfrage, sondern um eine Marktfiktion handelt (vgl. Drumm 2005, 332-334).

- **Beschaffungswege**: Es existieren passive und aktive Beschaffungswege. Passive Beschaffungswege meinen die Ausschreibung vakanter Stellen durch Anschläge oder ähnliche Medien, durch Massenmedien wie Rundfunk und Fernsehen, durch Stellenanzeigen in Zeitungen und (Fach-) Zeitschriften sowie durch die Nutzung elektronischer Medien wie Internet und Intranet (vgl. Drumm 2005, 339-342; s. a. Kleb/Schwedes 2002). Zu den aktiven Beschaffungswegen gehören die Anwerbung von Personal an den Ausbildungsinstitutionen (vgl. Hentze/Kammel 2001, 270-273), die Nutzung der staatlichen Agenturen für Arbeit, die Inanspruchnahme privater Vermittler sowie die Anwerbung von Familienmitgliedern des eigenen Personals und die Abwerbung von Mitarbeitern bei anderen Unternehmungen (vgl. Drumm 2005, 342-344).
- **Beschaffungsmittel**: Beschaffungsmittel sind akquisitorische Potentiale mit Anreizfunktion (z. B. die Art der Stellenaufgaben, die Aufstiegsmöglichkeiten, die Vergütung durch Leistungs- und Soziallohn), die von der Unternehmung publiziert werden müssen, um wirksam zu werden (vgl. Drumm 2005, 345). Die Dimensionierung der Beschaffungsmittel bleibt ein Problem, das durch Arbeitsmarktforschung und Orientierung an den Beschaffungsmitteln der Konkurrenten ansatzweise gelöst werden kann (vgl. Drumm 2005, 345-346).
- **Beschaffungszeitpunkte**: Personal kann entweder zum Einsatzzeitpunkt, vorzeitig oder nach dem Einsatzzeitpunkt beschafft werden. Bei der vorzeitigen Beschaffung wird Personal „gehortet“, wenn in Zukunft Personalknappheit erwartet wird. Bei einer Verlegung des Beschaffungszeitpunkts in die Zeit nach dem Einsatzzeitpunkt wird das vorhandene Personal z. B. durch Überstunden „gestreckt“ (vgl. Drumm 2005, 346).
- **Beschaffungsorte**: Mögliche Beschaffungsorte sind der lokale, der regionale und der überregionale Arbeitsmarkt.

Eine Personalbeschaffungsalternative könnte also z. B. folgendermaßen zusammengesetzt sein: Als Beschaffungsmarkt wird der externe Arbeitsmarkt gewählt. Es wird der passive Beschaffungsweg eingeschlagen und eine Zeitungsanzeige aufgesetzt, in der als Beschaffungsmittel mit gutem Betriebsklima und interessanten Aufgaben geworben wird. Die Beschaffung erfolgt zum Einsatzzeitpunkt unter Abzug der für die Anwerbung, Auswahl und Einarbeitung geplanten Zeitdauer. Der Beschaffungsort ist regional, da die Anzeige in einer regionalen Tageszeitung platziert wird.

Welche Beschaffungsalternative im Einzelfall gewählt wird, ist abhängig von der Lage auf dem externen und internen Arbeitsmarkt, von der Stellung der Unternehmung auf dem externen Arbeitsmarkt und von den Erwartungen, Bedürfnissen und Zielsetzungen des potenziellen Personals (vgl. Hentze 1994, 245). Informationen über die Arbeitsmarktlage kann die Unternehmung durch innerbetriebliche und außerbetriebliche Arbeitsmarktforschung gewinnen (vgl. Marr/Stitzel 1979, 308-309; Oechsler 2000, 235). Bestimmungsfaktoren für die Stellung der Unternehmung am Arbeitsbeschaffungsmarkt sind u. a. Standort, Konkurrenzsituation und Image der Unternehmung sowie die Entwicklung der Bevölkerungsstruktur und die Konjunktur (für weitere Bestimmungsfaktoren vgl. Hentze/Kammel 2001, 251-253). Die Erwartungen, Bedürfnisse und Zielsetzungen potenzieller unternehmungsinterner Bewerber können durch Personalforschung ermittelt werden (vgl. Oechsler 2000, 235-237; Drumm 2005, 100-105). Bei unternehmungsexternen Bewerbern sind Ziele, Erwartungen und Bedürfnisse einzelner potenzieller Mitarbeiter kaum in Erfahrung zu bringen. Es muss daher auf Schätzungen zurückgegriffen werden.

Ergebnis der Wahl und Implementation einer Personalbeschaffungsalternative ist ein Pool von unternehmungsinternen und/oder -externen Bewerbern. Um aus diesem Pool von Bewerbern den Kandidaten zu ermitteln, dessen Kenntnisse und Fähigkeiten die größte Übereinstimmung mit den Anforderungen der Stelle aufweisen, wird in einer Personalauswahlentscheidung eine Methode der Personalauswahl gewählt.

Methoden der Personalauswahl bestehen aus aufeinander abgestimmten Kombinationen von Informationsbasis und Auswahlregel (vgl. Drumm 2005, 358) und können ein- oder mehrstufig sein. Je mehr Stufen die Auswahlmethode besitzt, umso umfangreicher und detaillierter ist die Informationsbasis auf der die endgültige Auswahlentscheidung getroffen wird. Die erste Stufe der Personalauswahl besteht bei externen Bewerbern in der Sichtung der Bewerbungsunterlagen, bei internen Kandidaten in der Überprüfung der entsprechenden bewerbungsrelevanten Informationen aus dem Personalinformationssystem. Sie eignet sich jedoch weniger zur Bewerberauswahl als vielmehr zur Vorselektion der Kandidaten (vgl. Drumm 2005, 361). Das Bewerbungsgespräch bildet die zweite Auswahlstufe und ergänzt die bis dato vorliegenden Informationen, so dass präzisere Schlüsse auf die Eignung des Bewerbers möglich werden (vgl. Drumm 2005, 361). Auf einer dritten Stufe der Personalauswahl können mit Hilfe von Eignungs- und Leistungstests oder der Assessment-Center-Technik insbesondere auch Informationen über das vermutliche zukünftige Verhalten der Bewerber eingeholt werden. Neben den genannten drei Stufen sind weitere Stufen, wie z. B. ein zweites Auswahlgespräch nach einem Assessment-Center, möglich. Nach jeder Stufe können mit Hilfe einer vom Entscheider zu wählenden rationalen Auswahlregel (Darstellung verschiedener Auswahlregeln bei Drumm 2005, 364-368) diejenigen Kandidaten ermittelt werden, welche die nächste Stufe des Auswahlprozesses erreichen bzw. welche nach Abschluss der letzten Stufe der Auswahlmethode eingestellt werden sollen.

2.2.1.2. Analyse des Risikogehalts von Personalbeschaffungsentscheidungen

Ziel der Personalbeschaffung ist die rechtzeitige Bereitstellung von benötigtem und geeignetem Personal aller Kategorien für die Erfüllung von Aufgaben vakanter Stellen (vgl. Drumm 2005, 358). Fehlentscheidungen bei der Personalbeschaffung, d. h. bei der Personalanwerbung und -auswahl liegen vor, wenn das Ziel der Personalbeschaffung verletzt wird, also wenn Personal nicht rechtzeitig oder nicht im benötigten Umfang bereitgestellt wird oder wenn die Eignung des beschafften Personals nicht den Anforderungen der vakanten Stellen entspricht. Die Bereitstellung von weniger als der benötigten Personalmenge ebenso wie die nicht rechtzeitige Personalbereitstellung kann zum Personalbeschaffungsrisiko „Personalengpass“ zusammengefasst werden. Das Personalbeschaffungsrisiko „Mangelnde Eignung des beschafften Personals“ bezeichnet die Bereitstellung von Personal, welches für die Erfüllung der Aufgaben vakanter Stellen nicht ausreichend qualifiziert ist. Fehlentscheidungen bei der Personalbeschaffung führen zu negativen Abweichungen von den personalwirtschaftlichen Zielen der ökonomischen und sozialen Effizienz und wirken infolgedessen negativ auf die Erreichung der obersten Unternehmungsziele (vgl. Teil C, 1.3.2.1., 1.3.2.2.).

Personalbeschaffungsrisiko „Mangelnde Eignung des beschafften Personals“: Ein Mitarbeiter ist ungeeignet für die Erfüllung der Aufgaben einer vakanten Stelle wenn er unterqualifiziert ist, d. h. wenn seine Kenntnisse und Fähigkeiten unter den Anforderungen der vakanten Stelle liegen. Dieses Risiko tritt auch dann ein, wenn ein Mitarbeiter wegen seiner eingeschränkten Loyalität zur Unternehmung als ungeeignet betrachtet werden kann.

Entspricht die Qualifikation des Kandidaten nicht den Anforderungen der vakanten Stelle kommt es zu negativen Abweichungen von der Soll-Qualität und/oder Soll-Quantität des Arbeitsergebnisses (zu den Folgen vgl. Teil C, 1.3.2.2.). Die Ersetzung eines nicht entwicklungsfähigen Mitarbeiters durch einen anforderungsgerecht qualifizierten Kandidaten erzeugt Kosten für die Umsetzung oder Entlassung des Ersteren sowie für die Anwerbung, Auswahl, Einstellung, Einarbeitung und gegebenenfalls Entwicklung des Letzteren. Verzögert sich die Einstellung des neuen Mitarbeiters kann die zwischenzeitlich unbesetzte Stelle zu Opportunitätskosten durch entgangene Gewinne aufgrund verpasster Marktchancen führen oder Kosten durch Konventionalstrafen verursachen, wenn Marktleistungen nicht rechtzeitig bereitgestellt werden (vgl. Marr/Stitzel 1979, 71). Die Vertretung der Stelle durch andere Mitarbeiter kann sich negativ auf die Qualität und Quantität des Arbeitsergebnisses auswirken (vgl. Teil B, 1.3.2.2.). Unterqualifizierte Mitarbeiter, welche sich mit den Anforderungen der Stelle qualitativ überfordert fühlen, sind in ihrer Motivation zur Leistung und zum Verbleib in der Unternehmung eingeschränkt (vgl. Teil C, 1.3.2.2.).

Das Risiko, dass unterqualifiziertes Personal beschafft wird, steigt im Rahmen der Personalanwerbung, wenn die Bedürfnisse der potenziellen Mitarbeiter und/oder die Stellung der Unternehmung auf dem Arbeitsmarkt falsch eingeschätzt wird und die Beschaffungsmittel infolgedessen so gewählt oder dimensioniert werden, dass die Anreize für besonders qualifizierte Arbeitskräfte nicht stark genug sind. Auch die Fehleinschätzung des Arbeitsmarkts hinsichtlich des Angebots an qualifiziertem Personal und, damit verbunden, die zu enge Dimensionierung des Beschaffungsorts (z. B. Beschränkung auf regionale Personalsuche) erhöht das Risiko, dass kein ausreichend qualifiziertes Personal angeworben werden kann. Im Zuge der Personalauswahl wird die Beschaffung von unterqualifiziertem Personal durch fehlerhafte Methoden der Personalauswahl begünstigt. Personalauswahlmethoden sind fehlerhaft, wenn die Auswahlentscheidung auf einer sehr unvollständigen Informationsbasis, z. B. bereits nach der ersten Stufe der Personalauswahl (vgl. Teil B, 2.2.1.1.) oder anhand einer nichtrationalen Auswahlregel getroffen wird. Aber auch bei der Wahl einer prinzipiell geeigneten Personalauswahlmethode kann unterqualifiziertes Personal beschafft werden. Und zwar dann, wenn es zu Beurteilungs- oder Testfehlern kommt (zur generellen Problematik von Tests vgl. Drumm 2005, 107-111) oder wenn die an die Bewerber gestellten Ansprüche unter den Anforderungen der vakanten Stelle(n) liegen.

Mitarbeiter sind, wie oben dargestellt, auch dann als ungeeignet zu bezeichnen, wenn sie nicht die erforderliche Loyalität zur Unternehmung aufweisen. Mit illoyalem Verhalten wie z. B. mit Diebstahl, Betrug oder Unterschlagung entstehen der Unternehmung Kosten und, im Falle der Weitergabe vertraulicher unternehmungsinterner Daten an Konkurrenten, Nachteile im Wettbewerb.

Das Risiko, dass durch ungeeignete, illoyale Mitarbeiter Schäden entstehen, steigt, wenn bei der Beschaffung von Mitarbeitern für besonders sensible Bereiche wie z. B. für Forschung und Entwicklung oder für die Buchhaltung keine polizeilichen Führungszeugnisse verlangt werden und auf die Untersuchung der finanziellen Situation des betreffenden Bewerbers (z. B. durch Einsicht in das Schufa-Register) verzichtet wird.

Personalbeschaffungsrisiko „Personalengpass“: Wird weniger als die benötigte Personalmenge beschafft oder erfolgt die Personalbeschaffung nicht rechtzeitig, entsteht ein Personalengpass, d. h. der Personalbedarf ist größer als der Personalbestand der Unternehmung.

Personalengpässe können auch durch den längerfristigen oder gänzlichen Ausfall von bereits beschafftem Personal aufgrund von Krankheit oder Mutterschaft bzw. Familienphase ausgelöst werden.

Personalengpässe haben zur Folge, dass die überschüssigen Aufgaben auf die bestehenden Mitarbeiter verteilt werden oder liegen bleiben und nicht erfüllt werden. Bei der Verteilung der Stellenaufgaben unterliegen die betroffenen Mitarbeiter einer Mehrbelastung, welche Einbußen bei der Qualität und Quantität der Arbeitsergebnisse zur Folge haben kann (vgl. Teil C, 1.3.2.2.). Hinzu kommt die negative Wirkung dauerhafter Mehrbelastung auf die Motivation der Betroffenen (vgl. Teil C, 1.3.2.2.). Für den Fall, dass die anfallenden Aufgaben nicht vollständig auf das bestehende Personal verteilt werden können, z. B. weil die Mitarbeiter bereits ausgelastet sind oder weil sie nicht über die erforderlichen Kenntnisse und Fähigkeiten verfügen, bleiben Aufgaben unerfüllt (zu den Folgen vgl. Teil C, 1.3.2.2.). Bei länger andauerndem oder gänzlichem Ausfall von Personal aufgrund von Krankheit oder Familienphase (zur Familienphase vgl. Drumm 2005, 211) werden die entsprechenden Stellenaufgaben in der Regel nicht auf Kollegen verteilt, sondern es wird ein Stellenvertreter bzw. ein neuer Stelleninhaber beschafft, was Kosten für die Anwerbung, Auswahl, Einstellung, Einarbeitung und eventuell Entwicklung auslöst.

Das Auftreten von Personalengpässen wird im Rahmen der Personalbeschaffung begünstigt durch die weite Verlegung des Beschaffungszeitpunkts in die Zeit nach dem Einsatzzeitpunkt („Strecken“ des Personals über lange Zeit), die Fehleinschätzung der Dauer des Personalbeschaffungsprozesses und den infolgedessen verspäteten Beginn der Personalbeschaffung sowie durch erfolglose Beschaffungsversuche (z. B. aufgrund der fehlerhaften Wahl von Beschaffungsmitteln, -wegen oder -orten). Das Risiko von Personalengpässen infolge des Ausfalls von bereits beschafftem Personal steigt an, wenn bei der Personalauswahl auf die Überprüfung des Gesundheitszustandes und der Belastungsfähigkeit der Kandidaten bei psychisch und/oder physisch besonders belastenden Stellen verzichtet wird oder wenn Bewerber gewählt werden, die aufgrund ihres Alters die Familienphase noch vor sich haben.

Im Anhang sind ursachen- und wirkungsorientierte Maßnahmen zur Handhabung der Personalbeschaffungsrisiken „Mangelnde Eignung des beschafften Personals“ und „Personalengpass“ dargestellt (vgl. Anhang 5).

2.2.2. Personalführung

2.2.2.1. Grundlagen der Personalführung

Der Begriff Personalführung bezeichnet die zielorientierte Beeinflussung des Mitarbeiterverhaltens durch den Vorgesetzten (vgl. Wunderer 1993, 635; Schanz 2000, 651; Drumm 2005, 493). Ziel der Personalführung ist es, den Mitarbeiter durch das Führungsverhalten des Vorgesetzten so zu beeinflussen, dass er das angestrebte Mitarbeiterverhalten zeigt (vgl. Drumm 2005, 505).

Personalführungsentscheidungen haben die Wahl und Umsetzung eines Führungsverhaltens zur zielorientierten Beeinflussung der zu führenden Mitarbeiter zum Inhalt. Die Art und Weise, in der Führungskräfte sich verhalten oder verhalten sollen, wird in der Literatur auch unter den Bezeichnungen Führungsstil (vgl. Wunderer/Grunwald 1980, 221; Hentze 1995, 185;

Berthel 1997, 65) oder Führungskonzeption (vgl. Drumm 2005, 525) diskutiert. Alternativen des Führungsverhaltens setzen sich zusammen durch die Verknüpfung verschiedener Ausprägungen der folgenden Komponenten: Art und Umfang des Einbezugs von Mitarbeitern in Entscheidungsprozesse, Offenheit der Kommunikation und Teilhabe der Mitarbeiter an Informationen, Art und Detailliertheit der zugehenden Anweisungen und Hilfeleistungen sowie Art und Umfang der ausgeübten Kontrolle (vgl. Eckardstein/Schnellinger 1978, 108; Hentze 1995, 187; Drumm 2005, 576).

Die Wahl eines Führungsverhaltens orientiert sich dabei an der Führungssituation und der dazu korrespondierenden Leitidee der Führung. Die Führungssituation setzt sich aus der Aufgabenstruktur, den Werthaltungen, den Bedürfnissen, dem Geschlecht und dem Alter des zu führenden Mitarbeiters sowie aus dessen Qualifikation und Lernfähigkeit zusammen und beinhaltet als zentralen Bestandteil das Menschenbild vom Mitarbeiter (vgl. Drumm 2005, 534). Menschenbilder sind Realtypologien von menschlichen Eigenschaftskomplexen, die in Anlehnung an die Realität aufgrund von Plausibilitätsüberlegungen und Grundannahmen über Dritte getroffen werden (vgl. Drumm 2005, 497; zu verschiedenen Typologien von Menschenbildern vgl. Drumm 2005, 497-502). Jede Führungsentscheidung basiert auf einem spezifischen Menschenbild, das auf Annahmen über menschliche Zielsetzungen und Verhaltensweisen zurückgeht (vgl. Hentze 1995, 186).

Die Führungssituation und dabei insbesondere das repräsentative Menschenbild vom Mitarbeiter sowie die in der Unternehmungsleitung und bei den Führungskräften vorherrschenden Werthaltungen bilden die Basis für die Festlegung einer Leitidee der Führung, an der sich die Wahl einer Führungsverhaltensalternative orientiert. Leitideen der Führung sind z. B. „Autonomie", „Interaktion" und „Abhängigkeit" (vgl. Drumm 2005, 534). Je nach Führungssituattion können bestimmte Ausprägungen dieser Leitideen zugeordnet werden (vgl. Eigler 1996, 167-177). Zeichnet sich z. B. die Führungssituation durch positive Menschenbilder, komplexe Aufgaben, hohe Qualifikationen der Mitarbeiter, Selbstbestimmung als Wert und Lernen als Bedürfnis aus, passt dazu die Leitidee der Autonomie (vgl. Eigler 1996, 167-177). Letztere findet ihren Ausdruck im Führungsverhalten u. a. in der Wahl von Entscheidungsdezentralisation, Selbstabstimmung und Selbstbestimmung der Kommunikation sowie Selbstkontrolle durch die Mitarbeiter (vgl. Eigler 1996, 167-177).

2.2.2.2. Analyse des Risikogehalts von Personalführungsentscheidungen

Ziel der Personalführung ist es, den Mitarbeiter durch das Führungsverhalten des Vorgesetzten so zu beeinflussen, dass er das angestrebte Mitarbeiterverhalten (vgl. Drumm 2005, 505) zeigt. Geht man davon aus, dass sich das Führungsverhalten an der Individualität des Mitarbeiters orientieren muss, wenn es erfolgreich sein will (vgl. zur individualisierten Führung Drumm 2005, 565), dann zielt die individuelle Verhaltensbeeinflussung im Rahmen der Personalführung auf „die Förderung von Leistungen und die Bindung des Mitarbeiters an die Unternehmung durch Berücksichtigung seiner individuellen Werte, Bedürfnisse, Kenntnisse, Fähigkeiten und Situation" (Drumm 2005, 565) ab. Fehlentscheidungen bei der Personalführung liegen folglich vor, wenn das gewählte Führungsverhalten nicht das angestrebte Mitarbeiterverhalten bewirkt, weil bei der Wahl des Führungsverhaltens die Wert- und Bedürfnisstruktur des Mitarbeiters und/oder seine durch Kenntnisse, Fähigkeiten und individuelle Situation determinierte quantitative und qualitative Leistungsfähigkeit nicht ausreichend berücksichtigt wird. Der erste Fall soll als Personalführungsrisiko „Mangelhafte Wert-

und Bedürfnisorientierung", der zweite Fall als Personalführungsrisiko „Mangelhafte Berücksichtigung der Leistungsfähigkeit" bezeichnet werden. Fehlentscheidungen bei der Personalführung haben negative Abweichungen von den personalwirtschaftlichen Zielen der ökonomischen und sozialen Effizienz zur Folge und beeinträchtigen deshalb die Erreichung der obersten Unternehmungsziele (vgl. Teil C, 1.3.2.1., 1.3.2.2.).

Personalführungsrisiko „Mangelhafte Wert- und Bedürfnisorientierung": Dieses Personalführungsrisiko entsteht, wenn die individuellen Werthaltungen und Bedürfnisse der zu führenden Mitarbeiter bei der Auswahl des Führungsverhaltens nicht ausreichend berücksichtigt werden.

Werthaltungen werden durch Erziehung und Sozialisation erworben (vgl. Drumm 2005, 567). Sie lösen Bedürfnisse aus und bewirken infolgedessen das Zustandekommen von Motivation (vgl. Drumm 2005, 568). Zwar ist es dem Vorgesetzten auf lange Sicht durchaus möglich, die Werthaltungen seiner Mitarbeiter z. B. durch das Vorleben bestimmter Werte zu verändern, kurzfristig wirken Werthaltungen jedoch als Restriktionen „gegen die der Vorgesetzte nicht verstoßen sollte, wenn er den Erfolg seiner Führung nicht gefährden will" (Drumm 2005, 568). Die Vernachlässigung der individuellen Werthaltungen und der sich daraus ableitenden Bedürfnisse der Mitarbeiter bei der Wahl des Führungsverhaltens führt bei den Betroffenen zur Beeinträchtigung der Motivation. Die Schäden, die infolge eingeschränkter Motivation zur Leistung und zum Verbleib in der Unternehmung entstehen, wurden in Teil C, 1.3.2.2. aufgezeigt.

Das Risiko, dass die Wertorientierung bei der Führung mangelhaft ist, nimmt zu, wenn erstens die individuellen Bedürfnisse und Werthaltungen überhaupt nicht ermittelt werden, wenn zweitens anstatt eines Mitarbeitergesprächs ein Erhebungsinstrument wie z. B. die Mitarbeiterbefragung verwendet wird, welches die Individualität des Mitarbeiters vernachlässigt, oder wenn drittens der Vorgesetzte den Mitarbeiter im Gespräch nicht als gleichwertig behandelt und der Mitarbeiter deshalb seine wahren Werte und Bedürfnisse nicht offen legt (vgl. Drumm 2005, 574). Auch der Verzicht auf die periodische Überprüfung der Wert- und Bedürfnisänderungen erhöht das Risiko einer mangelhaften Wertorientierung der Führung. Allerdings genügt es nicht, die Werte und Bedürfnisse der Mitarbeiter aufzudecken und regelmäßig auf ihre Gültigkeit zu überprüfen. Sie müssen auch, sofern sie vom Vorgesetzten und der Unternehmung akzeptiert werden können, tatsächlich bei der Wahl des Führungsverhaltens Beachtung finden.

Personalführungsrisiko „Mangelhafte Berücksichtigung der Leistungsfähigkeit": Wird im Rahmen der Führung die quantitative und/oder qualitative Leistungsfähigkeit eines Mitarbeiters vernachlässigt, kann quantitative und/oder qualitative Über- oder Unterforderung des Betroffenen ausgelöst werden.

Zur qualitativen Überforderung des geführten Mitarbeiters kommt es, wenn dieser nicht über die erforderlichen Kenntnisse und Fähigkeiten verfügt, um die vom Vorgesetzten gewährten (Mit-)Entscheidungsrechte wahrzunehmen oder um dessen Anweisungen umzusetzen. Gleiches gilt, wenn der Mitarbeiter trotz qualifikatorischer Defizite ohne Hilfestellungen des Vorgesetzten handeln oder Selbstkontrolle betreiben soll. Die qualitative Überforderung des Mitarbeiters führt dazu, dass dessen Motivation abnimmt und die Qualität seiner Arbeitsleistung sinkt (zu den Folgen vgl. Teil C, 1.3.2.2.). Qualitative Unterforderung des Mitarbeiters liegt hingegen vor, wenn dieser aufgrund seiner Kenntnisse und Fähigkeiten zwar in der Lage wäre (Mit-)Entscheidungsrechte wahrzunehmen, selbständig und ohne detaillierte Anweisungen und Hilfestellungen zu handeln oder seine Arbeitsergebnisse selbst zu kontrollieren, jedoch durch das Führungsverhalten seines Vorgesetzten keine Gelegenheit dazu erhält. Die qualitative Unterforderung verschwendet Ressourcen, da der Vorgesetzte Zeit für eigentlich unnötige Anweisungen und für Fremdkontrolle verwendet, welche durch (teilweise) Selbstkontrolle substituiert werden könnte. Außerdem wird durch die qualitative Unterforderung die Motivation des betroffenen Mitarbeiters beeinträchtigt (zu den Folgen vgl. Teil C, 1.3.2.2.).

Von quantitativer Überforderung kann gesprochen werden, wenn der Mitarbeiter die von seinem Vorgesetzen geforderten Arbeitsergebnisse zwar prinzipiell erbringen kann, jedoch nicht innerhalb der vorgegebenen Arbeitszeit. Um die geforderten Arbeitsergebnisse zu erzielen, muss der Mitarbeiter über seine normale Arbeitszeit hinaus Mehrarbeit in Form von Überstunden leisten, was negativ auf die Motivation des Betroffenen wirkt und zudem, im Falle bezahlter Mehrarbeit, die Personalkosten erhöht (vgl. Teil C, 1.3.2.2.). Versucht der Stelleninhaber, um Überstunden zu vermeiden, die Soll-Quantität dennoch innerhalb der vorgegebenen Zeit zu erreichen, können negative Abweichungen bei der Qualität der Arbeitsergebnisse resultieren. Bei besonders starker quantitativer Überforderung kann es außerdem trotz der Überstunden passieren, dass die Arbeitsergebnisse nicht zum erforderlichen Termin vorliegen und dass aufgrund dieser Zeitverzögerungen Lieferfristen verletzt werden (zu den Folgen vgl. Teil B, 1.3.2.2.). Quantitative Unterforderung hingegen verschwendet Ressourcen und beeinträchtigt, wenn auch wohl in geringerem Maße als die quantitative Überforderung, die Motivation des Betroffenen.

Das qualitative und quantitative Leistungsfähigkeitspotential des einzelnen Mitarbeiters sollte normalerweise bereits aus der Personalbeschaffung, -auswahl und -zuweisung bekannt sein. Liegen keine oder nur veraltete Daten über Kenntnisse und Fähigkeit des Mitarbeiters vor, kann dessen Leistungsfähigkeit im Rahmen der Personalführung nicht angemessen berücksichtigt werden und die Gefahr der Über- oder Unterforderung steigt. Allerdings gilt auch hier, dass die Kenntnis des Leistungsfähigkeitspotenzials nicht ausreicht. Die aktuellen Daten zur Leistungsfähigkeit des Mitarbeiters müssen auch tatsächlich ihren Niederschlag in der Mitarbeiterführung finden, um das hier dargestellte Führungsrisiko zu vermindern.

Im Anhang finden sich ursachen- und wirkungsorientierte Maßnahmen zur Handhabung der Personalführungsrisiken „Mangelhafte Wertorientierung“ und „Mangelhafte Berücksichtigung der Leistungsfähigkeit“ (vgl. Anhang 6).

3. Prozedurale Vorschläge für personalwirtschaftliche Entscheidungen

Um sicherzustellen, dass personalwirtschaftliche Entscheidungen nur von entsprechend geeigneten Entscheidungsträgern getroffen werden, ist die Einrichtung einer Datenbank sinnvoll, welche alle personalwirtschaftlichen Entscheider in der Unternehmung erfasst und über deren Qualifikation, Motivation, Risikobereitschaft und Entscheidungserfahrung Auskunft gibt (analoge Vorgehensweise vgl. Teil B, 3.). Über eine Suchfunktion können personalwirtschaftliche Entscheidungsträger herausgefiltert werden, die aufgrund ihrer Qualifikation und/oder Erfahrung für die jeweils betrachtete Entscheidung besonders geeignet sind.

Wurde nun, z. B. mittels der beschriebenen Datenbank, ein geeigneter Entscheider ermittelt, so empfiehlt sich für die Entscheidungsfindung folgende Vorgehensweise: Zunächst legt der personalwirtschaftliche Entscheidungsträger Handlungsziele fest, die mit Hilfe einer zu wählenden personalwirtschaftlichen Maßnahme erreicht werden sollen und stellt sicher, dass diese Ziele in einem finalen Verhältnis zu den Unternehmungszielen stehen. Dann prüft der Entscheider die Vernetzungen der Entscheidung zu anderen, insbesondere zu personalwirtschaftlichen und zu organisatorischen Entscheidungen in der Unternehmung, um sich gegebenenfalls frühzeitig mit den betreffenden anderen Entscheidungsträgern in Verbindung zu setzen und die Vernetzungen ausreichend berücksichtigen zu können. Anschließend bereitet er die Entscheidung informatorisch vor, d. h. er sucht entscheidungsrelevante Informationen und bricht die Informationssuche ab, „wenn der Erwartungswert des Suchnutzens unter den Erwartungswert der Suchkosten fällt" (Drumm/Dal Zotto 2004, 392). Bei innovativen Entscheidungen können Suchnutzen und -kosten nicht auf der Basis von Erfahrungen abgeschätzt werden, weshalb in diesen Fällen tendenziell eher mehr Informationen als unbedingt nötig beschafft werden sollten. Um die Qualität der verwendeten Informationen zu sichern, sind im Rahmen der Informationsbeschaffung erstens bekannte und geprüfte Informationsquellen zu bevorzugen und zweitens alle gewonnenen Informationen auf ihren Wahrheitsgehalt hin zu überprüfen.

Im Lauf der Entscheidungsvorbereitung generiert der Entscheidungsträger mehrere personalwirtschaftliche Handlungsalternativen. Deren Zielwirkungen untersucht der Entscheider nun in der wirkungsorientierten Phase der Risikoanalyse: Er bildet zu jeder Alternative eine mehrstufige Hypothese über die Wirkung der jeweiligen Alternative auf das Handlungsziel der personalwirtschaftlichen Entscheidung und über deren Folgewirkungen auf die personalwirtschaftlichen Ziele der ökonomischen und sozialen Effizienz. Dabei ist zu beachten, dass alle Wirkungshypothesen auf ihre Plausibilität hin überprüft werden müssen. Die Verletzung personalwirtschaftlicher Handlungsziele erzeugt personalwirtschaftliche Risiken, indem negative Abweichungen von den Zielen der ökonomischen und sozialen Effizienz und infolgedessen, wie in Teil B, 1.3.2.2. dargestellt, Zielverfehlungen bei den obersten Unternehmungszielen ausgelöst werden. Während die Schäden auf der Ebene des personalwirtschaftlichen Handlungsziels vorwiegend qualitativ ausgedrückt werden können, sind die Schäden auf der Ebene der personalwirtschaftlichen Ziele der ökonomischen und sozialen Effizienz auf der Basis der konkreten unternehmungsspezifischen Daten anhand von Opportunitätskosten quantifizierbar.

Nachdem der Entscheider nun die Zielwirkungen der einzelnen Alternativen untersucht hat, überprüft er nochmals die Entscheidungsprämissen und wählt dann diejenige Handlungsalternative aus, die zur Realisierung des Handlungsziels führt und die geringsten Abweichungen von den personalwirtschaftlichen Zielen der ökonomischen und sozialen Effizienz nach sich zieht. Zur Bewertung der einzelnen Alternativen kann z. B. die direkte Punktebewertung (vgl. Teil A, 3.2.3.) herangezogen werden.

Bevor die gewählte Handlungsalternative implementiert wird, findet die ursachenorientierte Phase der Risikoanalyse statt: Anhand von Prüffragen kann der Entscheidungsträger feststellen, ob im Zusammenhang mit dem personalwirtschaftlichen Entscheidungsprozess (Prüffragen P 2-1 bis P 2-11 vgl. Anhang 4) und/oder der geplanten Implementation der personalwirt-schaftlichen Entscheidung (Prüffrage P 3-1 vgl. Anhang 4) aktive Risikoquellen bestehen. Je mehr Risikoquellen aktiv sind, umso größer ist die Gefahr, dass eine Fehlentscheidung getroffen wird bzw. dass das Verhalten bei der Implementation der Entscheidung fehlerhaft ist und es infolgedessen zu negativen Abweichungen von gesetzten Zielen kommt.

Aktive Risikoquellen können mit Hilfe von ursachenorientierten Risikohandhabungsmaßnahmen eliminiert werden, bis das verbleibende Restrisiko mit der Soll-Risikosituation übereinstimmt (vgl. Teil A, 3.4.) Treten bei der ursachenorientierten Risikohandhabung neue, bisher nicht beachtete Alternativen auf oder werden zusätzliche Informationen gewonnen, die zu einer Neubewertung der bisherigen Alternativen führen müssen, ist es vor einer endgültigen Entschlussfassung erforderlich, beide Risikoanalysephasen erneut zu durchlaufen. Schäden, die z. B. aufgrund von bewusst nicht eliminierten und deshalb weiterhin aktiven Risikoquellen drohen, können durch wirkungsorientierte Maßnahmen zur Risikoverminderung, -überwälzung oder -selbsttragung gehandhabt werden.

Nach der Implementation der personalwirtschaftlichen Entscheidung ist eine Ex-post-Kontrolle durchzuführen, indem die tatsächlichen mit den erwünschten Zielwirkungen verglichen, negative Abweichungen aufgedeckt und die entsprechenden Abweichungsursachen ermittelt werden. Die Ex-post-Kontrolle stößt damit Lernprozesse beim Entscheidungsträger an, welche langfristig zu einer Verbesserung seiner Entscheidungen führt. Um diese individuellen Lernerfolge mit anderen personalwirtschaftlichen Entscheidern zu teilen, sollten die Entscheidungsergebnisse, die ermittelten Abweichungsursachen sowie die daraus abgeleiteten Lernprozesse, z. B. anhand der oben bzw. in Teil B, 3. dargestellten Datenbank, transparent und zugänglich gemacht werden.

4. Zwischenergebnis Teil C

Zunächst wurden in Teil C die Grundlagen für die Gestaltung einer entscheidungsorientierten personalwirtschaftlichen Risikoanalyse dargestellt (vgl. 1.1., 1.2.): Personalwirtschaftliche Entscheidungen beschäftigen sich mit der Wahl von Maßnahmen zur Bereitstellung von Personal und zur Steuerung des Mitarbeiterverhaltens (vgl. Türk 1978, 1). Personalwirtschaftliche Fehlentscheidungen bzw. fehlerhaft implementierte personalwirtschaftliche Entscheidungen beeinträchtigen die Erfüllung der personalwirtschaftlichen Handlungsziele und lösen damit negative Abweichungen von den personalwirtschaftlichen Zielen der ökonomischen und sozialen Effizienz aus, was schließlich Abweichungen von den obersten Unternehmungszielen zur Folge hat. Um personalwirtschaftliche Risiken bereits vor ihrer Entstehung, d. h. ex ante, handhaben zu können, muss vor jeder endgültigen personalwirtschaftlichen Entschlussfassung eine zweiphasige Risikoanalyse durchgeführt werden.

In Teil C erfuhr die allgemeine Heuristik der Risikoanalyse eine Anpassung an die Erfordernisse personalwirtschaftlicher Entscheidungen und damit eine Transformation zu einer personalwirtschaftlichen Risikoanalyse: Zu diesem Zweck wurden personalwirtschaftliche (Sub-) Ziele erarbeitet, anhand derer in der wirkungsorientierten Risikoanalyse verschiedene personalwirtschaftliche Alternativen bewertet werden können (vgl. Teil C, 1.3.2.1.). Zudem wurden Schäden und Folgeschäden dargestellt, die bei negativen Abweichungen von den personalwirtschaftlichen Zielen eintreten können (vgl. Teil C, 1.3.2.2.). Weiterhin erfolgte eine Präzisierung der formalen Risikoquellen personalwirtschaftlicher Entscheidungen (vgl. Teil C, 1.3.3.) und es wurden Prüffragen für eine Checkliste entworfen, mit Hilfe derer der personalwirtschaftliche Entscheider personalwirtschaftliche Risikoquellen aufklären kann (vgl. Anhang 4).

Im zweiten Kapitel von Teil C wurde der Risikogehalt ausgewählter personalwirtschaftlicher Entscheidungen untersucht. Die Analyse des Risikogehalts von Personalbeschaffungs- und Personalführungsentscheidungen ergab, dass im Falle von Fehlentscheidungen auf diesen Gebieten negative Abweichungen von den personalwirtschaftlichen (Sub-)Zielen und infolgedessen von den Unternehmungszielen zu erwarten sind. Auf Basis der analysierten Schadenswirkungen konnten ursachen- und wirkungsorientierte Risikohandhabungsmaßnahmen erarbeitet werden (vgl. Anhang 5 und 6). Vorschläge für die Vorgehensweise bei personalwirtschaftlichen Entscheidungen und für die praktische Ausgestaltung eines personalwirtschaftlichen Ex-ante-Risikomanagements (vgl. 3.) rundeten Teil C ab.

Teil D: Integrative Verknüpfung von personalwirtschaftlichen und organisatorischen Entscheidungen

1. Verbundeffekte zwischen personalwirtschaftlichen und organisatorischen Entscheidungen

1.1. Kumulations- und Kompensationseffekte

In den bisherigen Ausführungen wurden Risiken aus Gründen der Komplexitätsreduktion ausschließlich isoliert voneinander, d. h. im Sinne von Einzelrisiken, betrachtet. Für den Fall, dass zwischen solchen Einzelrisiken kein wesentlicher Zusammenhang besteht, kann das Gesamtrisiko durch Addition der einzelnen Schadenswirkungen ermittelt werden (vgl. Schulte 1997, 27). Diese Unabhängigkeit zwischen Einzelrisiken dürfte jedoch gerade bei den im Rahmen der vorliegenden Arbeit betrachteten eng miteinander verknüpften personalwirtschaftlichen und organisatorischen Risikofeldern eher selten gegeben sein (vgl. Drumm 2005, 730). Vielmehr werden sowohl kompensierende als auch kumulierende Verbundeffekte auftreten (vgl. Martin/Bär 2002, 101), welche im Folgenden untersucht werden sollen.

Bei kumulierenden Verbundeffekten kommt es zu einer Risikoverstärkung (vgl. Schulte 1997, 27), indem eine Fehlentscheidung die Schadenswirkung einer oder mehrerer anderer Fehlentscheidungen erhöht. Solche Kumulationseffekte sind zwischen personalwirtschaftlichen bzw. zwischen organisatorischen Fehlentscheidungen möglich. Sie können aber auch dann vorliegen, wenn eine organisatorische Fehlentscheidung die Schadenswirkung einer oder mehrerer personal-wirtschaftlicher Fehlentscheidungen erhöht und umgekehrt. Kumulationseffekte bewirken, dass der durch kumulierende Fehlentscheidungen ausgelöste Gesamtschaden bzw. das resultierende Gesamtrisiko die Summe der jeweiligen Einzelrisiken übersteigt.

Unter kompensierenden Effekten werden in der Literatur gegenläufige, diversifizierende Effekte zwischen Risiken verstanden, welche zu einer Verminderung des Gesamtrisikos gegenüber der Summe der jeweiligen Einzelrisiken führen (vgl. Schulte 1997, 26; Martin/Bär 2002, 101). Ist Risiko allerdings wie in der vorliegenden Arbeit definiert als die Gefahr von Fehlentscheidungen oder von Fehlverhalten nach Entscheidungen mit der Folge der Nichterreichung gesetzter Ziele (vgl. Teil A, 2.2.1.; vgl. Mikus 2001, 7), ist es nicht vorstellbar, dass solche entscheidungsorientierten Risiken, oder anders ausgedrückt, dass Fehlentscheidungen einander kompensieren. Von Kompensationseffekten soll stattdessen im Folgenden gesprochen werden, wenn die negative Risikowirkung einer Fehlentscheidung durch die Wirkung einer anderen Entscheidung aufgehoben oder vermindert wird.

1.2. Verbundeffekte zwischen personalwirtschaftlichen und organisatorischen Entscheidungen

1.2.1. Kumulationseffekte

Kumulierende Verbundeffekte können zwischen personalwirtschaftlichen oder organisatorischen Risiken auftreten. Kumulationseffekte sind aber auch zwischen personalwirtschaftlichen Risiken einerseits und organisatorischen Risiken andererseits beobachtbar.

Zur Aufdeckung und Darstellung von kumulierenden Verbundeffekten können Matrizen verwendet werden (vgl. Martin/Bär 2002, 102). Dabei werden entweder nur organisatorische bzw. nur personalwirtschaftliche Risiken crosstabuliert oder es werden organisatorische und personalwirtschaftliche Risiken in einer Matrix gegenüber gestellt. So können z. B. die in den vorangegangenen Teilen dieser Arbeit identifizierten Risiken ausgewählter mikroorganisatorischer (vgl. Teil B, 2.) und personalwirtschaftlicher (vgl. Teil C, 2.) Entscheidungen crosstabuliert werden, um Kumulationseffekte zu untersuchen. Dazu werden in die Frontspalte der Matrix die organisatorischen und in die Kopfzeile der Matrix die personalwirtschaftlichen Risiken eingetragen. Jedes Feld der Matrix steht für die Beziehung zwischen jeweils einem personalwirtschaftlichen und einem organisatorischen Risiko. Anhand von Wirkungshypothesen kann für jedes Feld der Matrix geprüft werden, ob ein Kumulationseffekt besteht. Zusätzlich kann die Stärke des Verbundeffektes klassifiziert werden (z. B. keine, schwache oder starke kumulative Wirkungen; s. a. Nottmeyer 2002, 57). Die Kombination der im Rahmen dieser Arbeit vorgestellten sieben organisatorischen (vgl. Teil B, 2.2.1.2, 2.2.2.2.) und vier personalwirtschaftlichen Risiken (vgl. Teil C, 2.2.1.2, 2.2.2.2.) ergibt 28 Varianten von Risikobeziehungen.

Um den Rahmen der Arbeit nicht zu sprengen, werden an dieser Stelle nicht alle Varianten einzeln diskutiert, sondern es wird stellvertretend nur eine Risikobeziehung herausgegriffen: die Beziehung zwischen dem organisatorischen Stellenbildungsrisiko „Mangelnde Abgegrenztheit“ (vgl. Teil B, 2.2.1.2.) und dem personalwirtschaftlichen Beschaffungsrisiko „Mangelnde Eignung“ (vgl. Teil C, 2.2.1.2.). Bei mangelnder Abgegrenztheit einer Stelle gegenüber einer oder mehreren anderen Stelle(n) kommt es zu Kompetenzüberschneidungen und interpersonellen Konflikten (vgl. Reiß 1984, 90), deren Bewältigung hohe Abstimmungskosten erzeugt. Ist der betreffende Stelleninhaber zudem unterdurchschnittlich mit der Fähigkeit zur Kommunikation und Selbstabstimmung ausgestattet, d. h. tritt zugleich das Risiko der mangelnden Eignung des Mitarbeiters auf, müssen die Kompetenzkonflikte der jeweiligen Stellen vollständig durch den Vorgesetzten gelöst werden, wodurch die Abstimmungskosten weiter zunehmen. Zwischen den beiden genannten Risiken besteht dementsprechend ein kumulierender Verbundeffekt.

1.2.2. Kompensationseffekte

Ein Kompensationseffekt liegt vor, wenn eine Entscheidung die negative Wirkung eines Risikos aufhebt oder vermindert (vgl. Teil D, 1.1.). Bei organisatorischen und personalwirtschaftlichen Risiken und Entscheidungen sind folgende vier Arten von kompensierenden Beziehungen denkbar: Entweder erfolgt die Kompensation eines organisatorischen Risikos durch eine organisatorische Entscheidung bzw. die Kompensation eines personalwirtschaftlichen Risikos durch eine personalwirtschaftliche Entscheidung. Oder ein organisatorisches Risiko wird durch eine personalwirtschaftliche Entscheidung kompensiert und ein personalwirtschaftliches Risiko durch eine organisatorische Entscheidung. Beispiele für solche kompensierenden Verbundeffekte werden in Teil D, 2.2. diskutiert.

Um die genannten Beziehungen zwischen Risiken und kompensierenden Entscheidungen zu untersuchen, können, ähnlich wie oben (vgl. Teil D, 1.2.1.), Matrizen verwendet werden. Allerdings sind zur Analyse von Kompensationseffekten nicht Risiken einander gegenüberzustellen, denn diese können sich definitionsgemäß nicht gegenseitig kompensieren (vgl. Teil D, 1.1.). Stattdessen sind in der Frontspalte der Matrix Entscheidungen einzutragen, von denen vermutlich Kompensationseffekte ausgehen. Risiken, die kompensiert werden sollen, sind dann in der Kopfzeile der Matrix anzugeben. Die Felder der Matrix stehen jeweils für die Beziehung zwischen einer eventuell kompensierenden Entscheidung und einem Risiko. Für jedes einzelne Feld der Matrix kann dann anhand von Wirkungshypothesen geprüft werden, ob tatsächlich Kompensationseffekte vorliegen.

Um die oben genannten vier Arten von kompensierenden Beziehungen zwischen organisatorischen und personalwirtschaftlichen Entscheidungen und Risiken zu untersuchen, sind dementsprechend vier Matrizen erforderlich (vgl. Abb. 15).

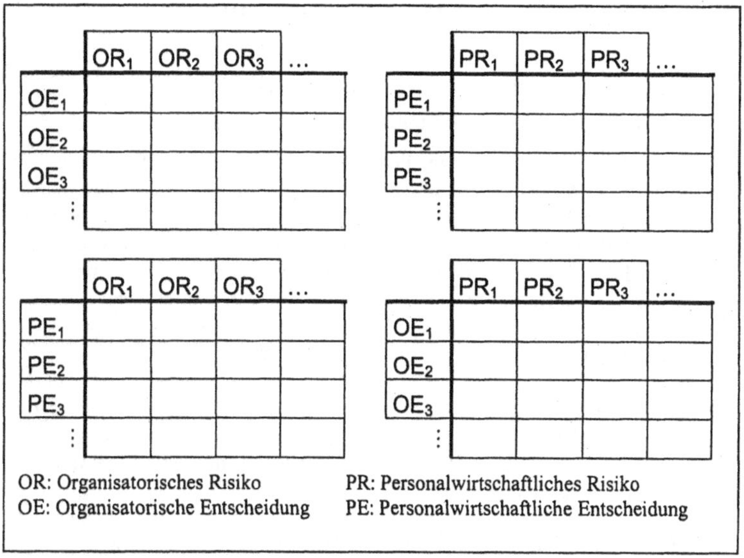

Abbildung 15 Matrizen zur Identifikation von Kompensationseffekten

2. Implikationen von Verbundeffekten zwischen personalwirtschaftlichen und organisatorischen Entscheidungen für das Risikomanagement

2.1. Berücksichtigung von Verbundeffekten in der Risikoanalyse

Kumulationseffekte erhöhen das Gesamtrisiko der Unternehmung und sind deshalb möglichst zu vermeiden. Kompensationseffekte hingegen vermindern negative Risikowirkungen und können somit zur Risikohandhabung eingesetzt werden (vgl. Teil D, 2.2.). Um Kumulationseffekte weitgehend auszuschließen und Kompensationseffekte effektiv auszuschöpfen, müssen beide Arten von Verbundeffekten bei der prädezisionalen Risikoanalyse aufgeklärt werden.

Bei der Erläuterung formaler Risikoquellen, die im Zusammenhang mit dem Entscheidungsprozess (vgl. Teil A, 3.2.2.2.) auftreten können, wurde darauf hingewiesen, dass im Vorfeld der Entscheidung Vernetzungen zwischen der betrachteten und anderen Entscheidungen in der Unternehmung beleuchtet werden müssen, um Fehlentscheidungen zu vermeiden. Die oben beschriebenen kumulierenden und kompensierenden Effekte (vgl. Teil D, 1.2.) erfordern einen Wirkungszusammenhang zwischen den betreffenden Entscheidungen und können somit nur bei Entscheidungen auftreten, die miteinander vernetzt sind. Daher sind im Rahmen der ursachenorientierten Risikoanalyse nicht nur mögliche Vernetzungen einer Entscheidung zu hinterfragen, sondern es muss zudem geklärt werden, ob aus den erkannten Vernetzungen Kumulations- oder Kompensationseffekte hervorgehen können. Anders ausgedrückt: Es ist zu überprüfen, ob eine in Betracht gezogene Handlungsalternative im Ergebnis dazu führen kann, dass bestehende oder drohende negative Risikowirkungen vernetzter Entscheidungen erhöht (Risikokumulation) oder vermindert (Risikokompensation) werden.

2.2. Kompensationseffekte und Risikohandhabung

2.2.1. Nutzung kompensierender Effekte zur Risikohandhabung

Kompensationseffekte sind in der Lage, die negativen Wirkungen von Risiken zu vermindern (vgl. Teil D, 1.2.2.). Wie im Rahmen der Grundlagen dieser Arbeit erläutert (vgl. Teil A, 2.2.3.), gehören Maßnahmen zur Risikoverminderung in den Bereich der Risikohandhabung. Der Einsatz von Entscheidungen mit kompensierenden Effekten auf bestehende oder drohende Risiken kann folglich zu den risikovermindernden Maßnahmen der Risikohandhabung gezählt werden. Da Kompensationseffekte an der Risikowirkung ansetzen, d. h. zu einer Schadenherabsetzung (vgl. Haller 1986, 31) führen, können sie der Gruppe der wirkungsorientierten Maßnahmen zur Risikoverminderung zugeordnet werden.

Für die Bestimmung, ob bzw. welche kompensierende(n) Entscheidungen zur Risikoverminderung eingesetzt werden sollten, gilt, wie allgemein bei der Risikohandhabung, dass der Erwartungswert der Auszahlungen für die Risikohandhabung nicht über dem Schadenserwartungswert des Risikos selbst liegen darf (vgl. Drumm 2005, 730).

Im Folgenden sollen kompensierende Entscheidungen zur Handhabung organisatorischer bzw. personalwirtschaftlicher Risiken vorgestellt werden. Da prinzipiell zwischen allen Entscheidungen der Unternehmung Vernetzungen bestehen können, ist es möglich, dass außerhalb der Bereiche Organisation und Personalwirtschaft Entscheidungen mit kompen-sierenden Effekten auf die genannten Risiken getroffen werden. Aufgrund der besonders engen Verbindungen zwischen der Organisationsstruktur einer Unternehmung und dem in diesen Strukturen arbeitenden Personal ist jedoch zu vermuten, dass kompensierende Effekte auf organisatorische und personalwirtschaftliche Risiken vorwiegend in eben diesen beiden Entscheidungsbereichen zu finden sind. Die anschließende Betrachtung von Kompensationseffekten zur Risikohandhabung beschränkt sich daher auf kompensierende Effekte innerhalb und zwischen den Bereichen Organisation und Personalwirtschaft.

2.2.2. Kompensation organisatorischer Risiken

Wie oben dargestellt (vgl. Teil D, 1.2.2.) ist die Kompensation organisatorischer Risiken sowohl durch organisatorische als auch durch personalwirtschaftliche Entscheidungen möglich. Organisatorische Risiken, die im Rahmen dieser Arbeit analysiert wurden, sind Stellen- und Abteilungsfehlbildungen (vgl. Teil B, 2.2). Sie führen zu negativen Abweichungen von den organisatorischen Zielen der wirtschaftlichen Aufgabenerfüllung, der sozialen Effizienz und der angemessenen Anpassungsfähigkeit, woraus letztlich Zielabweichungen auf der Ebene der obersten Unternehmungsziele resultieren (vgl. Teil B, 1.3.2.2.). Effekte die kompensierend auf diese Zielabweichungen wirken, haben ihren Ursprung entweder in organisatorischen oder in personalwirtschaftlichen Entscheidungen. Die folgenden Beispiele für kompensierende Effekte stellen keine abschließende Aufzählung dar, sondern sollen exemplarisch zeigen, wie Kompensationseffekte im Zusammenhang mit einigen der oben vorgestellten (vgl. Teil B, 2.2.) mikroorganisatorischen Risiken wirken.

Organisatorische Entscheidungen mit kompensierender Wirkung auf organisatorische Risiken beziehen sich z. B. auf die Gestaltung von Informations- und Kommunikationssystemen: Die durch die Abteilungsfehlbildungen „mangelnde Autonomie", „übermäßige Heterogenität" und „Überdimensionierung der Leitungsspanne" (vgl. Teil B, 2.2.2.2.) ausgelösten Abstimmungskosten können vermindert werden, wenn ein Informations- und Kommunikationssystem eingerichtet wird, das einen schnellen Austausch von Daten und eine direkte, barrierefreie Kommunikation innerhalb und zwischen den Abteilungen erlaubt.

Personalwirtschaftliche Entscheidungen, welche organisatorische Risiken kompensieren, sind u. a. im Bereich der Personalbeschaffung möglich: Wird beispielsweise ein Kandidat beschafft, der in überdurchschnittlichem Maße mit der Fähigkeit zur Kommunikation und selbständigen Konfliktlösung ausgestattet ist, reduziert dies die Abstimmungskosten, welche im „Normalfall" bei einer mangelhaft abgegrenzten Stelle entstehen (vgl. Teil B, 2.2.1.2.). Ein weiteres Beispiel für einen Kompensationseffekt im Rahmen der Personalbeschaffung wäre die Besetzung einer fehlerhaft ausgelasteten, weil quantitativ überfordernden Stelle (vgl. Teil B, 2.2.1.2.) mit einem Bewerber, der in besonderem Maße belastbar ist und gerne Herausforderungen annimmt. Während die fehlerhaft ausgelastete Stelle einen normalen Mitarbeiter überfordern und dessen Motivation negativ beeinflussen würde, wäre bei dem besagten Bewerber keine Motivationseinbuße, sondern eventuell sogar eine positive motivationale Wirkung zu beobachten.

Die Kompensation organisatorischer Fehlentscheidungen kann des Weiteren auch durch personalwirtschaftliche Entscheidungen im Bereich der Personalentwicklung erfolgen. So werden z. B. die negativen Wirkungen, die von der mangelnden Autonomie einer Abteilung (vgl. Teil B, 2.2.2.2.) ausgehen, reduziert, indem die Vorgesetzten und Mitarbeiter der betroffenen, interdependenten Abteilungen durch Personalentwicklungsmaßnahmen auf dem Feld des Konfliktmanagements geschult werden.

2.2.3. Kompensation personalwirtschaftlicher Risiken

Im vorangegangenen Abschnitt wurden kompensierende Effekte dargestellt, welche die negativen Wirkungen organisatorischer Risiken vermindern können. Im Folgenden soll nun analog dazu auf Kompensationseffekte zur Reduzierung der negativen Zielwirkungen personalwirtschaftlicher Risiken eingegangen werden, und zwar ebenfalls wieder anhand einiger Beispiele. Personalwirtschaftliche Risiken, wie die im Rahmen dieser Arbeit analysierten Personalbeschaffungs- und Personalführungsrisiken (vgl. Teil C, 2.2.), führen zu negativen Abweichungen von den personalwirtschaftlichen Zielen der ökonomischen und sozialen Effizienz und infolgedessen zu negativen Zielabweichungen auf oberster Unternehmungsebene (vgl. Teil C, 1.3.2.2.). Kompensationseffekte zur Reduzierung dieser negativen Zielwirkungen können entweder von personalwirtschaftlichen oder von organisatorischen Entscheidungen ausgehen.

Personalwirtschaftliche Entscheidungen mit kompensierenden Effekten auf personalwirtschaftliche Risiken sind z. B. im Bereich der Personalführung anzutreffen: So können die negativen Wirkungen, die aus der Beschaffung eines ungeeigneten Mitarbeiters (vgl. Teil C, 2.2.1.2.) resultieren, gemildert werden, indem der Betroffene im Zuge der Personalführung durch gezielte und detaillierte Anweisungen bei seiner Aufgabenerfüllung unterstützt und angeleitet wird. Insbesondere bei Qualifikationsmängeln des beschafften Personals sind daneben auch kompensierende Effekte aus Personalentwicklungsentscheidungen zu erwarten: „Wenn es keine ausreichend qualifizierten Mitarbeiter gibt, dann kann die Qualifikation eventuell durch Schulungsmaßnahmen am Arbeitsplatz oder durch gesonderte Fortbildung gewährleistet werden" (Schmidt 2000, 52). Steigt die Qualifikation des betroffenen Mitarbeiters an, sinken die Schäden, welche durch das Risiko der mangelnden Eignung des beschafften Personals (vgl. Teil C, 2.2.1.2.) hervorgerufen werden.

Die Kompensation personalwirtschaftlicher Risiken kann ferner durch organisatorische Entscheidungen erfolgen: Das oben bereits genannte Risiko der Beschaffung von Personal mit mangelnder Eignung kann in seinen negativen Wirkungen abgeschwächt werden, wenn sich die Stelle des betroffenen Mitarbeiters durch klar abgegrenzte Aufgaben-, Kompetenz- und Verantwortungsbereiche auszeichnet. Ist die Stelle weiterhin so gestaltet, dass der Vorgesetzte Fremdkontrolle betreiben kann, werden Fehler des ungeeigneten Mitarbeiters früh entdeckt, wodurch die ausgelösten Schäden ebenso frühzeitig bekämpft und vermindert werden können. Kompensierende Effekte sind außerdem zu erwarten, wenn der betreffende Mitarbeiter in ein Team integriert wird, in dem er die Möglichkeit erhält, von qualifizierten Kollegen zu lernen, d. h. seine Eignung im Rahmen seiner täglichen Arbeiten zu steigern, ohne dafür spezielle Personalentwicklungsmaßnahmen zu durchlaufen.

Den Risikofolgen eines Personalengpasses, z. B. aufgrund von Mutterschaft und Familienzeit (vgl. Teil C, 2.2.1.2.), kann ebenfalls auf organisatorischem Wege begegnet werden: Das Angebot von Teilzeitarbeit oder von Modellen, die Telearbeit und gelegentliche Arbeit am Arbeitsplatz in der Unternehmung integrieren (vgl. Drumm 2005, 215), führt dazu, dass die Unternehmung statt eines gänzlichen Ausfalles nur einen teilweisen Arbeitsausfall der Betroffenen ausgleichen muss, wodurch der mit diesem Risiko verknüpfte Schaden vermindert wird.

Zur Kompensation von Führungsrisiken (vgl. Teil C, 2.2.2.2.) sind in organisatorischer Hinsicht v. a. Entscheidungen aus dem Bereich der Stellenbildung geeignet. Denn eine Stelle, die so gestaltet ist, dass die qualitative und quantitative Auslastung des Stelleninhabers mit dessen Leistungsfähigkeit übereinstimmt und die dessen Neigungen und Bedürfnisse berücksichtigt, wirkt kompensierend auf fehlerhafte Personalführungsentscheidungen. Voraussetzung für eine derartige Stellengestaltung bzw. -anpassung ist die periodische Erfassung der Bedürfnisse des Stelleninhabers sowie die regelmäßige Leistungskontrolle.

3. Zwischenergebnis Teil D

In den Teilen B und C dieser Arbeit wurden Risiken isoliert voneinander betrachtet. Dies reduziert zwar die Komplexität der Darstellung, ist aber insgesamt unbefriedigend, weil die einer solchen Betrachtung zu Grunde liegende Prämisse der Unabhängigkeit der Risiken in der Realität nicht aufrechterhalten werden kann. Insbesondere bei Risiken aus den wechselseitig eng verknüpften Bereichen Organisation und Personalwirtschaft treten Verbundeffekte auf, die im Falle der Risikokumulation zu einer Steigerung des Gesamtrisikos führen bzw. im Falle der Risikokompensation eine Verminderung des Gesamtrisikos zur Folge haben. Im vorangegangenen Teil D wurde daher erörtert, wie solche kumulierenden und kompensierenden Effekte zwischen organisatorischen und personalwirtschaftlichen Risiken wirken, wie sie aufgedeckt und in der Risikoanalyse und Risikohandhabung bereits vor der endgültigen Entschlussfassung berücksichtigt werden können. Durch die Aufdeckung und Reduktion von Kumulationseffekten vor der Entscheidung sowie durch die Nutzung von Kompensationseffekten zur Risikoverminderung im Rahmen des Ex-ante-Risikomanagements kann das Gesamtrisiko der Unternehmung, d. h. die Summe der Zielabweichungen auf oberster Unternehmungsebene, herabgesetzt werden.

Teil E: Schlussfolgerungen und offene Probleme

1. Schlussfolgerungen

1.1. Zusammenfassung der Ergebnisse

Zu Beginn der Arbeit wurde erläutert, welche Anforderungen Corporate Governance und insbesondere das Gesetz zur Kontrolle und Transparenz im Unternehmensbereich (KonTraG) an das unternehmerische Risikomanagement stellen. Da das Gesetz jedoch keine Hinweise zur methodischen Ausgestaltung des geforderten Risikomanagements bietet, wurde als Ziel der Arbeit formuliert, eine Risikomanagementkonzeption zu entwickeln, welche den Forderungen des KonTraG gerecht wird, indem es einerseits Risiken möglichst früh erfasst (vgl. § 91 Abs. 2 AktG), um durch die frühzeitige Aufklärung kritischer Entwicklungen existenzgefährdende Krisensituationen weitgehend zu vermeiden, und indem es andererseits die Basis für Risikoberichterstattung im Lagebericht schafft (vgl. § 289 Abs. 1 HGB; § 315 Abs. 1 HGB; vgl. Teil E, 1.2.).

Als Grundlage für die hier vorgestellte Risikomanagementkonzeption wurde ein Risikobegriff gewählt der sowohl die ursachen- als auch die wirkungsbezogene Komponente des Risikos (vgl. Mensch 1991, 42-43) berücksichtigt: Risiko ist demnach die Gefahr von Fehlentscheidungen oder von Fehlverhalten nach der Entscheidung mit der Folge der Nichterreichung von gesetzten Zielen (vgl. Mikus 2001, 7). Dieser Risikobegriff rückt die Entscheidung in den Mittelpunkt der Betrachtung. Dementsprechend knüpft auch das Risikomanagement, wie es in dieser Arbeit verstanden wird, an der Entscheidung an und orientiert sich an dem der Entscheidung vorgelagerten, ex ante ablaufenden Prozess der Informationssuche und -bewertung. Dieser innovative Ansatz eines entscheidungsorientierten Risikomanagements zeichnet sich dadurch aus, dass Risikoanalyse und Risikohandhabung sowie Teile der Risikokontrolle im Vorfeld der Entscheidung stattfinden, und wurde deshalb als Ex-ante-Risikomanagement bezeichnet.

Den Kern des Ex-ante-Risikomanagements bildet die Risikoanalyse, welche entsprechend der Zweidimensionalität des Risikobegriffs in einer wirkungs- und einer ursachenorientierten Phase abläuft (vgl. Drumm/Dal Zotto 2004, 394). Somit werden in der Risikoanalyse neben den Risikowirkungen auch diejenigen Risikoursachen berücksichtigt, die ihren Ursprung in der eingeschränkten Rationalität des Entscheiders haben. D. h. es wird davon ausgegangen, dass Risiken nicht einfach irgendwo in der Unternehmung auftreten, sondern dass sie in den meisten Fällen auf Entscheidungsfehlern beruhen und damit „hausgemacht", aber eben auch vermeidbar sind. Mit der in Teil A entwickelten Heuristik zur allgemeinen Risikoanalyse können diese „Entscheidungsfehler" aufgedeckt und handhabbar gemacht werden, um Fehlentscheidungen mitsamt ihren negativen Zielwirkungen weitgehend zu vermeiden. Risikoanalysen sollen deshalb Teil der Vorbereitung aller operativen Entscheidungen in der Unternehmung sein (vgl. Drumm/Dal Zotto 2004, 390) und müssen dementsprechend an die verschiedenen Entscheidungsfelder der Unternehmung angepasst werden. Da dies im Rahmen der vorliegenden Arbeit nicht zu leisten war, erfolgte eine Konzentration auf die Entscheidungsbereiche Organisation und Personalwirtschaft, welche, weil sie die gesamte Wertschöpfungskette unterstützen, besonders relevant für die Zielerreichung der Unternehmung sind, aber bisher in der Literatur zum Risikomanagement größtenteils vernachlässigt wurden (vgl. Teil A, 4.).

Folglich wurde die im Grundlagenteil erarbeitete, allgemeine Risikoanalyse für organisatorische (vgl. Teil B) und personalwirtschaftliche Entscheidungen (vgl. Teil C) spezifiziert: Neben der Darstellung von Zielkriterien als Hilfe zur Bewertung organisatorischer und personalwirtschaftlicher Alternativen erfolgte die Anpassung der allgemeinen formalen Risikoquellen an organisatorische bzw. personalwirtschaftliche Entscheidungsprozesse. Die ursachenorientierte Phase der Risikoanalyse wurde zudem durch Checklisten ergänzt, welche dem organisatorischen bzw. personalwirtschaftlichen Entscheider dabei helfen, formale Risikoquellen aufzudecken und so die Gefahr von Fehlentscheidungen und von Fehlverhalten nach Entscheidungen zu vermindern. Außerdem wurde ganz konkret auf Risiken ausgewählter organisatorischer und personalwirtschaftlicher Entscheidungen eingegangen, um dem Entscheidungsträger in der Praxis vor Augen zu führen, welche Schadenswirkungen von den betrachteten Risiken ausgehen und welche Maßnahmen zur Risikohandhabung jeweils eingesetzt werden können.

Nachdem organisatorische und personalwirtschaftliche Risiken zunächst isoliert voneinander betrachtet wurden, widmete sich Teil D den Verbundeffekten und gab Anstöße, welche Nutzungsmöglichkeiten Kumulations- und Kompensationseffekte im Hinblick auf das Risikomanagement und insbesondere auf die Risikohandhabung bieten.

Insgesamt soll die erarbeitete Konzeption eines entscheidungsorientierten Ex-ante-Risikomanagements, bestehend aus Risikoanalyse, Risikohandhabung und Risikokontrolle, dem Entscheidungsträger in der Unternehmung im Allgemeinen und dem organisatorischen und personalwirtschaftlichen Entscheider im Besonderen dabei helfen, Entscheidungen so zu treffen, dass Risiken gar nicht erst wirksam werden. Das Ex-ante-Risikomanagement initiiert zudem Lernprozesse, die zu einer kontinuierlichen Entscheidungsverbesserung führen. Das bedeutet nicht, dass Fehlentscheidungen durch Ex-ante-Risikomanagement vollständig verhindert werden können. Ein gewisses Restrisiko ist, selbst bei besonders sorgfältiger Entscheidungsfindung, stets vorhanden, da die zukünftige Entwicklung nie vollständig antizipiert werden kann. Fehlentscheidungen werden also trotz Ex-ante-Risikomanagement weiterhin getroffen werden. Sie müssen sogar gemacht werden dürfen! Denn nur eine Unternehmungskultur, die dem Entscheider zugesteht, einmal einen Fehler zu begehen, schafft das erforderliche Klima, um eben diese Fehler aufzudecken, einzuräumen und aus ihnen zu lernen.

Ex-ante-Risikomanagement, wie es in dieser Arbeit vorgestellt wird, liegt in erster Linie in der Verantwortung jedes einzelnen Entscheidungsträgers der Unternehmung (s. a. Wolf 2004, 215-216). Aus dem Grundsatz, dass Risiken dort entstehen, wo Entscheidungen getroffen werden, leitet sich ab, dass Risikomanagement nicht durch eine zentrale Risikomanagementstelle oder -abteilung wahrgenommen werden kann, sondern dass Risikospezialisten lediglich unterstützende Funktion gegenüber den dezentralen Entscheidern in der Unternehmung haben können (vgl. Wittmann 1999, 133-134; Drumm/Dal Zotto 2004, 397). Für die Einrichtung von unterstützenden Risikomanagementstabstellen bzw. -stabsabteilungen spricht neben den Spezialisierungsvorteilen die ganzheitliche, prozessübergreifende, strategische Problemsicht, welche zum einen die Koordination der einzelnen Teilaufgaben des Risikomanagements erlaubt (vgl. Seifert 1980, 136-137; Diederichs 2004, 206) und zum anderen für die Weiterentwicklung von Risikomanagementmethoden und -instrumenten erforderlich ist.

1.2. Die Risikoberichterstattung als Ergänzung zum Ex-ante-Risikomanagement

Um wie vom KonTraG gefordert, die Risiken der künftigen Entwicklung im Lagebericht (vgl. § 289 Abs. 1 HGB; § 315 Abs. 1 HGB) angeben zu können, muss die Unternehmung zusätzlich zum Ex-ante-Risikomanagement ein System der Risikoberichterstattung etablieren, welches die einzelnen Risiken zusammenfasst und an die Unternehmungsleitung bzw. den Vorstand weiterleitet. Um Informationsüberlastungen auf der Ebene der Unternehmungsleitung zu vermeiden, sind die Risikoberichte in der Hierarchie von unten nach oben zu verdichten (vgl. Drumm/Dal Zotto 2004, 397).

Ausgangspunkt des Risikoberichterstattungsprozesses sind somit die Entscheidungsträger auf der untersten hierarchischen Ebene. Diese überprüfen alle Entscheidungen, die sie im Berichtszeitraum getroffen haben, auf Risiken und Risikoursachen, auf zu erwartende qualitative und quantitative Schadensfolgen sowie auf potenzielle Verbundeffekte. Zusätzlich sind bereits eingeleitete und noch notwendige Risikohandhabungsmaßnahmen darzustellen. Die Dokumentation der genannten Daten erfolgt z. B. mit Hilfe der oben vorgeschlagenen Entscheidungsdatenbank (vgl. Teil B, 3.). Diese bildet die Datenbasis für die Risikoberichte, welche jeder Entscheidungsträger an die jeweils höhere Hierarchieebene weiterleitet. Zugleich bietet eine solche Datenbank allen Berichtsempfängern die Möglichkeit, bei Bedarf die zusammengefassten Daten bis hin zur ausführlichen Dokumentation der einzelnen Entscheidungen zurückzuverfolgen (vgl. Diederichs 2004, 243).

Aufgabe der Berichtsempfänger ist es, die Risikoberichte auf Richtigkeit und Vollständigkeit zu überprüfen, separate Risikoanalysen sowohl auf horizontaler als auch auf vertikaler Unternehmungsebene durchzuführen (vgl. Drumm/Dal Zotto 2004, 396-397), um Verbundwirkungen über Wertschöpfungsprozesse und Hierarchien hinweg aufzudecken, und schließlich einen aggregierten Risikobericht für die nächst höhere Hierarchieebene zu erstellen (vgl. Coenen 2004, 99-100). Auf diese Weise werden die einzelnen Risikoberichte von der untersten bis zur obersten Hierarchieebene verdichtet. Zur Absicherung der Wahrheit von Risikoberichten empfehlen Drumm und Dal Zotto positive materielle Anreize als Teil der leistungsorientierten Vergütung sowie Sanktionen bei unwahren oder geschönten Risikoberichten (vgl. 2004, 398).

Die höchste Aggregationsstufe der Risikoberichte ist auf der Ebene der Unternehmungsleitung erreicht. An der Spitze der Hierarchie laufen, z. B. bei einem für diese Aufgabe ausgewählten Vorstandsmitglied (vgl. Drumm/Dal Zotto 2004, 397), die aggregierten Risikoinformationen aus allen Hierarchiestufen der Unternehmung zusammen, um der Unternehmungsleitung so einen Eindruck vom Gesamtrisiko der Unternehmung zu verschaffen. Dieses tatsächliche Gesamtrisiko, d. h. das Aggregat aller Einzelrisiken einer Unternehmung (vgl. Fasse 1995, 67), darf das von der Unternehmung maximal tragbare Gesamtrisiko nicht überschreiten, da ansonsten die Zahlungsfähigkeit und damit der Bestand der Unternehmung gefährdet wäre (vgl. Weber/Weißenberger/Liekweg 1999b, 17).

Das Kernproblem der Risikoberichterstattung besteht darin, die verschiedenen Einzelrisiken der Unternehmung zu einem Gesamtrisiko zu aggregieren. Denn zum einen ist es aufgrund von Kumulations- und Kompensationseffekten (vgl. Teil D) nicht möglich, die Einzelrisiken einfach aufzusummieren (vgl. Farny 1989, 1751; Hochrein 1999, 28) und zum anderen entziehen sich viele Risiken, darunter auch die hier betrachteten organisatorischen und personalwirtschaftlichen Risiken, einer vollständig quantitativen Darstellung, wodurch deren Aggregation kompliziert wird.

In der Literatur werden verschiedene Ansätze zur Risikoaggregation diskutiert, wobei Value-at-Risk (vgl. Burger/Buchhart 2002, 121-136; vgl. Diederichs 2004, 142) und Cash-Flow-at-Risk (vgl. Burger/Buchhart 2002, 136-146) zu den bekanntesten gehören. Beide Verfahren eignen sich jedoch nur für quantifizierbare Risiken, wie sie in der Finanzbranche und bei Banken auftreten. Da organisatorische und personalwirtschaftliche Risiken weder finanzieller Natur sind, noch im direkten Zusammenhang mit Zahlungsströmen stehen, entziehen sie sich der Erfassung durch Value-at-Risk oder Cash-Flow-at-Risk (vgl. Seiter/Eckert 2004, 425). Für die integrierte Betrachtung sowohl qualitativer als auch quantitativer Risiken werden in der Literatur Scoring-Modelle empfohlen (vgl. Burger/Buchhart 2002, 156; Diederichs 2004, 147). Bei Scoring-Modellen handelt es sich um Verfahren der qualitativen Risikobewertung, bei dem den einzelnen Risiken, je nach Schadenshöhe und -eintrittswahrscheinlichkeit, Punktwerte zugeordnet werden (vgl. Burger/Buchhart 2002, 156, 160). Nach Burger und Buchhart liegt die Leistung von Scoring-Modellen darin, dass Risiken durch die Übersetzung in Punktwerte unabhängig von ihrer Quantifizierbarkeit aggregiert und verglichen werden können (vgl. 2002, 160). Die Defizite von Scoring-Modellen bestehen zum einen in der Subjektivität der Punktvergabe, welche die Vergleichbarkeit und Aggregierbarkeit der Risiken behindert (vgl. Burger/Buchhart 2002, 161), und zum anderen in der Tatsache, dass „Risiken mit einer völlig unterschiedlichen Erhebungsqualität gemeinsam bewertet und miteinander verglichen werden“ (Burger/Buchhart 2002, 161).

Um die Probleme von Scoring-Modellen zu umgehen und nichtquantifizierbare Risiken trotzdem in die Risikoberichterstattung aufzunehmen, besteht die Möglichkeit, lediglich ein quantitatives Gesamtrisiko zu bestimmen und qualitative Risiken zusätzlich zu kommunizieren (vgl. Gelhausen 2000, 1379; Wucknitz 2002, 32). Jedes qualitative Risiko sollte dabei so dargestellt werden, dass für den Adressaten des Risikoberichts dessen relative Bedeutung für den Unternehmungserfolg ersichtlich wird (vgl. DRSC 2004, Tz. 19). Die Relevanz eines qualitativen, organisatorischen oder personalwirtschaftlichen Risikos für den Unternehmungserfolg ist in erster Linie von der Größe der Unternehmung abhängig: So ist z. B. der Erfolg einer großen Unternehmung kaum bedroht, wenn an nur einer Stelle ein Personalengpass (vgl. Teil C, 2.2.1.2.) auftritt. Dasselbe Risiko kann jedoch durchaus den Erfolg einer sehr kleinen Unternehmung gefährden, weil dort die Möglichkeiten der Stellenvertretung wesentlich begrenzter sind. Neben der Unternehmungsgröße ist für die Relevanz eines organisatorischen oder personalwirtschaftlichen Risikos ausschlaggebend, ob besonders sensible Stellen oder Bereiche in der Unternehmung berührt werden: So wirkt z. B. die Fehlbesetzung einer Schlüsselposition oder die fehlerhafte Gestaltung einer Abteilung mit zentraler Bedeutung für den Wertschöpfungsprozess besonders negativ auf den Unternehmungserfolg.

Insgesamt ist festzuhalten, dass das im Rahmen dieser Arbeit vorgestellte Ex-ante-Risikomanagement durch Risikoberichterstattung zu ergänzen ist, wenn es den Anforderungen des KonTraG gerecht werden will. Allerdings besteht im Hinblick auf die Methodik der Aggregation qualitativer und quantitativer Risiken noch erheblicher Forschungsbedarf.

2. Offene Probleme

Neben dem im vorangegangenen Kapitel bereits dargestellten Problem der Aggregation des Gesamtrisikos (vgl. Teil E, 1.2.) bestehen weitere offene Probleme, auf die zum Abschluss der Arbeit eingegangen werden soll:

Erstens wurden aufgrund des beschränkten Umfangs dieser Arbeit nur einige ausgewählte Entscheidungen aus den Bereichen Personalwirtschaft und Organisation auf ihren Risikogehalt hin untersucht (vgl. Teil B, 2.; Teil C, 2.), um dem Entscheider in der Praxis einen Eindruck von den Schadensfolgen personalwirtschaftlicher und organisatorischer Risiken zu vermitteln und entsprechende Vorschläge zur Handhabung der betrachteten Risiken zu entwickeln. Daneben existiert eine Reihe weiterer mikroorganisatorischer und personalwirtschaftlicher Entscheidungen, auf die im Rahmen dieser Arbeit nicht eingegangen werden konnte, deren Risikogehalt aber für die Praxis ebenfalls interessant ist. So könnten sich zukünftige Forschungen z. B. mit der Analyse des Risikogehalts von Teambildungsentscheidungen, von Personalentwicklungsentscheidungen sowie von Entscheidungen über die Arbeitszeit- und Vergütungsgestaltung beschäftigen und auch für diese Risiken entsprechende Handhabungsmaßnahmen ausarbeiten.

Zu den offenen Problemen der vorliegenden Arbeit gehört zweitens die Risikoanalyse von Gruppenentscheidungen. Dem hier vorgestellten Ex-ante-Risikomanagement liegt die stark vereinfachende Prämisse zu Grunde, dass Entscheidungen in der Unternehmung im Allgemeinen und in den Bereichen Personalwirtschaft und Organisation im Besonderen, von einzelnen Entscheidungsträgern getroffen werden. Diese Annahme reduziert zwar die Komplexität der Betrachtung, ist jedoch mit den realen Gegebenheiten in Unternehmungen nur unzureichend vereinbar. Denn in der Praxis liegen viele Entscheidungen nicht in der Verantwortung einzelner Mitarbeiter, sondern werden als Gruppenentscheidungen z. B. in Projektteams, Ausschüssen und Gremien getroffen. Da aber auch Gruppenentscheidungen die Gefahr von Fehlentscheidungen mit der Folge der Nichterreichung gesetzter Ziele bergen, sind ihnen ebenfalls Risikoanalysen voranzustellen. Zu diesem Zweck sollte eine erweiterte Heuristik zur Risikoanalyse von Gruppenentscheidungen entwickelt werden, welche den speziellen Risikoquellen, die im Zusammenhang mit Gruppenentscheidungsprozessen auftreten (zu den Problemen von Gruppenentscheidungen vgl. Baron/Kerr/Miller 1992), Rechnung trägt.

Das dritte Problem, welches die vorliegende Arbeit offen lässt, besteht in der quantitativen Bewertung personalwirtschaftlicher und organisatorischer Risiken. Denn die hier vorgenommene, allgemeine und vom konkreten Fall abstrahierte Betrachtung der Schäden, welche durch personalwirtschaftliche und organisatorische Risiken ausgelöst werden, konnte lediglich qualitativ erfolgen. Es obliegt nun dem Praktiker, auf dieser qualitativen Darstellung aufbauend, die im konkreten Fall geschätzten Schäden so weit als möglich in Zahlen auszudrücken, indem er Opportunitätskosten, z. B. in Form eines bestimmten Stundenlohns, annimmt und dann die Schadensfolgen dementsprechend bewertet. Auf diese Weise können z. B. die Kosten geschätzt werden, die bei der Ersetzung eines Mitarbeiters mit mangelnder Eignung (vgl. Teil C, 2.2.1.2.) zusätzlich zu den direkten Auszahlungen (z. B. für Abfindungen, Zeitungsanzeigen etc.) entstehen: Zunächst wird der Zeitaufwand für die Umsetzung oder Entlassung des betreffenden Mitarbeiters sowie für die Anwerbung, Auswahl, Einstellung, Einarbeitung und gegebenenfalls Entwicklung des neuen Kandidaten ermittelt. Durch Multiplikation der erforderlichen Arbeitsstunden mit dem Stundenlohn desjenigen Mitarbeiters, der für die jeweilige Tätigkeit, z. B. für die Einarbeitung, zuständig ist, ergibt sich ein in Geldeinheiten bemessener Schaden. Damit die Zeitangaben zur Bestimmung von Opportunitätskosten möglichst treffend sind, empfiehlt es sich, ex post eingetretene, tatsächliche Schadensfolgen genau zu dokumentieren, um sie als Prognosegrundlage für künftige Ex-ante-Risikoanalysen verwenden zu können.

Obwohl die genannten Probleme offen bleiben, kann als Ergebnis festgehalten werden, dass die hier entwickelte entscheidungsorientierte Konzeption eines Ex-ante-Risikomanagement mit besonderer Ausgestaltung für personalwirtschaftliche und organisatorische Risiken gut dazu geeignet ist, Risiken, insbesondere personalwirtschaftlicher und organisatorischer Art, frühzeitig aufzudecken und zu bekämpfen. Sie bietet damit einen Beitrag zur methodischen Ausgestaltung der Forderungen, die Corporate Governance und KonTraG an das unternehmerische Risikomanagement stellen. Die vorgestellte Konzeption kann zudem aus zwei Gründen als innovativ gelten: Zum einen, weil sie die Entscheidung und den Entscheidungsprozess in den Mittelpunkt des Risikomanagements rückt. Und zum anderen, weil sie anerkennt, dass das Hauptproblem bei eingeschränkt rationalen Entscheidungen nicht darin besteht, dass die Zukunft unsicher ist, sondern dass viele weitere Risikoquellen existieren, die Fehlentscheidungen mit der Folge negativer Zielabweichungen auslösen können. Indem sich also das Ex-ante-Risikomanagement von der Prämisse des streng rationalen Entscheiders löst und die Unzulänglichkeiten menschlicher Entscheidungsträger berücksichtigt, beherzigt es die Worte des Philosophen Immanuel Kant, der schon 1764 konstatiert:

> Irrtümer entspringen nicht allein daher, weil man gewisse Dinge nicht weiß, sondern weil man sich zu urteilen unternimmt, obgleich man noch nicht alles weiß, was dazu erfordert wird (vgl. Kant 1912, 292).

Anhang 1 Checkliste für organisatorische Entscheidungen

Prüffragen zu den Risikoquellen im Zusammenhang mit dem organisatorischen Entscheidungsträger (1/3)

O 1-1	RQ "Wahl eines ungeeigneten Entscheidungsträgers"		Antwort			RQ aktiv?	
Prüfer	Prüffragen		Ja	Nein	Kommentar	Ja	Nein
Extern	Verfügt der Entscheidungsträger (ET) über die erforderlichen Eigenschaften?	Ist der ET ausreichend motiviert?					
		Ist der ET ausreichend qualifiziert? [1]					
		Passt die Risikobereitschaft des ET zur Unternehmung? [2]					
Extern	Verfügt der Entscheidungsträger über die erforderliche betriebliche Erfahrung im Organisationsbereich?						

1) Kriterien zur Beurteilung der Qualifikation des ET:

Wissen:	Fundierte organisatorische Grundausbildung oder ersatzweise entsprechende Erfahrung
	Personalwirtschaftliche Grundkenntnisse (Motivationstheorie, Recht)
	Kenntnisse in Informations- und Kommunikationstechnologien
Kognitive Fähigkeiten:	Fähigkeit, Informationen aufzunehmen, zu speichern und logisch konsistent zu verarbeiten
	Kreativität und Fantasie
	Selbständiges, analytisches, kritisches und selbstkritisches Denken
	Scharfsinn und Aufgeschlossenheit
Soziale Fähigkeiten	Fähigkeit Ideen und Gefühle zu kommunizieren
	Fähigkeit zur Kooperation

2) Hier muss geklärt werden, ob der ET risikofreudiger ist als in der Unternehmung üblich.

Prüffragen zu den Risikoquellen im Zusammenhang mit dem organisatorischen Entscheidungsträger (2/3)

O 1-2	RQ "Kognitive Dissonanzen des ET nach einer Entscheidung"	Antwort			RQ aktiv?	
Prüfer	Prüffragen	Ja	Nein	Kommentar	Ja	Nein
Extern	Neigt der ET dazu, einmal getroffene Entscheidungen so lange wie möglich zu verteidigen?					
Extern	Kann der ET es auch zugeben, wenn er einmal eine Fehlentscheidung getroffen hat?					
Extern	Ist der ET fähig, aus seinen Fehlentscheidungen zu lernen?					
Extern	Ist der ET gewillt, aus seinen Fehlentscheidungen zu lernen?					
Extern	Macht der ET immer wieder dieselben oder ähnliche Fehler?					

O 1-3	RQ "Kognitive Dissonanzen des ET vor einer Entscheidung"	Antwort			RQ aktiv?	
Prüfer	Prüffragen	Ja	Nein	Kommentar	Ja	Nein
ET	Wurde die letztlich gewählte Alternative bereits sehr früh im Entscheidungsprozess favorisiert?					
ET	Gibt es gewichtige Informationen welche gegen die gewählte Alternative sprechen?					
ET	Mit welchen Argumenten wurden die gegensätzlichen Informationen entkräftet?[3)] Würde ein unbeteiligter Dritter die Argumentation als schlüssig bezeichnen?					

3) In einer Anlage zur Checkliste sollten sowohl die wichtigsten Informationen, welche gegen die gewählte Alternative sprechen, als auch die Argumente, mit denen die gegensätzlichen Informationen entkräftet wurden, kurz dargestellt werden.

Prüffragen zu den Risikoquellen im Zusammenhang mit dem organisatorischen Entscheidungsträger (3/3)

O 1-4	RQ "Negative Werthaltungen des ET"	Antwort			RQ aktiv?	
Prüfer	Prüffragen	Ja	Nein	Kommentar	Ja	Nein
Extern	Neigt der ET dazu, bei seinen Entscheidungen vor allem auf seinen eigenen Vorteil zu achten und seine eigenen Ziele zu verfolgen?					
Extern	Neigt der ET dazu, nur seine eigene Meinung gelten zu lassen?					
Extern	Zeigt sich der ET bereit, im Entscheidungsprozess den Dialog zu suchen und Kompromisse einzugehen?					

O 1-5	RQ "Sozio-kulturelle Werthaltungen des ET"	Antwort			RQ aktiv?	
Prüfer	Prüffragen	Ja	Nein	Kommentar	Ja	Nein
Extern	Haben der ET und die Unternehmung denselben soziokulturellen Hintergrund?					

O 1-6	RQ "Negatives Menschenbild des ET"		Antwort			RQ aktiv?	
Prüfer	Prüffragen		Ja	Nein	Kommentar	Ja	Nein
Extern	Vertritt der ET ein negatives Menschenbild?	D. h. geht der ET davon aus, die Mitarbeiter seien arbeitsscheu, würden Verantwortung vermeiden, möchten gelenkt werden, wünschten sich Sicherheit und hätten keinerlei Ambitionen zur Weiterentwicklung?					
Extern	Zeigt der ET Interesse für die tatsächlichen Werte und Einstellungen der Mitarbeiter?						

Prüffragen zu den Risikoquellen im Zusammenhang mit dem organisatorischen Entscheidungsprozess (1/5)

O 2-1	RQ "Mangelhafter Bezug einer Entscheidung zu den Unternehmungszielen"	Antwort			RQ aktiv?	
Prüfer	Prüffragen	Ja	Nein	Kommentar	Ja	Nein
ET	Liegen dem ET operational formulierte Unternehmungsziele vor?					
ET	Sind die verwendeten organisatorischen Ziele final in Bezug auf die Ziele der Unternehmung, d. h. führt die Erfüllung der organisatorischen Ziele mit hoher Wahrscheinlichkeit zur Realisierung der Unternehmungsziele?					
ET	Trägt die gewählte Alternative im Vergleich zu den anderen Alternativen am Besten zur Erfüllung der Unternehmungsziele bei?					

O 2-2	RQ "Verzicht auf Informationssuche" und "Vorzeitiger Abbruch der Informationssuche"	Antwort			RQ aktiv?	
Prüfer	Prüffragen	Ja	Nein	Kommentar	Ja	Nein
ET	Wurden zur Vorbereitung der Entscheidung ausreichend Informationen eingeholt?					
ET	Wurden bei vergleichbaren organisatorischen Entscheidungen mehr oder genauere Informationen gesammtelt?					
ET	Handelt es sich um eine neuartige, innovative organisatorische Entscheidung?					

Prüffragen zu den Risikoquellen im Zusammenhang mit dem organisatorischen Entscheidungsprozess (2/5)

O 2-3	RQ "Nutzung ungeeigneter Informationsquellen"	Antwort			RQ aktiv?	
Prüfer	Prüffragen	Ja	Nein	Kommentar	Ja	Nein
ET	Wurden die genutzten Informationsquellen auf ihre Eignung hin überprüft?[4)]					
ET	Wurden Informationsquellen genutzt, die als "eingeschränkt empfehlenswert" oder "nicht empfehlenswert" klassifiziert sind oder die sich in der Vergangenheit schon einmal als ungeeignet erwiesen haben?					
ET	Sützt sich die Entscheidung auf Informationen, die aus einigen wenigen Informationsquellen stammen?					

4) Kriterien zur Überprüfung der Eignung einer Informationsquelle (vgl. Augustin 1990, 23):

Aktualität und Wahrheitsgehalt der angebotenen Informationen
Relevanz der Informationen für die Lösung des jeweiligen Entscheidungsproblems
Verwendbarkeit der Informationen durch den Informationsempfänger

O 2-4	RQ "Verzicht auf Überprüfung des Wahrheitsgehalts gewonnener Informationen"	Antwort			RQ aktiv?	
Prüfer	Prüffragen	Ja	Nein	Kommentar	Ja	Nein
ET	Wurden die verwendeten Informationen verifiziert? D. h. wurde geprüft, ob gleiche Informationen aus verschiedenen Quellen übereinstimmen?					

Prüffragen zu den Risikoquellen im Zusammenhang mit dem organisatorischen Entscheidungsprozess (3/5)

O 2-5	RQ "Falsche Aufnahme und Bewertung von richtigen Informationen"	Antwort			RQ aktiv?	
Prüfer	Prüffragen	Ja	Nein	Kommentar	Ja	Nein
ET	Hat der ET bei früheren Entscheidungsprozessen bereits mehrmals Fehler bei der Aufnahme und Bewertung von an sich richtigen Informationen begangen?					

O 2-6	RQ "Fehler bei der Konstruktion von Wirkungshypothesen"	Antwort			RQ aktiv?	
Prüfer	Prüffragen	Ja	Nein	Kommentar	Ja	Nein
ET	Ist der ET erfahren in der Konstruktion von mehrstufigen Wirkungshypothesen?					
ET	Würde ein unbeteiligter Dritter die verwendeten Wirkungshypothesen als schlüssig bezeichnen?[5)]					

5) Die zur gewählten Handlungsalternative gehörenden Wirkungshypothesen sollten in einer Anlage zur Checkliste kurz angegeben werden.

O 2-7	RQ "Falsche Prognosen"	Antwort			RQ aktiv?	
Prüfer	Prüffragen	Ja	Nein	Kommentar	Ja	Nein
ET	Sind die Prognosen in Bezug auf die zukünftige Entwicklung der Entscheidungsparameter objektiv weitgehend glaubwürdig?					

Prüffragen zu den Risikoquellen im Zusammenhang mit dem organisatorischen Entscheidungsprozess (4/5)

O 2-8	RQ "Missachtung von Vernetzungen einer Entscheidung"	Antwort			RQ aktiv?	
Prüfer	Prüffragen	Ja	Nein	Kommentar	Ja	Nein
ET	Wurde untersucht, ob die betrachtete Entscheidung mit anderen Entscheidungen, insbesondere mit personalwirtschaftlichen Entscheidungen, verknüpft ist?[6)]					
ET	Ist bekannt, welche Auswirkungen die betrachtete organisatorische Entscheidung auf andere, insbesondere auf personalwirtschaftliche, Entscheidungen in der Unternehmung hat?					
ET	Wurde bei Vernetzungen mit anderen Entscheidungen gemeinsam mit den jeweiligen Entscheidungsträgern nach Lösungen gesucht?					

6) Die wichtigsten personalwirtschaftlichen Entscheidungen betreffen die Bereiche:

Personalbeschaffung und -zuweisung
Personalausbildung und -entwicklung
Personalfreisetzung
Arbeitszeitgestaltung
Personalführung

Prüffragen zu den Risikoquellen im Zusammenhang mit dem organisatorischen Entscheidungsprozess (5/5)

O 2-9	RQ "Vorzeitige Entscheidung"	Antwort			RQ aktiv?	
Prüfer	Prüffragen	Ja	Nein	Kommentar	Ja	Nein
ET	Ist der Informationsstand ausreichend, um die Entscheidung abzuschließen?					
ET	Gibt es in Bezug auf die derzeitige Situation der Unternehmung Gründe die dagegen sprechen, dass die betrachtete Entscheidung jetzt gefasst und umgesetzt wird? Ein möglicher Grund wäre z. B. eine saisonal bedingte hohe Kapazitätsauslastung.					
ET	Falls die vorhergehende Frage mit Ja beantwortet wurde: Ist eine Änderung der Unternehmungssituation abzusehen?					

O 2-10	RQ "Verzögerte Entscheidung"	Antwort			RQ aktiv?	
Prüfer	Prüffragen	Ja	Nein	Kommentar	Ja	Nein
ET	Hätte die jetzige Entscheidung bereits füher getroffen werden sollen?					
ET	Ist die Menge der für die Entscheidung herangezogenen Informationen sehr groß?					
ET	Wurde durch die Informationssuche die Komplexität der Entscheidung sehr stark gesteigert?					

O 2-11	RQ "Verzicht auf Überprüfung der Entscheidungsprämissen"	Antwort			RQ aktiv?	
Prüfer	Prüffragen	Ja	Nein	Kommentar	Ja	Nein
ET	Wurden die Prämissen auf denen die Entscheidung basiert offen gelegt?					
ET	Wurden die Prämissen auf denen die Entscheidung basiert auf ihre Gültigkeit und Richtigkeit hin überprüft?					

Prüffragen zu den Risikoquellen im Zusammenhang mit der Implementation der organisatorischen Entscheidung (1/1)

O 3-1	RQ "Mangelhafte Implementation" und "Verzicht auf Implementation"		Antwort			RQ aktiv?	
Prüfer	Prüffragen		Ja	Nein	Kommentar	Ja	Nein
ET	Wurde bei der Bewertung der einzelnen Alternativen auch darauf eingegangen, inwiefern sie Probleme bei der Implementation bereiten könnten?						
ET	Wurde die Umsetzung der gewählten Alternative bereits geplant und vorbereitet?	Gibt es einen (zumindest groben) Zeitplan für die Umsetzung der gewählten Alternative?					
		Ist bereits erforscht, welche Probleme bei der Implementation auftreten könnten?					
		Wurden bereits Lösungsmöglichkeiten für die schwerwiegenden Probleme erarbeitet?					
ET	Wurde versucht, den Aufbau von Akzeptanzbarrieren bei den betroffenen Mitarbeitern zu verhindern?	Wurden die betroffenen Mitarbeiter in den Entscheidungsprozess mit einbezogen indem ihre Meinung angehört wurde?					
		Wurden die betroffenen Mitarbeiter über die Notwendigkeit der Entscheidung informiert?					
		Wurden die betroffenen Mitarbeiter über den Fortgang des Entscheidungsprozesses informiert?					
ET	Gibt es Mitarbeiter, die sich gegen die Entscheidung auflehnen und deren Umsetzung vermutlich boykottieren werden?						
ET	Wurde bereits ein Plan erarbeitet, wie diejenigen Mitarbeiter umgestimmt werden können, welche die Umsetzung der Entscheidung vermutlich boykottieren werden?						

Anhang 2 Risikohandhabungsmaßnahmen bei Stellenbildungsrisiken

Stellenbildungsrisiko	**Risikohandhabungsmaßnahmen**	
	Ursachenorientiert (zu Verminderung der Gefahr des Risikoeintritts)	**Wirkungsorientiert** (zur Verminderung des Schadens)
Personalbezogene Stellenfehlbildung	Falls der künftige Stelleninhaber bereits bekannt ist, sind, z. B. im Rahmen eines Mitarbeitergesprächs (vgl. Drumm 2005, 125-128), Informationen über dessen Bedürfnisse einzuholen damit diese bei der Stellenbildung zumindest teilweise berücksichtigt werden können. Ist der künftige Stelleninhaber nicht bekannt, sollte sich die Stellenbildung soweit möglich an den Erkenntnissen aus der Motivationsforschung orientieren: So wirken z. B. ganzheitliche Aufgabenkomplexe motivierender als stark spezialisierte, sinnentleerte und monotone Tätigkeiten (vgl. Drumm 2005, 256).	Ist es bei der Gestaltung der Stellenaufgabe nicht möglich, auf die Bedürfnisse des Stelleninhabers einzugehen, können anderweitige Anreize eingesetzt werden (vgl. Drumm 2005, 468): Direkte materielle Anreize gehen von Leistungs- und Soziallohn sowie von Erfolgs- und Vermögensbeteiligung aus. Indirekte materielle Anreize bieten die Gestaltung der Arbeitsbedingungen, insbesondere der Arbeitszeit, und die Versetzungs-, Beförderungs- und Bildungspolitik. Immaterielle Anreize für das Leistungsverhalten sind z. B. die Verleihung von Privilegien und die Würdigung und Anerkennung des Mitarbeiters.
Fehlerhafte Auslastung	Ist der künftige Stelleninhaber bereits bekannt, sind Informationen über dessen Leistungsfähigkeit und -bereitschaft einzuholen, damit die Stelle so gebildet werden kann, dass weder Über- noch Unterforderung auftritt. Informationen über die qualitative Leistungsfähigkeit des Stelleninhabers können von der Personalabteilung bezogen werden. Die Leistungsbereitschaft des Stelleninhabers kann z. B. mit Hilfe eines Mitarbeitergesprächs (vgl. Drumm 2005, 125-128) ermittelt werden. Ist der künftige Stelleninhaber noch unbekannt und stützt sich die Stellenbildung auf die normale Leistungsfähigkeit und Leistungsbereitschaft eines gedachten Aufgabenträgers, müssen diese Annah-	Bei qualitativer Überforderung kann die Qualifikation des Stelleninhabers mit Hilfe von Personalentwicklungsmaßnahmen an die Anforderungen der Stelle angepasst werden. Dabei gilt, dass ein unterqualifizierter Stelleninhaber nur dann entwickelt werden kann, wenn er entwickelt werden möchte und über Entwicklungspotential verfügt (vgl. Drumm 2005, 414). Bei qualitativer und bei quantitativer Unterforderung können materielle und/oder immaterielle Leistungsanreize gesetzt werden (siehe oben), um die Motivation des Stelleninhabers zu fördern. Da sowohl die qualitative als auch die quantitative Unterforderung für die Unternehmung eine Ressourcenverschwendung bedeuten, sollte die fehlerhafte Auslastung der betroffenen Stellen in einer zweiten

Stellenbildungs-risiko	Risikohandhabungsmaßnahmen	
	Ursachenorientiert (zu Verminderung der Gefahr des Risikoeintritts)	**Wirkungsorientiert** (zur Verminderung des Schadens)
Fehlerhafte Auslastung (Fortsetzung)	men periodisch überprüft und gegebenenfalls korrigiert werden.	Stellenbildungsentscheidung korrigiert werden.
Mangelnde Abgegrenztheit	Dem Risiko der mangelnden Abgegrenztheit einer Stelle kann vorgebeugt werden, indem die Kompetenzen der zu bildenden Stelle mit den Kompetenzen der in der Wertschöpfungskette und Hierarchie benachbarten Stellen verglichen und Überschneidungen aufgedeckt werden. Die Kompetenzen der zu bildenden Stelle sind dann so zu gestalten, dass Kompetenzüberschneidungen soweit wie möglich vermieden werden können. Dabei ist darauf zu achten, dass dabei nicht gegen das Kongruenzprinzip verstoßen wird, da ansonsten die Unausgewogenheit der Stelle droht (siehe unten).	Verbleibende Kompetenzüberschneidungen, die nicht behoben werden können, müssen kommuniziert und geregelt werden. Das heißt, die betroffenen Stellen sind erstens darüber zu informieren, inwiefern sich ihre Kompetenzbereiche überschneiden und zweitens müssen Regelungen für die Lösung von Kompetenzkonflikten getroffen werden. Es kann z. B., dem Subsidiaritätsprinzip folgend (vgl. Drumm 2005, 820-821) vereinbart werden, dass die betroffenen Stellen durch intensiven Informationsaustausch versuchen, Kompetenzkonflikte konstruktiv zu bewältigen und sich erst im Falle nicht lösbarer Konflikte an einen gemeinsamen Vorgesetzten wenden, der dann ein „Drittparteienurteil" trifft (vgl. Krüger 1980, 1079-1080).
Unausgewogenheit	Ausgehend von den Stellenaufgaben sind die zu deren Erfüllung erforderlichen Kompetenzen festzulegen. Der Verantwortungsbereich ist so zuzuschneiden, dass er dem Aufgaben- und Kompetenzbereich entspricht. Um Konflikten vorzubeugen, müssen dem Stelleninhaber der Aufgaben-, Kompetenz- und Verantwortungsbereich seiner Stelle z. B. in Form einer Stellenbeschreibung (vgl. Schwarz 1983, 227) transparent gemacht werden.	Die Unausgewogenheit einer Stelle führt, je nach ihrer Ausprägung, zur Verschwendung betrieblicher Ressourcen, zur Einschränkung der Motivation des Stelleninhabers bzw. zum wiederholten Auftreten von fehlerhaften Arbeitsleistungen (vgl. Teil B, 2.2.1.2.). Wirkungsorientierte Maßnahmen können an den motivationalen Schäden ansetzen und diese durch materielle oder immaterielle Anreize vermindern. Dem wiederholten Auftreten von Fehlern kann mit regelmäßiger und intensiver Fremdkontrolle entgegengewirkt werden. Langfristig sollte die Unausgewogenheit der Stelle jedoch durch eine zweite Stellenbildungsentscheidung eliminiert werden.

Anhang 3 Risikohandhabungsmaßnahmen bei Abteilungsbildungsrisiken

Abteilungsbildungsrisiko	**Risikohandhabungsmaßnahmen**	
	Ursachenorientiert (zur Verminderung der Gefahr des Risikoeintritts)	**Wirkungsorientiert** (zur Verminderung des Schadens)
Mangelnde Autonomie	Zunächst ist zu analysieren wird, welche Arten von Interdependenzen zwischen den Stellen der zu bildenden Abteilung und anderen organisatorischen Einheiten der Unternehmung bestehen und wie hoch der Koordinationsbedarf ist, den diese Interdependenzen mit sich bringen. Bei der Abteilungsbildung sollte dann beachtet werden, dass Interdependenzen, die besonders schwierig zu koordinieren sind, innerhalb von Abteilungen verlaufen.	Bei mangelnder Autonomie einer Abteilung sollte die Koordination der Interdependenzen vorzugsweise durch Selbstabstimmung (vgl. Steinmann/Schreyögg 2000, 425-427) vorgenommen werden. Die Voraussetzung für eine solche horizontale Selbstabstimmung ist, dass die interdependenten Einheiten barrierefrei miteinander kommunizieren und Daten austauschen können. Zu diesem Zweck eignen sich Kommunikationsnetze unter Einbezug moderner Informations- und Kommunikationstechnologien (vgl. Mast 2004, 604). Nur wenn die interdependenten Einheiten im Rahmen der Selbstabstimmung zu keiner Lösung kommen, wird, dem Subsidiaritätsprinzip (vgl. Drumm 2005, 820-821) folgend, eine übergeordnete Einheit, z. B. ein gemeinsamer Vorgesetzter, angerufen, welcher dann koordinierend eingreift. Auf diese Weise werden bei der Koordination Zeit und Personalressourcen eingespart und der durch das Risiko „mangelnde Autonomie“ ausgelöste Schaden vermindert.
Übermäßige Heterogenität	Ist der Vorgesetzte bereits bekannt, kann die Gefahr der qualitative Überforderung vermindert werden, indem (z. B. mit Hilfe der entsprechenden Daten aus der Personalabteilung) überprüft wird, ob die Fachkompetenz des Vorgesetzten ausreicht, um die Arbeitsleistungen der ihm untergeordneten, heterogenen Stellen angemessen kontrollieren zu können.	Maßnahmen der Selbstkontrolle der Mitarbeiter und Hilfsmittel wie z. B. Management-Informationssysteme entlasten den Vorgesetzten in seiner Leitungs- und Kontrollfunktion (vgl. wirkungsorientierte Maßnahmen zur fehlerhaften Leitungsspanne). Durch Personalentwicklungsmaßnahmen kann die zur Leitung und Kontrolle der Abteilung erforderliche fachliche Qualifikation des Vorgesetzten aufgebaut werden. Voraussetzung dafür ist allerdings, dass der Vorgesetzte entwickelt

Abteilungsbildungsrisiko	**Risikohandhabungsmaßnahmen**	
	Ursachenorientiert (zur Verminderung der Gefahr des Risikoeintritts)	**Wirkungsorientiert** (zur Verminderung des Schadens)
Übermäßige Heterogenität (Fortsetzung)		werden möchte und über Entwicklungspotential verfügt (vgl. Drumm 2005, 414).
Überdimensionierung der Leitungsspanne	Bei der Festlegung der Leitungsspanne ist zu beachten, dass der Leitungs- und Kontrollbedarf der einzelnen untergeordneten Stellen variieren kann (vgl. Bleicher 1969, 1531). Diese Tatsache spielt vor allem dann eine Rolle, wenn die in einer Abteilung zusammenzufassenden Stellen sehr heterogen sind, d. h. wenn die Stellenaufgaben einander wenig ähneln. Aber auch homogene Stellen, also Stellen mit gleichen Aufgaben, können einen unterschiedlichen Bedarf an Leitung und Kontrolle haben, wenn die jeweiligen Stelleninhaber aufgrund ihrer Ausbildung und/oder Erfahrung nicht in gleichem Maße für die Erfüllung der Stellenaufgaben geeignet sind und daher verschieden stark geleitet bzw. kontrolliert werden müssen. Fehlerhafte Leitungsspannen können vermindert werden, wenn detaillierte Informationen über den tatsächlichen Leitungs- und Kontrollbedarf der unterzuordnenden Stellen eingeholt werden.	Ist der Vorgesetze durch eine zu große Leitungsspanne quantitativ überfordert, kann er entlastet werden, indem die Fremdkontrolle teilweise durch Maßnahmen der Selbstkontrolle ersetzt werden. Während bei der Fremdkontrolle der Vorgesetzte die Arbeitsleistungen des Untergebenen kontrolliert, sind bei der Selbstkontrolle die Stelleninhaber zugleich Träger der Kontrolle, d. h. sie nehmen Kontrollaufgaben wahr und überprüfen ihre Arbeitsleistungen selbst (vgl. Thieme 1982, 33; Brink 1992, 1148-1149). Der Einsatz von Selbstkontrolle führt zur Identifikation des Mitarbeiters mit den Leistungszielen, aktiviert Selbstachtungs- und Selbstentfaltungsmotive und verbessert so die Motivation (vgl. Thieme 1982, 154). Die Tatsache, dass der Vorgesetzte mit sinkender Kontrollbelastung mehr Zeit für den Kontakt zum Mitarbeiter, für Lob, Anregungen und Hilfestellungen hat, erhöht zusätzlich die Motivation der Mitarbeiter. Um den Schaden zu vermindern, der durch eine quantitative Überforderung aufgrund einer zu großen Leitungsspanne entsteht, können zu Entlastung des Vorgesetzten technische Hilfsmittel wie z. B. Management-Informationssysteme eingesetzt werden.

Anhang 4 Checkliste für personalwirtschaftliche Entscheidungen

Prüffragen zu den Risikoquellen im Zusammenhang mit dem personalwirtschaftlichen Entscheidungsträger (1/3)

P 1-1	RQ "Wahl eines ungeeigneten Entscheidungsträgers"		Antwort			RQ aktiv?	
Prüfer	Prüffragen		Ja	Nein	Kommentar	Ja	Nein
Extern	Verfügt der Entscheidungsträger (ET) über die erforderlichen Eigenschaften?	Ist der ET ausreichend motiviert?					
		Ist der ET ausreichend qualifiziert? [1]					
		Passt die Risikobereitschaft des ET zur Unternehmung? [2]					
Extern	Verfügt der Entscheidungsträger über die erforderliche betriebliche Erfahrung im Personalbereich?						

1) Kriterien zur Beurteilung der Qualifikation des ET:

Wissen:	Grundkenntnisse über die Rahmenbedingungen der Personalarbeit
	Theoretische Grundlagen zur Einordnung der Personalwirtschaft in die Unternehmenspolitik
	Kenntnis und Beherrschung des grundlegenden personalwirtschaftlichen Instrumentariums
	Grundkenntnisse der Personalführung
Kognitive Fähigkeiten:	Durchsetzungsvermögen
	Überzeugungsfähigkeit
Soziale Fähigkeiten	Gespür für soziale Verantwortung und soziale Gerechtigkeit
	Fähigkeit Vertrauen und Verständnis zu gewinnen, Glaubwürdigkeit
	Bereitschaft und Fähigkeit zur lebendigen Kommunikation

2) Hier muss geklärt werden, ob der ET risikofreudiger ist als in der Unternehmung üblich.

Prüffragen zu denRisikoquellen im Zusammenhang mit dem personalwirtschaftlichen Entscheidungsträger (2/3)

P 1-2	RQ "Kognitive Dissonanzen des ET nach einer Entscheidung"	Antwort			RQ aktiv?	
Prüfer	Prüffragen	Ja	Nein	Kommentar	Ja	Nein
Extern	Neigt der ET dazu, einmal getroffene Entscheidungen so lange wie möglich zu verteidigen?					
Extern	Kann der ET es auch zugeben, wenn er einmal eine Fehlentscheidung getroffen hat?					
Extern	Ist der ET fähig, aus seinen Fehlentscheidungen zu lernen?					
Extern	Ist der ET gewillt, aus seinen Fehlentscheidungen zu lernen?					
Extern	Macht der ET immer wieder dieselben oder ähnliche Fehler?					

P 1-3	RQ "Kognitive Dissonanzen des ET vor einer Entscheidung"	Antwort			RQ aktiv?	
Prüfer	Prüffragen	Ja	Nein	Kommentar	Ja	Nein
ET	Wurde die letztlich gewählte Alternative bereits sehr früh im Entscheidungsprozess favorisiert?					
ET	Gibt es gewichtige Informationen welche gegen die gewählte Alternative sprechen?					
ET	Mit welchen Argumenten wurden die gegensätzlichen Informationen entkräftet?[3)] Würde ein unbeteiligter Dritter die Argumentation als schlüssig bezeichnen?					

3) In einer Anlage zur Checkliste sollten sowohl die wichtigsten Informationen, welche gegen die gewählte Alternative sprechen, als auch die Argumente, mit denen die gegensätzlichen Informationen entkräftet wurden, kurz dargestellt werden.

Prüffragen zu den Risikoquellen im Zusammenhang mit dem personalwirtschaftlichen Entscheidungsträger (3/3)

P 1-4	RQ "Negative Werthaltungen des ET"	Antwort			RQ aktiv?	
Prüfer	Prüffragen	Ja	Nein	Kommentar	Ja	Nein
Extern	Neigt der ET dazu, bei seinen Entscheidungen vor allem auf seinen eigenen Vorteil zu achten und seine eigenen Ziele zu verfolgen?					
Extern	Neigt der ET dazu, nur seine eigene Meinung gelten zu lassen?					
Extern	Zeigt sich der ET bereit, im Entscheidungsprozess den Dialog zu suchen und Kompromisse einzugehen?					

P 1-5	RQ "Soziokulturelle Werthaltungen des ET"	Antwort			RQ aktiv?	
Prüfer	Prüffragen	Ja	Nein	Kommentar	Ja	Nein
Extern	Haben der ET und die Unternehmung denselben soziokulturellen Hintergrund?					

P 1-6	RQ "Negatives Menschenbild des ET"		Antwort			RQ aktiv?	
Prüfer	Prüffragen		Ja	Nein	Kommentar	Ja	Nein
Extern	Vertritt der ET ein negatives Menschenbild?	Geht der ET davon aus, die Mitarbeiter seien arbeitsscheu, würden Verantwortung vermeiden, möchten gelenkt werden, wünschten sich Sicherheit und hätten keinerlei Ambitionen zur Weiterentwicklung?					
Extern	Zeigt der ET Interesse für die tatsächlichen Werte und Einstellungen der Mitarbeiter?						

Prüffragen zu den Risikoquellen im Zusammenhang mit dem personalwirtschaftlichen Entscheidungsprozess (1/5)

P 2-1	RQ "Mangelhafter Bezug einer Entscheidung zu den Unternehmungszielen"	Antwort			RQ aktiv?	
Prüfer	Prüffragen	Ja	Nein	Kommentar	Ja	Nein
ET	Liegen dem ET operational formulierte Unternehmungsziele vor?					
ET	Sind die verwendeten personalwirtschaftlichen Ziele final in Bezug auf die Ziele der Unternehmung, d. h. führt die Erfüllung der personalwirtschaftlichen Ziele mit hoher Wahrscheinlichkeit zur Realisierung der Unternehmungsziele?					
ET	Trägt die gewählte Alternative im Vergleich zu den anderen Alternativen am Besten zur Erfüllung der Unternehmungsziele bei?					

P 2-2	RQ "Verzicht auf Informationssuche" und "Vorzeitiger Abbruch der Informationssuche"	Antwort			RQ aktiv?	
Prüfer	Prüffragen	Ja	Nein	Kommentar	Ja	Nein
ET	Wurden zur Vorbereitung der Entscheidung ausreichend Informationen eingeholt?					
ET	Wurden bei vergleichbaren organisatorischen Entscheidungen mehr oder genauere Informationen gesammtelt?					
ET	Handelt es sich um eine neuartige, innovative organisatorische Entscheidung?					

Prüffragen zu den Risikoquellen im Zusammenhang mit dem personalwirtschaftlichen Entscheidungsprozess (2/5)

P 2-3	RQ "Nutzung ungeeigneter Informationsquellen"	Antwort			RQ aktiv?	
Prüfer	Prüffragen	Ja	Nein	Kommentar	Ja	Nein
ET	Wurden die genutzten Informationsquellen auf ihre Eignung hin überprüft?[4]					
ET	Wurden Informationsquellen genutzt, die als "eingeschränkt empfehlenswert" oder "nicht empfehlenswert" klassifiziert sind oder die sich in der Vergangenheit schon einmal als ungeeignet erwiesen haben?					
ET	Sützt sich die Entscheidung auf Informationen, die aus einigen wenigen Informationsquellen stammen?					

4) Kriterien zur Überprüfung der Eignung einer Informationsquelle (vgl. Augustin 1990, 23):

Aktualität und Wahrheitsgehalt der angebotenen Informationen
Relevanz der Informationen für die Lösung des jeweiligen Entscheidungsproblems
Verwendbarkeit der Informationen durch den Informationsempfänger

P 2-4	RQ "Verzicht auf Überprüfung des Wahrheitsgehalts gewonnener Informationen"	Antwort			RQ aktiv?	
Prüfer	Prüffragen	Ja	Nein	Kommentar	Ja	Nein
ET	Wurden die verwendeten Informationen verifiziert? D. h. wurde geprüft, ob gleiche Informationen aus verschiedenen Quellen übereinstimmen?					

Prüffragen zu den Risikoquellen im Zusammenhang mit dem personalwirtschaftlichen Entscheidungsprozess (3/5)

P 2-5	RQ "Falsche Aufnahme und Bewertung von richtigen Informationen"	Antwort			RQ aktiv?	
Prüfer	Prüffragen	Ja	Nein	Kommentar	Ja	Nein
ET	Hat der ET bei früheren Entscheidungsprozessen bereits mehrmals Fehler bei der Aufnahme und Bewertung von an sich richtigen Informationen begangen?					
ET	Hat der ET bei früheren Entscheidungsprozessen bereits mehrmals Beurteilungsfehler (z. B. Halo-, Strenge-, Milde- und Zentrierungseffekt) begangen?					

P 2-6	RQ "Fehler bei der Konstruktion von Wirkungshypothesen"	Antwort			RQ aktiv?	
Prüfer	Prüffragen	Ja	Nein	Kommentar	Ja	Nein
ET	Ist der ET erfahren in der Konstruktion von mehrstufigen Wirkungshypothesen?					
ET	Würde ein unbeteiligter Dritter die verwendeten Wirkungshypothesen als schlüssig bezeichnen?[5)]					

5) Die zur gewählten Handlungsalternative gehörenden Wirkungshypothesen sollten in einer Anlage zur Checkliste kurz angegeben werden.

P 2-7	RQ "Falsche Prognosen"	Antwort			RQ aktiv?	
Prüfer	Prüffragen	Ja	Nein	Kommentar	Ja	Nein
ET	Sind die Prognosen in Bezug auf die zukünftige Entwicklung der Entscheidungsparameter weitgehend glaubwürdig?					

Prüffragen zu den Risikoquellen im Zusammenhang mit dem personalwirtschaftlichen Entscheidungsprozess (4/5)

P 2-8	RQ "Missachtung von Vernetzungen einer Entscheidung"	Antwort			RQ aktiv?	
Prüfer	Prüffragen	Ja	Nein	Kommentar	Ja	Nein
ET	Wurde untersucht, ob die betrachtete Entscheidung mit anderen Entscheidungen, insbesondere mit mikroorganisatorischen Entscheidungen, verknüpft ist?[6]					
ET	Ist bekannt, welche Auswirkungen die betrachtete personalwirtschaftliche Entscheidung auf andere, insbesondere auf mikroorganisatorische, Entscheidungen in der Unternehmung hat?					
ET	Wurde bei Vernetzungen mit anderen Entscheidungen gemeinsam mit den jeweiligen Entscheidungsträgern nach Lösungen gesucht?					

6) Die wichtigsten mikroorganisatorischen Entscheidungen betreffen die:

Stellenbildung
Abteilungsbildung
Eingliederung von Stellen und Abteilungen in den Organisationsaufbau bzw. -ablauf

Prüffragen zu den Risikoquellen im Zusammenhang mit dem personalwirtschaftlichen Entscheidungsprozess (5/5)

P 2-9	RQ "Vorzeitige Entscheidung"	Antwort			RQ aktiv?	
Prüfer	Prüffragen	Ja	Nein	Kommentar	Ja	Nein
ET	Ist der Informationsstand ausreichend, um die Entscheidung abzuschließen?					
ET	Gibt es in Bezug auf die derzeitige Situation der Unternehmung Gründe die dagegen sprechen, dass die betrachtete Entscheidung jetzt gefasst und umgesetzt wird? Ein möglicher Grund wäre z. B. eine saisonal bedingte hohe Kapazitätsauslastung.					
ET	Falls die vorhergehende Frage mit Ja beantwortet wurde: Ist eine Änderung der Unternehmungssituation abzusehen?					

P 2-10	RQ "Verzögerte Entscheidung"	Antwort			RQ aktiv?	
Prüfer	Prüffragen	Ja	Nein	Kommentar	Ja	Nein
ET	Hätte die jetzige Entscheidung bereits füher getroffen werden sollen?					
ET	Ist die Menge der für die Entscheidung herangezogenen Informationen sehr groß?					
ET	Wurde durch die Informationssuche die Komplexität der Entscheidung sehr stark gesteigert?					

P 2-11	RQ "Verzicht auf Überprüfung der Entscheidungsprämissen"	Antwort			RQ aktiv?	
Prüfer	Prüffragen	Ja	Nein	Kommentar	Ja	Nein
ET	Wurden die Prämissen auf denen die Entscheidung basiert offen gelegt?					
ET	Wurden die Prämissen auf denen die Entscheidung basiert auf ihre Gültigkeit und Richtigkeit hin überprüft?					

Prüffragen zu den Risikoquellen im Zusammenhang mit der Implementation der personalwirtschaftlichen Entscheidung (1/1)

P 3-1	RQ "Mangelhafte Implementation" und "Verzicht auf Implementation"		Antwort			RQ aktiv?	
Prüfer	Prüffragen		Ja	Nein	Kommentar	Ja	Nein
ET	Wurde bei der Bewertung der einzelnen Alternativen auch darauf eingegangen, inwiefern sie Probleme bei der Implementation bereiten könnten?						
ET	Wurde die Umsetzung der gewählten Alternative bereits geplant und vorbereitet?	Gibt es einen (zumindest groben) Zeitplan für die Umsetzung der gewählten Alternative?					
		Ist bereits erforscht, welche Probleme bei der Implementation auftreten könnten?					
		Wurden bereits Lösungsmöglichkeiten für die schwerwiegenden Probleme erarbeitet?					
ET	Wurde versucht, den Aufbau von Akzeptanzbarrieren bei den betroffenen Mitarbeitern zu verhindern?	Wurden die betroffenen Mitarbeiter in den Entscheidungsprozess mit einbezogen indem ihre Meinung angehört wurde?					
		Wurden die betroffenen Mitarbeiter über die Notwendigkeit der Entscheidung informiert?					
		Wurden die betroffenen Mitarbeiter über den Fortgang des Entscheidungsprozesses informiert?					
ET	Gibt es Mitarbeiter, die sich gegen die Entscheidung auflehnen und deren Umsetzung vermutlich boykottieren werden?						
ET	Wurde bereits ein Plan erarbeitet, wie diejenigen Mitarbeiter umgestimmt werden können, welche die Umsetzung der Entscheidung vermutlich boykottieren werden?						

Anhang 5 Risikohandhabungsmaßnahmen bei Personalbeschaffungsrisiken

Personalbeschaffungsrisiko	**Risikohandhabungsmaßnahmen**	
	Ursachenorientiert (zur Verminderung der Gefahr des Risikoeintritts)	**Wirkungsorientiert** (zur Verminderung des Schadens)
Mangelnde Eignung des beschafften Personals	Um nur geeignetes, qualifiziertes Personal zu beschaffen, sind eingehende Informationen über die Bedürfnisse der potenziellen Mitarbeiter und die Stellung der Unternehmung auf dem Arbeitsmarkt einzuholen und die Beschaffungsmittel adäquat zu wählen bzw. zu dimensionieren. Für die Wahl des Beschaffungsorts ist die Erforschung der Angebots- und Nachfragesituation auf dem für die Unternehmung relevanten Arbeitsmarkt Ausschlag gebend. Dabei gilt: Je angespannter die Arbeitsmarktlage aus Sicht der Unternehmung, umso weiter muss der Beschaffungsort dimensioniert sein, damit genug potenziell geeignetes Personal angesprochen werden kann. Bei der Personalauswahl sollten nur Personalauswahlverfahren verwendet werden, die mindestens aus zwei Stufen (Sichtung der Bewerbungsunterlagen und Bewerbungsgespräch) bestehen und bei denen die endgültige Auswahlentscheidung auf einer ausreichend breiten Informationsbasis sowie mittels einer rationalen Auswahlregel getroffen wird. Außerdem sollten alle an Personalauswahlentscheidungen beteiligten Führungskräfte auf mögliche Beurteilungs- oder Testfehler aufmerksam gemacht werden, um selbige so weit als möglich zu vermeiden.	Ein nicht geeigneter, weil unterqualifizierter Mitarbeiter kann durch Personalentwicklungsmaßnahmen entsprechend den Stellenanforderungen geschult werden. Dies setzt jedoch voraus, dass der Mitarbeiter über Entwicklungspotential verfügt (vgl. Drumm 2005, 409). Für den Fall, dass der betreffende Mitarbeiter nicht entwicklungsfähig ist und ein Ersatz beschafft werden muss, können die dadurch entstehenden Kosten reduziert werden, wenn z. B. anhand einer Bewerberdatenbank auf Kandidaten zurückgegriffen werden kann, für die es zum Bewerbungszeitpunkt keine geeigneten vakanten Stellen gab. Um die negativen Wirkungen zu vermindern, die während der Beschaffung eines Ersatzkandidaten bei der Stellenvertretung auftreten können, kann vorbeugend Job Rotation praktiziert werden. Auch detaillierte Stellenbeschreibungen mit möglichst genauen Angaben zu den Stellenaufgaben, den Ermessensspielräumen des Stelleninhabers und den Beziehungen zu anderen Stellen (vgl. Drumm 2005, 549) erleichtern die Stellenvertretung, insbesondere auch dann, wenn die Vertretung der vakanten Stelle durch externe Mitarbeiter einer Leiharbeitsfirma (vgl. Drumm 2005, 343) wahrgenommen werden. Um die Schäden zu vermindern, die illoyale Mitarbeiter durch Diebstahl auslösen, sollten regelmäßige Fremdkontrollen durchgeführt werden. Die Weitergabe von Betriebs-

Personalbeschaffungsrisiko	**Risikohandhabungsmaßnahmen**	
	Ursachenorientiert (zur Verminderung der Gefahr des Risikoeintritts)	**Wirkungsorientiert** (zur Verminderung des Schadens)
Mangelnde Eignung des beschafften Personals (Fortsetzung)	Um die Gefahr der Beschaffung von ungeeignetem, illoyalem Personal zu verringern, sollten, insbesondere bei Stellen in sensiblen Bereichen wie Forschung und Entwicklung oder Buchhaltung, polizeiliche Führungszeugnisse verlangt werden. Ergänzend können auch psychologische Gutachten zum Einsatz kommen. Ob ein Kandidat „anfällig" für Betrug oder den Verkauf geheimer Unternehmungsdaten ist, kann anhand der finanziellen Situation des Bewerbers (z. B. Schufa-Einsicht) untersucht werden.	geheimnissen durch illoyale Mitarbeiter kann erschwert werden, indem das geheim zu haltende Wissen auf mehrere Mitarbeiter aufgeteilt wird.
Personalengpass	Um Personalengpässe zu vermeiden, sollte der Beschaffungszeitpunkt nicht zu weit in die Zeit nach dem Einsatzzeitpunkt verlegt und das bestehende Personal nur über kurze Zeiträume „gestreckt" werden. Fehler bei der Einschätzung der Dauer des Beschaffungsprozesses können reduziert werden, wenn in die Prognose der Beschaffungsprozessdauer die Erfahrungen aus vergangenen Beschaffungsprozessen und zusätzlich die aktuelle Arbeitsmarktsituation sowie die gegenwärtige Stellung der Unternehmung einbezogen werden. Bei angespannter Arbeitsmarktlage und geringer Attraktivität der Unternehmung im Vergleich mit anderen Arbeitgebern, ist mit längeren Beschaffungsprozessen zu rechnen und der Be-	Schäden, die von Vertretungen bei kurzfristigen Personalengpässen ausgehen, können reduziert werden, wenn genaue Beschreibungen aller Stellen in der Unternehmung existieren und die Flexibilität des Personals z. B. durch Job Rotation gefördert wird (siehe oben). Die Beschaffung von Ersatzkandidaten bei längerfristigen Personalengpässen kann mithilfe einer Bewerberdatenbank (siehe oben) beschleunigt werden. Ausfallzeiten aufgrund von Familienphasen können vermindert werden, indem die Unternehmung den betroffenen Mitarbeitern Telearbeit ermöglicht, Teil- und Gleitzeitarbeitsmodelle anbietet, die zeitweilige Anwesenheit von Kleinkindern am Arbeitsplatz duldet und/oder Kinderbetreuung vermittelt oder durchführt (vgl. Drumm 2005, 215-216).

Personalbeschaf-fungsrisiko	**Risikohandhabungsmaßnahmen**	
	Ursachenorientiert (zur Verminderung der Gefahr des Risikoeintritts)	**Wirkungsorientiert** (zur Verminderung des Schadens)
Personalengpass (Fortsetzung)	schaffungsprozess entsprechend früh zu starten. Die Gefahr von Personalenpässen kann außerdem reduziert werden, wenn der Erfolg der Beschaffungsversuche gesteigert wird, indem bisherige Beschaffungsversuche auf Fehler hin analysiert werden und stets aktuelle Informationen zur Arbeitsmarktlage, zur Stellung der Unternehmung und zu den Erwartungen, Bedürfnissen und Zielsetzungen des potenziellen Personals ermittelt werden. Die Gefahr, dass bereits beschafftes Personal ausfällt, sinkt, wenn bei der Personalbeschaffung der Gesundheitszustand und die Belastungsfähigkeit des Kandidaten überprüft, Informationen über dessen berufliche und familiäre Zukunftspläne eingeholt und in die Personalauswahl miteinbezogen werden.	

Anhang 6 Risikohandhabungsmaßnahmen bei Personalführungsrisiken

Personalführungs-risiko	**Risikohandhabungsmaßnahmen**	
	Ursachenorientiert (zur Verminderung der Gefahr des Risikoeintritts)	**Wirkungsorientiert** (zur Verminderung des Schadens)
Mangelhafte Wert- und Bedürfnisorientierung	Die individuellen Werthaltungen und Bedürfnisse des Mitarbeiters müssen in regelmäßigen Abständen mit Hilfe von Mitarbeitergesprächen erfasst werden. Es ist darauf zu achten, dass der Mitarbeiter von seinem Vorgesetzten im Rahmen dieser Gespräche als gleichwertig behandelt wird. Der Vorgesetzte muss dem Mitarbeiter außerdem deutlich machen, welche Leistung er im Gegenzug für die Befriedigung von Mitarbeiterbedürfnissen erwartet und über welche Möglichkeiten der Bedürfnisbefriedigung er grundsätzlich verfügt (vgl. Drumm 2005, 574). Die gewonnen Erkenntnisse sind dann bei der Auswahl des Führungsverhaltens, soweit es der Unternehmung bzw. dem Vorgesetzten möglich ist, zu berücksichtigen. Um den Fall zu vermeiden, dass die vom Mitarbeiter vertretenen Werte und die daraus abgeleiteten Bedürfnisse nicht von der Unternehmung befriedigt werden können, weil die Werte nicht mit der Unternehmungskultur vereinbar sind, kann an der Personalbeschaffung angesetzt werden, indem nur solche Mitarbeiter eingestellt werden, deren Werte mit denen der Unternehmungskultur weitgehend übereinstimmen.	Ist es nicht möglich, das Führungsverhalten an die Werthaltungen und Bedürfnisse des Mitarbeiters anzupassen, indem Entscheidungs- und Kommunikationsprozesse, sowie Anweisungen, Hilfen und Kontrollen entsprechend gestaltet werden, bleiben zwei Möglichkeiten, um den dadurch ausgelösten motivationalen Schaden zu mindern: Entweder wird die Motivation des Mitarbeiters durch anderweitige Anreize stimuliert, also z. B. durch die Gewährung materieller oder immaterieller Anreize (vgl. Drumm 2005, 468). Oder die Werthaltungen und damit die Bedürfnisse des Mitarbeiters werden durch „Erziehung“ an das Führungsverhalten des Vorgesetzten angepasst. Letztgenannte Möglichkeit ist jedoch mit erheblichem Zeitaufwand verbunden und führt vermutlich weit nicht in allen Fällen zur erwünschten Wirkung.

Personalführungs-risiko	Risikohandhabungsmaßnahmen	
	Ursachenorientiert (zur Verminderung der Gefahr des Risikoeintritts)	**Wirkungsorientiert** (zur Verminderung des Schadens)
Mangelhafte Berücksichtigung der Leistungsfähigkeit	Damit die qualitative und quantitative Leistungsfähigkeit des einzelnen Mitarbeiters bei dessen Führung beachtet werden kann und um so Über- oder Unterforderungen zu vermeiden, müssen entsprechende, regelmäßig aktualisierte Daten, z. B. aus der periodischen Leistungsbeurteilung (vgl. dazu Drumm 2005, 115-125), vorliegen und bei der Auswahl des Führungsverhaltens berücksichtigt werden.	Zur Schadensreduktion bei qualitativer Überforderung des Mitarbeiters kann der Vorgesetzte zusätzliche Hilfeleistungen anbieten und konkrete, detaillierte Arbeitsanweisungen geben. Zudem kommen Personalentwicklungsmaßnahmen infrage, mit deren Hilfe der Mitarbeiter die erforderliche Qualifikation erlangt. Allerdings sind Personalentwicklungsmaßnahmen nur dann erfolgreich, wenn der entsprechende Mitarbeiter entwickelt werden möchte und über Entwicklungspotential verfügt (vgl. Drumm 2005, 414). Ist der der Mitarbeiter nicht entwicklungswillig und/oder nicht -fähig bzw. ist er trotz zusätzlicher Hilfen qualitativ überfordert, muss das Führungsverhalten an die Kenntnisse und Fähigkeiten des Mitarbeiters angepasst werden. Aufgrund der hohen physischen und psychischen Belastung des Mitarbeiters bei dauerhafter quantitativer Überforderung sollten materielle und/oder immaterielle Leistungsanreize (vgl. Drumm 2005, 468) nur kurzfristig eingesetzt und auf längere Sicht die quantitative Arbeitsbelastung reduziert werden. Materielle und/oder immaterielle Leistungsanreize (vgl. Drumm 2005, 468) können auch bei quantitativer oder qualitativer Unterforderung zur Reduzierung der motivationalen Schäden eingesetzt werden. Da jedoch beide Formen der Unterforderung eine Verschwendung von Ressourcen bedeutet, sollte das Führungsverhalten an die jeweilige qualitative und/oder quantitative Leistungsfähigkeit des Mitarbeiters angepasst werden.

Literaturverzeichnis

Acker, Heinrich B.: Stelle. In: Handwörterbuch der Organisation, hrsg. v. E. Grochla, Stuttgart 1969, Sp. 1577-1582.

Acker, Heinrich B.: Die organisatorische Stellengliederung im Betrieb, 3. Aufl., Wiesbaden 1973.

Ackermann, Karl-Friedrich: Risikomanagement im Personalbereich: Reaktionen auf die Anforderungen des KonTraG, Wiesbaden 1999.

Albach, Horst: Wirtschaftlichkeitsrechnung bei unsicheren Erwartungen, Köln 1959.

Albers, Marco: Corporate Governance in Aktiengesellschaften: Entscheidungsprozess und Wirkungsanalyse zum Gesetz zur Kontrolle und Transparenz im Unternehmensbereich (KonTraG). In: Europäische Hochschulschriften, Reihe 5, Volks- und Betriebswirtschaft, Band 2844, Frankfurt a. Main et al. 2002, zugl. Diss. Univ. Oldenburg 2001.

Augustin, Siegfried: Information als Wettbewerbsfaktor: Informationslogistik – Herausforderung an das Management. In: Schriftenreihe Erfolgspotentiale für Unternehmer und Führungskräfte, hrsg. v. A. F. Oberhofer, Köln 1990.

Augustin, Siegfried: Informationslogistik als Erfolgsstrategie – Vergleich zwischen japanischen und deutschen Unternehmen. In: Erfolgsfaktor Information: Schlüssel zu Wettbewerbsvorsprüngen, 5. Fachinformationskongreß für Unternehmer und Führungskräfte, hrsg. v. Bayerisches Staatsministerium für Wirtschaft und Verkehr, München 1993, S. 27-33.

Bamberg, Günter / Coenenberg, Adolf G.: Betriebswirtschaftliche Entscheidungslehre, 11. Aufl., München 2002.

Bamberg, Günter / Coenenberg, Adolf G. / Kleine-Doepke, Rainer: Zur entscheidungsorientierten Bewertung von Informationen. In: Schmalenbachs Zeitschrift für betriebswirtschaftliche Forschung, 28. Jg., Band 1, Heft 1, 1976, S. 30-42.

Baron, Robert S. / Kerr, Norbert L. / Miller, Norman: Group Process, Group Decision, Group Action, Buckingham 1992.

Bechmann, Gotthard: Risk and the Postmodern Society. In: Risiko-Dialog – von der Idee zur konkreten Umsetzung, Band 4 der Festschrift zum 60. Geburtstag von Prof. Dr. Matthias Haller, hrsg. v. B. Zucker, Institut für Versicherungswirtschaft der Universität St. Gallen, St. Gallen 2001, S.139-154.

Beckerath, Paul Gert von: Über das Berufsethos eines Personalleiters. In: Verhaltensethik im Personalwesen: Prinzipien und Regeln für die Konzeption einer betrieblichen Personalpolitik, hrsg. v. P. G. v. Beckerath, Stuttgart 1988, S. 293-316.

Berle, Adolf. A. / Means, Gardiner C.: The Modern Corporation and Private Property, New York 1968.

Berliner Initiativkreis German Code of Corporate Governance: Der German Code of Corporate Governance. In: German Code of Corporate Governance (GCCG): Konzeption, Inhalt und Anwendung von Standards der Unternehmensführung, hrsg. v. A. v. Werder, 2. Aufl., Stuttgart 2001, S. 63-119.

Bernstein, Peter L.: Against the gods: The remarkable story of risk, New York et al. 1998.

Berthel, Jürgen: Personal-Management: Grundzüge für Konzeptionen betrieblicher Personalarbeit, 5. Aufl., Stuttgart 1997.

Berthel, Jürgen / Becker, Fred G.: Personal-Management: Grundzüge für Konzeptionen betrieblicher Personalarbeit, 7. Aufl., Stuttgart 2003.

Bitz, Horst: Abgrenzung des Risiko-Frühwarnsystems i.e.S. nach KonTraG zu einem umfassenden Risiko-Managementsystem im betriebswirtschaftlichen Sinn. In: Betriebswirtschaftliche Forschung und Praxis, 52. Jg., Heft 3, 2000a, S. 231-241.

Bitz, Horst: Risikomanagement nach KonTraG: Einrichtung von Frühwarnsystemen zur Effizienzsteigerung und zur Vermeidung persönlicher Haftung. In: Schriftenreihe Der Betrieb, Stuttgart 2000b.

Bleicher, Knut: Abteilung. In: Handwörterbuch der Organisation, hrsg. v. E. Grochla, Stuttgart 1969a, Sp. 40-45.

Bleicher, Knut: Span of Control. In: Handwörterbuch der Organisation, hrsg. v. E. Grochla, Stuttgart 1969b, Sp. 1531-1536.

Bleicher, Knut: Organisation – Formen und Modelle, Wiesbaden 1981.

Bleicher, Knut: Zukunftsperspektiven organisatorischer Entwicklung: Von strukturellen zu human-zentrierten Ansätzen. In: Zeitschrift Führung und Organisation, 59. Jg., Heft 3, 1990, S. 152-161.

Bleicher, Knut: Organisation: Strategien – Strukturen – Kulturen, 2. Aufl., Wiesbaden 1991.

Böhme, Hans-Werner: Die Fachzeitschrift als Informationsquelle von Unternehmen, Diss. Univ. des Saarlandes, Saarbrücken 1992.

Brauchlin, Emil: Brevier der betriebswirtschaftlichen Entscheidungslehre. In: Praktische Betriebswirtschaft, Schriftenreihe des Instituts für Betriebswirtschaft an der Hochschule St. Gallen, Band 8, Bern, Stuttgart 1977.

Brauchlin, Emil / Heene, Robert: Problemlösungs- und Entscheidungsmethodik, 4. Aufl., Bern, Stuttgart 1995.

Braun, Herbert: Risikomanagement: Eine spezifische Controllingaufgabe. In: Controlling Praxis, hrsg. v. P. Horváth, Darmstadt 1984.

Brebeck, Frank / Hermann, Dagmar: Zur Forderung des KonTraG-Entwurfs nach einem Frühwarnsystem und zu den Konsequenzen für die Jahres- und Konzernabschlußprüfung. In: Die Wirtschaftsprüfung, 50. Jg., Heft 12, 1997, S. 381-391

Bretzke, Wolf-Rüdiger: Der Problembezug von Entscheidungsmodellen. In: Die Einheit der Gesellschaftswissenschaften: Studien in den Grenzbereichen der Wirtschafts- und Sozialwissenschaften, hrsg. v. E. Boettcher, Band 29, Tübingen 1980.

Brink, Hans-Josef: Kontrolle, Organisation der. In: Handwörterbuch der Organisation, hrsg. v. E. Frese, 3. Aufl., Stuttgart 1992, Sp. 1143-1151.

Brühwiler, Bruno: Risikomanagement. In: io Management-Zeitschrift, 48. Jg., Heft 7/8, 1979, S. 353-357.

Brühwiler, Bruno: Risk Management – eine Aufgabe der Unternehmungsführung. In: Schriftenreihe des Instituts für betriebswirtschaftliche Forschung an der Universität Zürich, Band 36, Bern, Stuttgart 1980.

Brühwiler, Bruno: Einführung eines unternehmensweiten Risk-Managements: Einfachheit, Machbarkeit und Wesentlichkeit als Erfolgsfaktoren. In: io Management-Zeitschrift, 70. Jg., Heft 7/8, 2001, S. 54-59.

Brühwiler, Bruno: Risk Management als Führungsaufgabe: Methoden und Prozesse der Risikobewältigung für Unternehmen, Organisationen, Produkte und Projekte, Bern, Stuttgart, Wien 2003.

Büchner, Franz: Zur Entwicklung der neuzeitlichen und der modernen Versicherung. In: Praxis und Theorie der Versicherungsbetriebslehre, Festgabe für H. L. Müller-Lutz zum 60. Geburtstag, hrsg. v. P. Braess , D. Farny, R. Schmidt, Karlsruhe 1972, S. 23-43.

Bühlmann, Hans / Loeffel, Hans / Nievergelt, Erwin: Einführung in die Theorie und Praxis der Entscheidung bei Unsicherheit. In: Lecture Notes in Operations Research and Mathematical Economics, hrsg. v. M. Beckmann, H. P. Künzi, Vol. 1, 2. Aufl., Berlin, Heidelberg, New York 1969.

Bühner, Rolf: Betriebswirtschaftliche Organisationslehre, 10. Aufl., München, Wien 2004.

Bundestags-Drucksache 13/9712. In: Verhandlungen des Deutschen Bundestages, 13. Wahlperiode, Drucksachen Band 598, Drucksachen 13/9581-13/9720, Bonn 1998, S. 1-37.

Burger, Anton / Buchhart, Anton: Risiko-Controlling, München, Wien 2002.

Bussmann, Karl F.: Das betriebswirtschaftliche Risiko. In: Schriften zur wirtschaftswissenschaftlichen Forschung, Band 4, Meisenheim a. Glan 1955.

Cascio, Wayne: Applied psychology in personnel management, 3rd edition, Englewood Cliffs et al. 1987.

Coenen, Markus: Risikomanagement und Risiko-Controlling im RWE-Konzern. In: Controlling, 16. Jg., Heft 2, 2004, S. 97-102.

Corsten, Hans: Grundlagen der Wettbewerbsstrategie, Stuttgart, Leipzig 1998.

Dale, Ernest: Planning and Developing the Company Organization Structure, 5th print, New York 1957.

Daniel, Alexander: Implementierungsmanagement: Ein anwendungsorientierter Gestaltungsansatz, Diss. Univ. Hohenheim, Wiesbaden 2001.

De Zeeuw, Alex B.: Mehr Führungskontrolle in komplexen Organisationen: Ansatz zu einem ganzheitlichen unternehmerischen Risikomanagementmodell. In: io Management-Zeitschrift, 68. Jg., Heft 5, 1999, S. 37-41.

Deutsches Rechnungslegungs Standards Comittee e. V. (DRSC): Deutscher Rechnungslegungs Standard Nr. 5 (DRS 5), Risikoberichterstattung, Stuttgart 2004.

Diederichs, Marc: Risikomanagement und Risikocontrolling: Risikocontrolling – ein integrierter Bestandteil einer modernen Risikomanagement-Konzeption, München 2004.

Dinkelbach, Werner: Entscheidungsmodelle, Berlin, New York 1982.

Dörner, Dietrich: Die Logik des Misslingens: Strategisches Denken in komplexen Situationen, Reinbek bei Hamburg 1989.

Domsch, Michel / Krüger, Maria: Mobilität und Fluktuation von Führungskräften. In: Handwörterbuch der Führung, hrsg. v. A. Kieser, G. Reber, R. Wunderer, Stuttgart 1987, Sp. 1484-1495.

Drumm, Hans Jürgen: Organisationsplanung. In: Handwörterbuch der Organisation, hrsg. v. E. Frese, 3. Aufl., Stuttgart 1992, Sp. 1589-1602.

Drumm, Hans Jürgen: Organisatorische und personalwirtschaftliche Risikoanalysen als Grundlagen der Corporate Governance. In: Wertorientierte Unternehmenssteuerung, Festschrift für Helmut Laux, hrsg. v. R. M Gillenkirch et al., Berlin, Heidelberg, New York 2004, S. 1-21.

Drumm, Hans Jürgen: Personalwirtschaft, 5. Aufl., Berlin et al. 2005.

Drumm, Hans Jürgen / Dal Zotto, Cinzia: Italienische Soziokultur als intervenierende Variable bei Wahl und Nutzung von Organisationsstrukturen in internationalen Unternehmungen. In: Regensburger Diskussionsbeiträge zur Wirtschaftswissenschaft, Nr. 381, Regensburg Februar 2003.

Drumm, Hans Jürgen/ Dal Zotto, Cinzia: Strategische und operative Risikoanalysen als Grundlagen der Corporate Governance. In: Unternehmensrechnung – Konzeptionen und praktische Umsetzung, Festschrift für Gerhard Scherrer, hrsg. v. S. Göbel, B. Heni, München 2004, S. 383-400.

Drumm, Hans Jürgen / Scholz, Christian: OR/MS Methods in Manpower Planning: The Theorem of Acceptance, Report on the research project „Acceptance of OR/MS methods" as part of the research program "Empirical Decision Theory" supported by the German Research Association (DFG). In: Regensburger Diskussionsbeiträge zur Wirtschaftswissenschaft, Nr. 145, Regensburg im August 1982.

Drumm, Hans Jürgen / Scholz, Christian: Zur Wirkung von Intelligenz und Individualität der Gruppenmitglieder auf die Effektivität von Gruppenentscheidungen. In: Regensburger Diskussionsbeiträge zur Wirtschaftswissenschaft, Nr. 194, Regensburg im November 1987.

Drumm, Hans Jürgen / Scholz, Christian: Personalplanung: Planungsmethoden und Methodenakzeptanz, 2. Aufl., Bern, Stuttgart 1988.

Duden „Bedeutungswörterbuch". In: Der Duden in 10 Bd., 2. Aufl., hrsg. v. G. Drosdowski et al., Bd. 10, Mannheim et al. 1985.

Eckardstein, Dudo v. / Schnellinger, Franz: Betriebliche Personalpolitik, 3. Aufl., München 1978.

Edwards, Ward: The Theory of Decision Making. In: Decision Making: Selected Readings, edited by W. Edwards, A. Tversky, Harmondsworth et al. 1967, p. 13-64.

Eickmeier, Werner: Methoden zur Abschätzung des wirtschaftlichen Erfolges von Organisationsmaßnahmen. In: Europäische Hochschulschriften, Reihe 5, Volks- und Betriebswirtschaft, Bd. 410, Frankfurt a. Main 1983.

Eigler, Joachim: Transaktionskosten als Steuerungsinstrument für die Personalwirtschaft. In: Regensburger Beiträge zur betriebswirtschaftlichen Forschung, hrsg. v. Institut für Betriebswirtschaftslehre an der Universität Regensburg, Band 11, Frankfurt a. Main et al. 1996, zugl. Diss. Univ. Regensburg 1995.

Eisenführ, Franz / Weber Martin: Rationales Entscheiden, 3. Aufl., Berlin et al. 1999.

Elšik, Wolfgang: Strategien im Personalmanagement. In: Strategische Personalpolitik, Festschrift für Prof. Dr. Dudo von Eckardstein, hrsg. v. W. Elšik, W. Mayrhofer, München 1999, S. 3-26.

Erben, Roland F.: Analyse ausgewählter Unternehmenskrisen: Swissair, Enron und Kirch Gruppe. In: Erfolgsfaktor Risiko-Management: Chance für Industrie und Handel; Methoden, Beispiele, Checklisten, hrsg. v. F. Romeike, R. B. Finke, Wiesbaden 2003, S. 435-463.

Eucken, Walter: Grundlagen der Nationalökonomie, 8. Aufl., Berlin, Heidelberg, New York 1965.

Fank, Matthias: Einführung in das Informationsmanagement: Grundlagen, Methoden, Konzepte, 2. Aufl., München, Wien 2001.

Farny, Dieter: Grundfragen des Risk Management. In: Risk Management – Strategien zur Risikobeherrschung, Bericht von der 5. Kölner BfuP-Tagung am 5. Und 6. Oktober 1978 in Leverkusen, GEBERA-Schriften, Band 5, hrsg. v. W. Goetzke, G. Sieben, Köln 1979, S. 11-37.

Farny, Dieter: Risk Management und Planung. In: Handwörterbuch der Planung, hrsg. v. N. Szyperski, Stuttgart 1989, Sp. 1749-1758.

Farr, Wolf-Michael: Checkliste für die Aufstellung und Prüfung des Lageberichts bzw. Konzernlageberichts: unter Berücksichtigung von KonTraG und KapCoRiLiG sowie IDW-Stellungnahme zur Rechnungslegung und IDW-Prüfungsstandard, 4. Aufl., Stand 1.2.2002, Düsseldorf 2002.

Fasse, Friedrich-W.: Risk-Management im strategischen internationalen Marketing, Duisburger Betriebswirtschaftliche Schriften, Band 11, hrsg. von K. Barth et al., Hamburg 1995, zugl. Diss. Univ. Duisburg 1995.

Festinger, Leon: A Theory of Cognitive Dissonance, reprint, Stanford 1970 (first published 1957).

Fischel, Daniel R.: The Corporate Governance Movement. In: Vanderbilt Law Review, Volume 35, 1982, Number 6, p. 1259-1336.

Fluck, Felix: Fluktuation – Eine Folge der Disharmonie zwischen Mitarbeiter- und Unternehmensinteressen, Diss. Univ. Zürich, Zürich 1992.

Frei, Felix et al.: Die kompetente Organisation: Qualifizierende Arbeitsgestaltung – die europäische Alternative, Stuttgart, Zürich 1993.

Frese, Erich: Aufgabenanalyse und -synthese. In: Handwörterbuch der Organisation, hrsg. v. E. Grochla, 2. Aufl., Stuttgart 1980, Sp. 207-217.

Frese, Erich: Grundlagen der Organisation: Konzept – Prinzipien – Strukturen, 8. Aufl., Wiesbaden 2000.

Frese, Erich / Noetel, Wolfgang: Kundenorientierte Organisationsstrukturen in Produktion und Vertrieb – Konzeption und ausgewählte Ergebnisse einer empirischen Untersuchung. In: Organisationsstrategie und Produktion, hrsg. v. E. Zahn, München 1990.

Frey, Dieter: Informationssuche und Informationsbewertung bei Entscheidungen, Bern, Stuttgart, Wien 1981.

Fuchs-Wegner, Gertrud / Welge, Martin K.: Kriterien für die Beurteilung und Auswahl von Organisationskonzeptionen, 1. Teil. In: Zeitschrift für Organisation, 43. Jg., Heft 2, 1974, S. 71-82.

Fürstenwerth, Frank v. / Weiß, Alfons: Versicherungsalphabet: Begriffserläuterungen der Versicherung aus Theorie und Praxis, 9. Aufl., Karlsruhe 1997.

Füser, Karsten / Gleißner, Werner: Risikomanagement (KonTraG) – Erfahrungen aus der Praxis. In: Der Betrieb, 52. Jg., Band 2, Heft 15, 1999, S. 753-758.

Galbraith, Jay: Environmental and Technological Determinants of Organizational Design. In: Studies in Organization Design, edited by J. W. Lorsch, P. R. Lawrence, Homewood 1970, p. 113-139.

Gäfgen, Gérard: Theorie der wirtschaftlichen Entscheidung: Untersuchungen zur Logik und Bedeutung des rationalen Handelns, 3. Aufl., Tübingen 1974.

Gelhausen, Hans Friedrich: Ausgestaltung und Prüfung des Risikofrüherkennungssystems. In: Wirtschaftsprüfer-Handbuch. Handbuch für Rechnungslegung, Prüfung und Beratung, Band 1, Abschnitt P, hrsg. v. Institut der Wirtschaftsprüfer in Deutschland e.V., 12. Auflage, Düsseldorf 2000, S. 1369-1400.

Gomez, Peter / Zimmermann, Tim: Unternehmensorganisation: Profile, Dynamik, Methodik, 3. Aufl., Frankfurt a. Main, New York 1997.

Götze, Uwe / Henselmann, Klaus / Mikus, Barbara (Hrsg.): Risikomanagement, Heidelberg 2001.

Grabitz, Hans-Joachim: Experimentelle Untersuchungen zur Bewertung von Information vor Entscheidung, Diss. Univ. Mannheim, Mannheim 1969.

Graicunas, Vytantas. A.: Relationship in Organizations. In: Papers on the Science of Administration, edited by L. Gulick und. L. F. Urwick, New York 1937, p. 181-187.

Graumann, Mathias: Controlling: Begriffe, Elemente, Methoden und Schnittstellen, Düsseldorf 2003.

Gries, Christin-Isabel / Schmidt, Axel: Datenbanken als Informationsquelle für kleine und mittlere Unternehmen. In: Institut für Mittelstandsforschung Materialien, Nr. 116, Bonn 1995.

Grochla, Erwin: Grundlagen der organisatorischen Gestaltung, Stuttgart 1982.

Grochla, Erwin / Thom, Norbert: Organisationsformen, Auswahl von. In: Handwörterbuch der Organisation, hrsg. v. E. Grochla, 2. Aufl., Stuttgart 1980, Sp. 1494-1517.

Gutenberg, Erich: Unternehmensführung: Organisation und Entscheidungen, Wiesbaden 1962.

Gutenberg, Erich: Grundlagen der Betriebswirtschaftslehre, Band I: Die Produktion, 24. Aufl., Berlin, Heidelberg, New York 1983.

Gzuk, Roland: Messung der Effizienz von Entscheidungen: Beitrag zu einer Methodologie der Erfolgsfeststellung betriebswirtschaftlicher Entscheidungen. In: Empirische Theorie der Unternehmung, hrsg. v. E. Witte, Band 5, Tübingen 1975.

Haller, Matthias: Sicherheit durch Versicherung? Gedanken zur künftigen Rolle der Versicherung. In: Schriftenreihe Risikopolitik des Instituts für Versicherungswirtschaft an der Hochschule St. Gallen für Wirtschafts- und Sozialwissenschaften, Band 1, Bern, Frankfurt a. Main 1975.

Haller, Matthias: Risiko-Management – Eckpunkte eines integrierten Konzepts. In: Schriften zur Unternehmensführung, Risikomanagement, Band 33, Wiesbaden 1986, S. 7-43.

Happel, Elke / Liebwein, Peter: Risikofrüherkennung in Versicherungsunternehmen: Aspekte zur Unterstützung des Risk-Managements nach KonTraG. In: Versicherungswirtschaft, 55. Jg., Band 1, Heft 4, 2000, S. 228-235.

Hauschildt, Jürgen: Zielbildung – ein heuristischer Prozeß. In: Zeitschrift für Betriebswirtschaft, 46. Jg., Heft 4/5, 1976, S. 327-340.

Hax, Herbert: Die Koordination von Entscheidungen: Ein Beitrag zur betriebswirtschaftlichen Organisationslehre. In: Schriftenreihe Annales Universitatis Saraviensis, Rechts- und wirtschaftswissenschaftliche Abteilung, Heft 17, Köln et al. 1965.

Heinen, Edmund: Das Zielsystem der Unternehmung - Grundlagen betriebswirtschaftlicher Entscheidungen. In: Schriftenreihe Die Betriebswirtschaft in Forschung und Praxis, hrsg. v. E. Heinen, Band 1, Wiesbaden 1966.

Helten, Elmar: Die Erfassung und Messung des Risikos. In: Versicherungswirtschaftliches Studienwerk, hrsg. v. W. Asmus, J. Gassmann, 4. Aufl., Studientext 11, Versicherungsbetriebslehre, 1. Aufl., Wiesbaden 1994a.

Helten, Elmar: Ist Risiko ein Konstrukt? Zur Quantifizierung des Risikobegriffes. In: Risiko, Versicherung, Markt, Festschrift für Walter Karten zur Vollendung des 60. Lebensjahres, hrsg. v. D. Hesberg, Karlsruhe 1994b, S. 19-25.

Henselmann, Klaus: Das KonTraG und seine Anforderungen an das Risikomanagement. In: Risikomanagement, hrsg. v. U. Götze, K. Henselmann, B. Mikus, Heidelberg 2001, S. 29-46.

Hentze, Joachim: Personalwirtschaftslehre 1: Grundlagen, Personalbedarfsermittlung, -beschaffung, -entwicklung und -einsatz, 6. Aufl., Bern, Stuttgart, Wien 1994.

Hentze, Joachim: Personalwirtschaftslehre 2: Personalerhaltung und -leistungsstimulation, Personalfreistellung und Personalinformationswirtschaft, 6. Aufl., Bern, Stuttgart, Wien 1995.

Hentze, Joachim/ Kammel, Andreas: Personalwirtschaftslehre 1: Grundlagen, Personalbedarfsermittlung, -beschaffung, -entwicklung und -einsatz, 7. Aufl., Bern, Stuttgart, Wien 2001.

Hertel, Achim: Risk Management in der Praxis, Köln 1991.

Hill, Wilhelm/ Fehlbaum, Raymond/ Ulrich, Peter: Organisationslehre 1: Ziele, Instrumente und Bedingungen der Organisation sozialer Systeme, 5. Aufl., Bern et al. 1994.

Hinze, Dirk A.: Determinanten der Arbeitsverweigerung: eine empirische Untersuchung der Einflussfaktoren auf industriellen Absentismus, Spardorf 1982.

Hochrein, Karen: Das Gesetz zur Kontrolle und Transparenz im Unternehmensbereich (KonTraG und die Folgen für das Personalmanagement). In: Risikomanagement im Personalbereich: Reaktionen auf die Anforderungen des KonTraG, hrsg. v. K.-F. Ackermann, Wiesbaden 1999, S. 11-41.

Hölscher, Reinhold: Von der Versicherung zur integrativen Risikobewältigung: Die Konzeption eines modernen Risikomanagements. In: Herausforderung Risikomanagement: Identifikation, Bewertung und Steuerung industrieller Risiken, hrsg. v. R. Hölscher, R. Elfgen, Wiesbaden 2002, S. 3-31.

Hoffmann, Friedrich: Organisation, Begriff der. In: Handwörterbuch der Organisation, hrsg. v. E. Grochla, 2. Aufl., Stuttgart 1980, Sp. 1425-1431.

Hommelhoff, Peter / Mattheus, Daniela: Meinungen zum Thema: KonTraG – Mehr Kontrolle und Transparenz. In: Betriebswirtschaftliche Forschung und Praxis, 51. Jg., Heft 4, 1999, S. 437-453.

Hommelhoff, Peter / Mattheus, Daniela: Risikomanagement im Konzern: ein Problemaufriss. In: Betriebswirtschaftliche Forschung und Praxis, 52. Jg., Heft 3, 2000, 217-230.

Hopt, Klaus J. / Prigge, Stefan: Preface. In: Comparative Corporate Governance: The State of the Art and Emerging Research, edited by K. J. Hopt et al., Oxford et al. 1998, p. v-x.

Hornung, Karlheinz / Reichmann, Thomas / Diederichs, Marc: Risikomanagement Teil I: Konzeptionelle Ansätze zur pragmatischen Realisierung gesetzlicher Anforderungen. In: Controlling, 11. Jg., Heft 7, 1999, S. 317-325.

Hornung, Karlheinz / Reichmann, Thomas / Form, Stephan: Risikomanagement Teil II: Wertorientierung und KonTraG als Determinanten des Risikomanagements der Metallgesellschaft AG. In: Controlling, 12. Jg., Heft 3, 2000, S. 152-161.

IDW Prüfungsstandard: Die Prüfung des Risikofrüherkennungssystems nach § 317 Abs. 4 HGB: IDW PS 340, Stand: 25.06.1999. In: Die Wirtschaftsprüfung, 52. Jg., Heft 16, 1999, S. 658-662.

IDW Rechnungslegungsstandard: Aufstellung des Lageberichts: IDW RS HFA 1, Stand: 26.06.1998. In: Die Wirtschaftsprüfung, 51. Jg., Heft 15, 1998, S. 652-662.

IIR-Arbeitskreis „Interne Revision in der Versicherungswirtschaft": Konzept für den Aufbau eines Risikomanagementsystems (RMS) unter Berücksichtigung der Anforderungen durch das KonTraG. In: Zeitschrift Interne Revision, 34. Jg., Heft 4, 1999, S. 185-215.

Imboden, Carlo: Ein entscheidbezogenes Risikohandhabungsverfahren, Diss. Univ. Bern, Bern 1983.

Irle, Martin: Macht und Entscheidungen in Organisationen: Studie gegen das Linie-Stab-Prinzip, Frankfurt am Main 1971.

Irle, Martin: Lehrbuch der Sozialpsychologie, Göttingen, Toronto, Zürich 1975.

Jost, Peter J.: Organisation und Koordination: Eine ökonomische Einführung, Wiesbaden 2000.

Jung, Hans: Personalwirtschaft, München, Wien 1995.

Jungermann, Helmut / Slovic, Paul: Charakteristika individueller Risikowahrnehmung. In: Risiko ist ein Konstrukt: Wahrnehmungen zur Risikowahrnehmung, hrsg. v. Bayerische Rück, München 1993, S. 89-107.

Kalhöfer, Christian / Rücker, Uwe-Christian: Das Selbsttragen industrieller Risiken durch die Bildung finanzieller Reserven. In: Herausforderung Risikomanagement: Identifikation, Bewertung und Steuerung industrieller Risiken, hrsg. v. R. Hölscher, R. Elfgen, Wiesbaden 2002, S. 429-450.

Kant, Immanuel: Untersuchung über die Deutlichkeit der Grundsätze der natürlichen Theologie und der Moral, 1764. Abgedruckt in: Kant's gesammelte Schriften, hrsg. v. der Königlich Preußischen Akademie der Wissenschaften, Band II, Erste Abteilung: Werke, Berlin 1912, S. 273-301.

Karten, Walter: Die Unsicherheit des Risikobegriffes – Zur Terminologie der Versicherungsbetriebslehre. In: Praxis und Theorie der Versicherungsbetriebslehre. Festgabe für H.L. Müller-Lutz zum 60. Geburtstag, hrsg. v. P. Braeß, D. Farny, R. Schmidt, Karlsruhe 1972a, S. 147-169. Wieder abgedruckt in: Versicherungsbetriebslehre: Kernfragen aus entscheidungsorientierter Sicht, hrsg. v. D. Hesberg et al., Karlsruhe 2000, S. 3-28.

Karten, Walter: Zum Problem der Versicherbarkeit und zur Risikopolitik des Versicherungsunternehmens – betriebswirtschaftliche Aspekte. In: Zeitschrift für die gesamt Versicherungswissenschaft, 61. Jg., 1972b, S. 279-299.

Karten, Walter: Aspekte des Risk Managements. In: Betriebswirtschaftliche Forschung und Praxis, 30. Jg., Heft 4, 1978, S. 308-323.

Kaufhold, Klaus: Die wirtschaftlichen Wirkungen der Fluktuation in der Einzelwirtschaft: eine theoretische Untersuchung. In: Europäische Hochschulschriften, Reihe V, Volks- und Betriebswirtschaft, Band 607, Frankfurt a. Main, Bern, New York 1985.

Kickert, Walter J. M.: Organisation of Decision-Making: a systems-theoretical approach, Amsterdam, New York, Oxford 1980.

Kieser, Alfred / Kubicek, Herbert: Organisation, 3. Aufl., Berlin, New York 1992.

Kirchner, Michael: Risikomanagement: Problemaufriss und praktische Erfahrungen unter Einbeziehung eines sich ändernden unternehmerischen Umfeldes. In: Kooperation & Wettbewerb, hrsg. v. J. W. Kramer, J. Sepp, I. Boevsky, Band 2, München 2002.

Kirsch, Werner: Entscheidungsprozesse, Erster Band: Verhaltenswissenschaftliche Ansätze zur Entscheidungstheorie, Wiesbaden 1970.

Kirsch, Werner: Entscheidungsprozesse, Dritter Band: Entscheidungen in Organisationen, Wiesbaden 1971.

Kirsch, Werner: Planung: Kapitel einer Einführung. In: Planungs- und Organisationswissenschaftliche Schriften, hrsg. v. W. Kirsch, München 1975.

Kirsch, Werner et al.: Empirische Explorationen zu Reorganisationsprozessen, hrsg. v. W. Kirsch, München 1978.

Kleb, Thomas / Schwedes, Frank: Modernes Personalmarketing: Wege zum erfolgreichen Recruiting. In: Personal, 54. Jg., Heft 10, 2002, 6-10.

Klein, Sabine: Der Einfluß von Werten auf die Gestaltung von Organisationen. In: Wirtschaftspsychologische Schriften, hrsg. v. A. Mayer et al., Band 12, Berlin 1991, zugl. Diss. Univ. Bayreuth 1990.

Kloidt, Heinrich / Dubberke, Hans-Achim / Göldner, Jürgen: Zur Problematik des Entscheidungsprozesses. In: Organisation des Entscheidungsprozesses, hrsg. v. E. Kosiol, Berlin 1959, S. 9-22.

Knight, Frank H.: Risk, Uncertainty and Profit, Boston, New York 1921.

Kobi, Jean-Marcel: Personalrisikomanagement: eine neue Dimension im Human-Resources-Management, Wiesbaden 1999.

Kohlhoff, Christian / Langenhan, Karsten / Zorn, Stephan: Risikomanagement nach dem KonTraG – zwischen Theorie und Praxis; zugleich ein Beitrag zum Risikomanagement in der EDV. In: Zeitschrift Interne Revision, 35. Jg., Heft 1, 2000, S. 2-11.

Kosiol, Erich: Organisation der Unternehmung, Wiesbaden 1962.

Kosiol, Erich: Die Unternehmung als wirtschaftliches Aktionszentrum, Reinbeck bei Hamburg 1972.

Kosiol, Erich: Organisation der Unternehmung, 2. Aufl., Wiesbaden 1976.

Krcmar, Helmut: Informationsmanagement, 3. Aufl., Berlin et al. 2003.

Krelle, Wilhelm: Unsicherheit und Risiko in der Preisbildung. In: Preistheorie, hrsg. v. A. E. Ott, 2. Aufl., Köln, Berlin 1965, S. 390-433.

Krink, Joachim: Organisationsplanung. In: Betriebswirtschaftliche Planungs- und Entscheidungsverfahren, hrsg. v. W. Müller, J. Krink, Darmstadt 1983.

Kromschröder, Bernhard / Lück, Wolfgang: Grundsätze risikoorientierter Unternehmensüberwachung. In: Der Betrieb, 51. Jg., Band 2, Heft 32, 1998, S. 1573-1576.

Krüger, Wilfried: Konflikt in der Organisation. In: Handwörterbuch der Organisation, hrsg. v. E. Grochla, 2. Aufl., Stuttgart 1980, Sp. 1070-1082.

Krüger, Wilfried: Grundlagen der Organisationsplanung, Gießen 1983.

Krüger, Wilfried: Organisation der Unternehmung, 3. Aufl., Stuttgart, Berlin, Köln 1994.

Kupsch, Peter: Das Risiko im Entscheidungsprozeß, Wiesbaden 1973.

Laux, Helmut: Entscheidungstheorie, 4. Aufl., Berlin et al. 1998.

Laux, Helmut / Liermann, Felix: Grundlagen der Organisation: Die Steuerung von Entscheidungen als Grundproblem der Betriebswirtschaftslehre, 4. Aufl., Berlin et al. 1997.

Laux, Helmut / Liermann, Felix: Grundlagen der Organisation: Die Steuerung von Entscheidungen als Grundproblem der Betriebswirtschaftslehre, 6. Aufl., Berlin et al. 2005.

Lengerke, Karin: Die Prüfungspflicht des Abschlussprüfers nach § 317 Abs. 4 HGB. In: Wirtschaftsprüferkammer Mitteilungen, 41. Jg., Heft 2, 2002, S. 96-105.

Lersch, Philipp: Der Mensch als soziales Wesen: Eine Einführung in die Sozialpsychologie, 2. Aufl., München 1965.

Lichtenberger, Bianka: Interkulturelle Mitarbeiterführung: Überlegungen und Konsequenzen für das internationale Personalmanagement, Stuttgart 1992, zugl. Diss. Univ. der Bundeswehr, Hamburg 1991.

Lindelaub, Horst: Organisator. In: Handwörterbuch der Organisation, hrsg. v. E. Frese, 3. Aufl., Stuttgart 1992, Sp. 1874-1883.

Lindtstädt, Hagen: Optimierung der Qualität von Gruppenentscheidungen: ein simulationsbasierter Beitrag zur Principal-Agent-Theorie. In: Physica-Schriften zur Betriebswirtschaft, hrsg. v. K. Bohr et al., Band 59, Heidelberg 1997.

Löhr, Dirk: Implementation eines prüfungsfähigen Risikomanagementsystems: Anforderungen nach KonTraG. In: Der Steuerberater, 51. Jg., Heft 8, 2000, S. 312-318.

Lück, Wolfgang: Elemente eines Risikomanagementsystems: Die Notwendigkeit eines Risiko-Managementsystems durch den Entwurf eines Gesetzes zur Kontrolle und Transparenz im Unternehmensbereich (KonTraG). In: Der Betrieb, 51. Jg., Band 2, Heft 1/2, 1998a, S. 8-14.

Lück, Wolfgang: Der Umgang mit unternehmerischen Risiken durch ein Risikomanagementsystem und durch ein Überwachungssystem: Anforderungen durch das KonTraG und Umsetzung in der betrieblichen Praxis. In: Der Betrieb, 51. Jg., Band 2, Heft 39, 1998b, S. 1925-1930.

Lukarsch, Gerhard W.: Maßnahmen der Unternehmung zur Finanzierung von Risiken. In: Betriebliches Risikomanagement, hrsg. v. H. Hinterhuber, E. Sauerwein, C. Fohler-Norek, Wien 1998, S. 117-144.

Mag, Wolfgang: Entscheidung und Information, München 1977.

Mag, Wolfgang: Unternehmungsplanung, München 1995.

March, James G. / Simon, Herbert A.: Kognitive Grenzen der Rationalität. In: Entscheidungstheorie: Texte und Analysen, hrsg. v. E. Witte, A. L. Thimm, Wiesbaden 1977, S. 41-76.

Marr, Rainer: Absentismus – der schleichende Verlust an Wettbewerbspotential. In: Absentismus – der schleichende Verlust an Wettbewerbspotential, hrsg. v. R. Marr, Göttingen 1996, S. 13-39.

Marr, Rainer / Stitzel, Michael: Personalwirtschaft: ein konfliktorientierter Ansatz, München 1979.

Martin, Klaus: Auswirkungen des KonTraG auf das Risk Management: Vorsprung der Versicherer – Externe Berater mit dem Blick von außen. In: Versicherungswirtschaft, 56. Jg., Band 3, Heft 18, 2001, S. 1460-1464.

Martin, Thomas A./ Bär, Thomas: Grundzüge des Risikomanagement nach KonTraG: das Risikomanagementsystem zur Früherkennung nach § 91 Abs. 2 AktG, München, Wien 2002.

Marshall, Alfred: Industry and Trade: A Study of industrial technique and business organization; and or their influences on the conditions of various classes and nations, 2nd edition, London 1919.

Mast, Claudia: Kommunikation. In: Handwörterbuch Unternehmensführung und Organisation, 4. Aufl., hrsg. v. G. Schreyögg, A. v. Werder, Stuttgart 2004, Sp. 596-606.

McGregor, Douglas: The Human Side of Enterprise, New York, Toronto, London 1960.

Mehr, Robert I. / Hedges, Bob A.: Risk Management: Concepts and Applications, Homewood 1974.

Meier, Günter: Markt und Trends im Risk-Management. In: Wertorientiertes Risiko-Management für Industrie und Handel: Methoden, Fallbeispiele, Checklisten, hrsg. v. W. Gleißner, G. Meier, Wiesbaden 2001, S. 17-26.

Meindl, Rudolf: Beurteilung und Überwindung innerbetrieblicher Hemmnisse. In: Neue Organisationsformen im Unternehmen, hrsg. v. H.-J. Bullinger, H. J. Warnecke, Berlin et al. 1996, S. 1062-1077.

Mellerowicz, Konrad: Kosten und Kostenrechnung, Band 2, Teil 1, Allgemeine Fragen der Kostenrechnung und Betriebsabrechnung, 4. Aufl., Berlin 1966.

Mensch, Gerhard: Risiko und Unternehmensführung: Eine systemorientierte Konzeption zum Risikomanagement. In: Europäische Hochschulschriften, Reihe V, Volks- und Betriebswirtschaft, Band 1142, Frankfurt a. Main et al. 1991, zugl. Diss. Techn. Univ. Berlin 1990.

Meyding, Thomas / Mörsdorf, Roland: Neuregelungen durch das KonTraG und Tendenzen in der Rechtsprechung. In: Das Kontroll- und Transparenzgesetz: Herausforderungen und Chancen für das Risikomanagement, hrsg. v. B. Saitz, F. Braun, Wiesbaden 1999, S. 3-46.

Mikus, Barbara: Risiken und Risikomanagement – ein Überblick. In: Risikomanagement, hrsg. v. U. Götze, K. Henselmann, B. Mikus, Heidelberg 2001, S. 3-28.

Mintzberg, Henry: The Structuring of Organizations: A Synthesis of the Research, Englewood Cliffs et al. 1979.

Müller, Wolfgang: Leitungsspanne. In: Handwörterbuch der Organisation, hrsg. v. E. Grochla, 2. Aufl., Stuttgart 1980, Sp. 1199-1205

Mugler, Josef: Risk Management in der Unternehmung. In: Unternehmung und Gesellschaft, Schriftenreihe des Journal für Betriebswirtschaft, Band 6, Wien 1979.

Neuberger, Oswald: Das Mitarbeitergespräch: praktische Grundlagen für erfolgreiche Führungsarbeit, 4. Aufl., Leonberg 1998.

Nordsieck, Fritz: Grundlagen der Organisationslehre, Stuttgart 1934.

Nottmeyer, Jörg: Morphologische Betrachtungen zum Thema Risiko, Zuverlässigkeit und Sicherheit. In: Risiken der des Unternehmens – vorbeugen und meistern, hrsg. v. P. M. Pastors, München 2002, S. 27-63.

Oberparleiter, Karl: Funktionen und Risiken des Warenhandels, 2. Aufl., Wien 1955.

Oechsler, Walter A.: Personal und Arbeit: Grundlagen des Human Resource Management und der Arbeitgeber-Arbeitnehmer-Beziehungen, 7. Aufl., München, Wien 2000.

Philipp, Fritz: Risiko und Risikopolitik. In: Betriebswirtschaftliche Studienbücher, begründet von H. Seischab, Reihe I: Grundlagen, Stuttgart 1967.

Picot, Arnold / Dietl, Helmut / Franck, Egon: Organisation: eine ökonomische Perspektive, 3. Aufl., Stuttgart 2002.

Picot, Arnold / Reichwald, Ralf / Wigand, Rolf T.: Die grenzenlose Unternehmung: Information, Organisation und Management; Lehrbuch zur Unternehmensführung im Informationszeitalter, 5. Aufl., Wiesbaden 2003.

Pollanz, Manfred: Offene Fragen der Prüfung von Risikomanagementsystemen nach KonTraG: Paradigmenwechsel im wirtschaftlichen Prüfungswesen oder vom risikoorientierten zum systemisch-evolutionären Prüfungsansatz?. In: Der Betrieb, 54. Jg., Heft 25, 2001, S. 1317-1325.

Porter, Michael E.: Wettbewerbsstrategie (Competitive Strategy): Methoden zur Analyse von Branchen und Konkurrenten, 8. Aufl., Frankfurt a. Main, New York 1995.

Porter, Michael E.: Wettbewerbsvorteile (Competitive Advantage): Spitzenleistungen erreichen und behaupten, 6. Aufl., Frankfurt a. Main, New York 2000.

Raab-Stahl, Carola: Dezentrale Mikroorganisation: Gestaltungsansätze unter dem Leitbild der "Neuen Dezentralisation". In: Regensburger Beiträge zur betriebswirtschaftlichen Forschung, hrsg. v. Institut für Betriebswirtschaftslehre an der Universität Regensburg, Band 20, Frankfurt am Main et al. 1999, zugl. Diss. Univ. Regensburg 1998.

Raidt, Fritz: Innere Kündigung. In: Handbuch Personalmarketing, hrsg. v. H. Strutz, Wiesbaden 1989, S. 68-83.

Reiß, Michael: Defekte Stellenbildung – Organisatorische Wirklichkeit für das Personalmanagement. In: Zeitschrift Führung und Organisation, 53. Jg., Heft 2, 1984, S. 89-94.

Rittinghaus, Kerstin: Exklusivität verloren. In: Personalwirtschaft, 23. Jg., Heft 6, 1996, S. 29-30.

Röllinghoff, Stefan: Die Individualisierung des Personaleinsatzes: empirische Annäherungen, normative Programme und theoretische Implikationen unter Berücksichtigung neuerer organisationstheoretischer Ansätze. In: Personalwirtschaftliche Schriften, hrsg. v. D. v. Eckardstein, O. Neuberger, Band 7, München 1996, zugl. Diss. Univ. Münster 1995.

Romeike, Frank: Risikoidentifikation und Risikokategorien. In: Erfolgsfaktor Risiko-Management: Chance für Industrie und Handel; Methoden, Beispiele, Checklisten, hrsg. v. F. Romeike, R. B. Finke, Wiesbaden 2003a, S. 165-180.

Romeike, Frank: Der Prozess des strategischen und operativen Risikomanagements. In: Erfolgsfaktor Risiko-Management: Chance für Industrie und Handel; Methoden, Beispiele, Checklisten, hrsg. v. F. Romeike, R. B. Finke, Wiesbaden 2003b, S. 147-161.

Romeike, Frank: Gesetzliche Grundlagen, Einordnung und Trends. In: Erfolgsfaktor Risiko-Management: Chance für Industrie und Handel; Methoden, Beispiele, Checklisten, hrsg. v. F. Romeike, R. B. Finke, Wiesbaden 2003c, S. 65-80.

Romeike, Frank: Bewertung und Aggregation von Risiken. In: Erfolgsfaktor Risiko-Management: Chance für Industrie und Handel; Methoden, Beispiele, Checklisten, hrsg. v. F. Romeike, R. B. Finke, Wiesbaden 2003d, S. 183-198.

Romeike, Frank: Traditionelle und alternative Wege der Risikosteuerung und des Risikotransfers. In: Erfolgsfaktor Risiko-Management: Chance für Industrie und Handel; Methoden, Beispiele, Checklisten, hrsg. v. F. Romeike, R. B. Finke, Wiesbaden 2003e, S. 247-270.

Rosenstiel, Lutz von: Kann eine wertorientierte Personalpolitik eine Antwort auf den Wertewandel in der Gesellschaft sein? In: Mitarbeiterorientierte Unternehmenskultur: Herausforderung für das Personalmanagement der 90er Jahre, hrsg. v. R. Marr, Berlin 1989.

Saliger, Edgar: Betriebswirtschaftliche Entscheidungstheorie: Einführung in die Logik individueller und kollektiver Entscheidungen, 4. Aufl., München, Wien 1998.

Sauerwein, Elmar / Thurner, Matthias: Der Risiko-Management-Prozeß im Überblick. In: Betriebliches Risikomanagement, hrsg. v. H. Hinterhuber, E. Sauerwein, C. Fohler-Norek, Wien 1998, S. 19-39.

Schanz, Günther: Organisationsgestaltung: Management von Arbeitsteilung und Koordination, 2. Aufl., München 1994.

Schanz, Günther: Personalwirtschaftslehre: lebendige Arbeit in verhaltenswissenschaftlicher Perspektive, 3. Aufl., München 2000.

Scharpf, Paul: Die Sorgfaltspflichten des Geschäftsführers einer GmbH: Pflicht zur Einrichtung eines Risikomanagement- und Überwachungssytems aufgrund der geplanten Änderung des Akt G auch für den GmbH-Geschäftsführer. In: Der Betrieb, 50. Jg., Heft 15, 1997, S. 737-743.

Schenk, Alexander: Techniken der Risikoidentifikation. In: Betriebliches Risikomanagement, hrsg. v. H. Hinerhuber, E. Sauerwein, C. Fohler-Norek, Wien 1998, S. 43-62.

Scherm, Ewald: Hat die Personalabteilung noch Zukunft? In: Personal, Zeitschrift für Human Resource Management, 47. Jg., Heft 12, 1995, S. 643-647.

Schierenbeck, Henner / Lister, Michael: Risikomanagement im Rahmen der wertorientierten Unternehmenssteuerung. In: Herausforderung Risikomanagement: Identifikation, Bewertung und Steuerung industrieller Risiken, hrsg. v. R. Hölscher, R. Elfgen, Wiesbaden 2002, S. 181-203.

Schmeisser, Wilhelm / Clermont, Alois: Personalmanagement: Praxis der Lohn- und Gehaltsabrechnung – Personalcontrolling – Arbeitsrecht, Berlin 1999.

Schmidt, Götz: Organisatorische Grundbegriffe. In: Schriftenreihe Organisation, hrsg. v. G. Schmidt, Band 3, 12. Aufl., Gießen 2000.

Schmidt, Ralf-Bodo / Schiermeister, Raimund: Planungsrationalität. In: Enzyklopädie der Betriebswirtschaftslehre, Band IX: Handwörterbuch der Planung, hrsg. v. N. Szyperski, Stuttgart 1989, Sp. 1478-1487.

Schneeweiß, Hans: Entscheidungskriterien bei Risiko. In: Ökonometrie und Unternehmensforschung VI, hrsg. v. M. Beckmann et al., Berlin, Heidelberg, New York 1967.

Schneider, Dieter: Investition und Finanzierung: Lehrbuch der Investitions-, Finanzierungs- und Ungewißheitstheorie, 5. Aufl., Wiesbaden 1980.

Schneider, Dieter: Informations- und Entscheidungstheorie, München, Wien 1995.

Scholz, Christian: Strategische Organisation: Multiperspektivität und Virtualität, 2. Aufl., Landsberg a. Lech 2000.

Schreyögg, Georg: Organisation: Grundlagen moderner Organisationsgestaltung, mit Fallstudien, 4. Aufl., Wiesbaden 2003.

Schulte, Michael: Bank-Controlling, Risikopolitik in Kreditinstituten, 2. Aufl., Frankfurt am Main 1997.

Schulze, Dennis: Die Berichterstattung über Risiken der künftigen Entwicklung im Lagebericht nach dem KonTraG, Aachen 2001, zugl. Diss. Univ. Münster 1999.

Schuppisser, Hans R.: Die Gestaltung der Investitionsentscheidung unter Berücksichtigung des Risikos. In: Schriftenreihe des Instituts für betriebswirtschaftliche Forschung an der Universität Zürich, Band 25, Bern und Stuttgart 1978.

Schwarz, Horst: Stelle. In: Handwörterbuch der Organisation, hrsg. v. E. Grochla, 2. Aufl., Stuttgart 1980, Sp. 2113-2118.

Schwarz, Horst: Betriebsorganisation als Führungsaufgabe: Organisation – Lehre und Praxis, 9. Aufl., Landsberg a. Lech 1983.

Seibert, Ulrich: Das Transparenz- und Publizitätsgesetz (TransPuG): Materialiensammlung. In: Schriftenreihe Kapitalgesellschafts-, Kapitalmarkt- und Kartellrecht, hrsg. v. H. Fleischer et al., Band 3, München 2003.

Seidel, Eberhard: Abteilungsbildung. In: Handwörterbuch der Organisation, hrsg. v. E. Grochla, 2. Aufl., Stuttgart 1980, Sp. 42-52.

Seidel, Uwe M.: Risikomanagement: Erkennen, Bewerten und Steuern von Risiken, hrsg. v. U. M. Seidel, München 2002.

Seifert, Werner G.: Risk Management im Lichte einiger Ansätze der Entscheidungs- und Organisationstheorie, Frankfurt a. Main 1980.

Seiter, Mischa / Eckert, Sven: Value at Risk. In: Controlling, 16. Jg., Heft 7, 2004, 425-426.

Sieben, Günter / Schildbach, Thomas: Betriebswirtschaftliche Entscheidungstheorie, Düsseldorf 1975.

Simon, Herbert A.: A Behavioral Model of Rational Choice. In: Models of Man: Mathematical Essays on Rational Human Behavior in a Social Setting, 5th print, New York, London, Sydney 1967a, p. 241-260.

Simon, Herbert A.: Rationality and Administrative Decision Making. In: Models of Man: Mathematical Essays on Rational Human Behavior in a Social Setting, 5th print, New York, London, Sydney 1967b, p. 196-206.

Simon, Herbert A. et al.: Centralization vs. Decentralization in Organizing the Controller's Department, New York 1954.

Simon, Herbert A.: Entscheidungsverhalten in Organisationen: Eine Untersuchung von Entscheidungsprozessen in Management und Verwaltung, 3. Aufl., Landsberg am Lech 1981.

Staehle, Wolfgang H.: Management: Eine verhaltenswissenschaftliche Perspektive, 8. Aufl., München 1999.

Steinmann, Horst / Schreyögg, Georg: Management: Grundlagen der Unternehmungsführung: Konzepte – Funktionen – Fallstudien, 5. Aufl., Wiesbaden 2000.

Streitferdt, Lothar: Grundlagen und Probleme der betriebswirtschaftlichen Risikotheorie. In: Schriftenreihe des Seminars für Allgemeine Betriebswirtschaftslehre der Universität Hamburg, Band 1, Wiesbaden 1973.

Strunk, Günter / Kolaschnik, Helge F.: TransPuG und Corporate Governance Kodex: Neue gesellschafts-, bilanz- und steuerrechtliche Anforderungen für die Unternehmenspraxis, Berlin 2003.

Sydow, Jörg: Individualisierung der Arbeitsorganisation? Das Beispiel der individuellen Datenverarbeitung. In: Individualisierung der Personalwirtschaft: Grundlagen, Lösungsansätze und Grenzen, hrsg. v. H. J. Drumm, Bern, Stuttgart 1989, S. 83-96.

Thieme, Hans-Rudolf: Verhaltensbeeinflussung durch Kontrolle: Wirkungen von Kontrollmaßnahmen und Folgerungen für die Kontrollpraxis, Berlin 1982, zugl. Diss. Techn. Univ. Berlin 1982.

Thom, Norbert: Stelle, Stellenbildung und -besetzung. In: Handwörterbuch der Organisation, hrsg. v. E. Frese, 3. Aufl., Stuttgart 1992, Sp. 2321-2333.

Thom, Norbert / Wenger, Andreas P.: Die effiziente Organisation: Bewertung und Auswahl von Organisationsformen, Winterthur 2002.

Thompson, James D.: Organizations in action: Social Science Bases of Administrative Theory, New York et al. 1967.

Türk, Klaus: Instrumente betrieblicher Personalwirtschaft, Neuwied 1978.

Vahs, Dietmar: Organisation: Einführung in die Organisationstheorie und -praxis, 4. Aufl., Stuttgart 2003.

Velsinger, Paul: Entscheidungen ohne explizit formulierte Ziele bei unvollkommener Information: Untersuchung unter besonderer Berücksichtigung der Problematik der regionalpolitischen Entscheidung, Diss. Univ. Münster 1970.

Vogler, Matthias / Gundert, Martin: Einführung von Risikomanagementsystemen: Hinweise zur praktischen Ausgestaltung. In: Der Betrieb, 51. Jg., Heft 48, 1998, S. 2377-2383.

Voß, Stefan / Gutenschwager, Kai: Informationsmanagement, Berlin et al. 2001.

Walther, Alfred: Einführung in die Wirtschaftslehre der Unternehmung, Band 2: Die Unternehmung, Zürich 1953.

Wächter, Hartmut: Einführung in das Personalwesen: Darstellung, Kontrollfragen und Lösungen, Berlin 1979.

Wächter, Hartmut: Vom Personalwesen zum Strategic Human Resource Management: Ein Zustandsbericht anhand der neueren Literatur. In: Managementforschung, Band 2, W. H. Staehle, P. Conrad, Berlin, New York 1992, S. 313-340.

Weber, Martin: Nutzwertanalyse. In: Handwörterbuch der Organisation, hrsg. v. E. Frese, 3. Aufl., Stuttgart 1992, Sp. 1435-1448.

Weber, Jürgen / Weißenberger, Barbara E. / Liekweg, Arnim: Ausgestaltung eines unternehmerischen Chancen- und Risikomanagements nach dem KonTraG. In: Deutsches Steuerrecht, 37. Jg., Band 2, Heft 41, 1999a, S. 1710-1716.

Weber, Jürgen / Weißenberger, Barbara E. / Liekweg, Arnim: Risk Tracking and Reporting: Unternehmerisches Chancen- und Risikomanagement nach dem KonTraG, Vallendar 1999b.

Welge, Martin K. / Al-Laham, Andreas: Strategisches Management: Grundlagen – Prozess – Implementierung, 4. Aufl., Wiesbaden 2003.

Werder, Axel von: Der German Code of Corporate Governance im Kontext der internationalen Governance-Debatte: Umfeld, Funktionen und inhaltliche Ausrichtung des GCCG. In: German Code of Corporate Governance (GCCG): Konzeption, Inhalt und Anwendung von Standards der Unternehmensführung, hrsg. v. A. v. Werder, 2. Aufl., Stuttgart 2001, S. 1-33.

Wild, Jürgen: Zur Problematik der Nutzenbewertung von Informationen. In: Zeitschrift für Betriebswirtschaft, 41. Jg., Heft 5, 1971, S. 315-334.

Windsperger, Josef: Erwartungen und ökonomische Theoriebildung: Grundlagen einer Theorie der Erwartungsbildung und deren Anwendung auf die Keynes´sche Theorie, Berlin 1988, zugl. Diss. Univ. Wien 1986.

Witte, Eberhard: Entscheidungsprozesse. In: Handwörterbuch der Organisation, hrsg. v. E. Grochla, 2. Aufl., Stuttgart 1980, Sp. 633-641.

Wittmann, Edgar: Organisatorische Einbindung des Risikomanagements. In: Das Kontroll- und Transparenzgesetz: Herausforderungen und Chancen für das Risikomanagement, hrsg. v. B. Saitz, F. Braun, Wiesbaden 1999, S. 129-143.

Wittmann, Waldemar: Unternehmung und unvollkommene Information: Unternehmerische Voraussicht – Ungewißheit und Planung, Köln 1959.

Wolf, Klaus: Risikomanagement im Kontext der wertorientierten Unternehmensführung, Diss. Univ. Bayreuth, Wiesbaden 2003.

Wolf, Klaus: Risikomanagement gemäß den Anforderungen des KonTraG bei DaimlerChrysler. In: Controlling, 16. Jg., Heft 4/5, 2004, S. 211-216.

Wolf, Klaus / Runzheimer, Bodo: Risikomanagement und KonTraG: Konzeption und Implementierung, 4. Aufl., Wiesbaden 2003.

Wucknitz, Uwe D.: Personalrisiken erkennen und beeinflussen. In: Personalwirtschaft, 29. Jg., Heft 10, 2002, S. 28-32.

Wunderer, Rolf: Entwicklungstendenzen im Personalwesen - Beurteilung aus theoretischer und praktischer Warte. In: Die Betriebswirtschaft, 43. Jg., 1983, Heft 2, S. 217-236.

Wunderer, Rolf: Führung. In: Ergebnisse empirischer betriebswirtschaftlicher Forschung: Zu einer Realtheorie der Unternehmung, Festschrift für Eberhard Witte, hrsg. v. J. Hauschildt, O. Grün, Stuttgart 1993, S. 633-672.

Wunderer, Rolf / Grunwald, Wolfgang: Führungslehre, Band 1: Grundlagen der Führung, Berlin, New York 1980.

Zangemeister, Christof: Nutzwertanalyse in der Systemtechnik: Eine Methodik zur multidimensionalen Bewertung und Auswahl von Projektalternativen, 4. Aufl., München 1976.

Zimmermann, Gero: Organisationsabteilung. In: Handwörterbuch der Organisation, hrsg. v. E. Frese, 3. Auflage, Stuttgart 1992, Sp. 1471-1477.

Mirko Tillmann

Risikokapitalbasierte Steuerung in der Schaden- und Unfallversicherung

Konzeption einer modellgestützten Risikoanalyse

Frankfurt am Main, Berlin, Bern, Bruxelles, New York, Oxford, Wien, 2005.
XXIX, 360 S., zahlr. Tab. und Graf.
Beiträge zum Controlling. Herausgegeben von Wolfgang Berens. Bd. 8
ISBN 3-631-54396-4 · br. € 56.50*

Die ökonomischen Rahmenbedingungen und die Risikolandschaft europäischer Versicherungsunternehmen sind angesichts struktureller Veränderungen einem tiefgreifenden Wandel unterworfen. Ansteigende Schadendurchschnitte, eine zunehmende Belastung durch Naturschadenereignisse, volatile Kapitalmärkte, ruinöse Preiskämpfe in einzelnen Versicherungssparten und nicht zuletzt ambitionierte Renditevorgaben der Anteilseigner lassen die Notwendigkeit einer wertorientierten Unternehmenssteuerung in den Mittelpunkt des Interesses rücken. Diese Untersuchung erschließt die Thematik einer integrierten Rendite-Risikosteuerung von Schaden- und Unfallversicherungsunternehmen sowohl aus theoretischer als auch versicherungspraktischer Perspektive.
Es wird ein differenzierter Vorschlag zur Ausgestaltung eines risikokapitalbasierten (stochastischen) Steuerungsmodells entwickelt, welches sowohl die ökonomische Risikosicht als auch die bilanzielle Sicht auf ein Versicherungsunternehmen adäquat abbildet. Die Untersuchung erlangt insbesondere durch die exemplarische Anwendung des Modells auf den Datensatz eines deutschen Erstversicherungsunternehmens eine hohe praktisch-normative Relevanz.

Aus dem Inhalt: Aufsichtsrechtliche und betriebswirtschaftliche Anforderungen an die Steuerung · Solvency II · Notwendigkeit einer integrierten Rendite-Risikosteuerung · Begriff und Funktion von Risikokapital · Ausgewählte Konzepte zur Risikomessung · Allokation von Risikokapital · Risikosicht vs. Bilanzsicht · Duales Steuerungsmodell · Entwicklung eines stochastischen Modellansatzes · uvm.

Kolibri 360 GmbH
Ferdinand-Jühlke-Straße 7
99095 Erfurt, Deutschland
produktsicherheit@kolibri360.de

Druck:
CPI Druckdienstleistungen GmbH
im Auftrag der
Kolibri 360 GmbH
Ferdinand-Jühlke-Str. 7
99095 Erfurt